NORA ADAMSONS

Edelsteine als Wegbegleiter

Nutze die Kraft von Heilsteinen und Malas für deine Lebensreise

Nora Adamsons

Edelsteine als Wegbegleiter

Nutze die Kraft von Heilsteinen und Malas für deine Lebensreise

Projektleitung: Amelie Lammers
Lektorat: Ursula Kollritsch
Gestaltung: Kerstin Fiebig, Bielefeld [ad-department.de]
Fotos: © Jule Breiert, außer S. 137: © Farina Deutschmann
Druck und Bindung: Print Consult GmbH
Printed in the European Union

info@kamphausen.media | www.kamphausen.media

2. Auflage 2023

ISBN Printausgabe: 978-3-95883-614-3
ISBN E-Book: 978-3-95883-615-0

Bibliografische Information der Deutschen Nationalbibliothek
Die Deutsche Nationalbibliothek verzeichnet diese Publikation in der Deutschen Nationalbibliografie; detaillierte bibliografische Daten sind im Internet über http://dnb.de abrufbar.

Wie hat Dir das Buch gefallen?
Teile gerne Deine Meinung mit uns!

https://www.kamphausen.media/edelsteine-als-wegbegleiter/t-9783958836143

NORA ADAMSONS

Edelsteine als Wegbegleiter

Nutze die Kraft von Heilsteinen und Malas für deine Lebensreise

Inhalt

Vorwort

MEIN GANZ PERSÖNLICHER WEGBEGLEITER FÜR DICH

HALLO, DU WUNDERVOLLER MENSCH, kennst du es, auf der Suche zu sein nach Glück, Erfüllung und Zufriedenheit? Weißt du, wie es ist, dem Leistungsdruck des Alltags nicht mehr standhalten zu können und das Gefühl zu haben, nicht richtig oder gut genug zu sein? Hast du die Erfahrung gemacht, Tag für Tag aufzuwachen und dich zu fragen, was deine Aufgabe hier in diesem Leben ist? Abends ins Bett zu gehen und dich von deinen Sorgen zermürben zu lassen?

Mir ging es ganz ähnlich. Viele Jahre meines Lebens tappte ich im Dunkeln, auf der Suche nach innerer Zufriedenheit, Glück und Erfüllung. Ich habe viel Leid durchgemacht, viele Tränen vergossen und viele schlaflose Nächte mit Grübeleien erlebt. Ich dachte, ich sei anders, nirgendwo schien ich wirklich hinzuzugehören. Ich habe mich gefragt, was falsch mit mir ist.

Ebenso wie ich selbst viele Jahre auf der Suche nach meinem Seelenweg und nach wahrhaftiger Erfüllung war, sind es viele Menschen um mich herum. Das erlebe ich seit vielen Jahren in meinen Beratungen und in meinem Umfeld. Wir alle haben unsere kleinen und großen Lebensthemen, die uns oft tagtäglich oder aber unbewusst herausfordern und die wir wie Wackersteine als unglaublich schweren Rucksack mit uns herumtragen. Es sind all die Überzeugungen über uns, unser Leben und unsere Fähigkeiten, die uns oft davon abhalten, unser ganzes Potenzial zu entfalten und das Leben zu führen, das wir uns wirklich tief in unserem Herzen wünschen.

Wir leben in einer Gesellschaft, die von Schnelligkeit und Leistungsdruck geprägt ist, in der vor allem materielle Dinge von Bedeutung sind. Unser Alltag ist oft von Stress beherrscht und wir

selbst mit unseren Bedürfnissen und tiefsten Wünschen finden meist keinen Platz darin. Dies führt dazu, dass wir den Kontakt zu uns und unserer natürlichen Intuition verlieren und nicht selten fragen wir uns Jahrzehnte später, wer wir sind und was wir da draußen eigentlich tun. Viele Menschen bekommen das auf harte Weise zu spüren. So viele Krankheiten, psychischer und physischer Natur entspringen aus einer Unzufriedenheit, aus der fehlenden Verbindung zu uns selbst. Lass mich dir in diesem Buch etwas von mir erzählen und meinem Weg zu den Edelsteinen, vielleicht erkennst du Einiges oder es berührt etwas in dir ...

Ich hatte viele schlaflose Nächte, war tiefunglücklich und wollte etwas ändern, um endlich glücklich zu werden. Einen großen Schritt näher zu meinem Glück kam ich, als ich begann, mich an meine Kindheit zurückzuerinnern und mich ehrlich zu fragen, was mir wirklich wichtig ist und was mich die Zeit vergessen lässt.

Schon als Kind liebte ich Edelsteine und konnte mich stundenlang mit ihnen beschäftigen. Ich bewunderte sie und mich faszinierten die Magie, die Ruhe und die Kraft, die sie ausstrahlen. Über die Jahre und in all den Höhen und Tiefen, die zum Leben dazugehören, kehrte ich immer wieder zu den Steinen zurück – und fing an, mich mehr und mehr mit ihnen zu beschäftigen; mit ihnen zu arbeiten, sie zu erforschen, ich las und recherchierte. Immer tiefer tauchte ich in ihre funkelnde Welt ein.

Ich bin jeden Tag dankbar, dass ich diesen Schritt gewagt habe, dass ich den Mut hatte, hinzuschauen, konsequent und ehrlich zu sein

und mich nun Dingen widmen darf, die mir wirklich etwas bedeuten.

Mit der Gründung meines STUDIO NAIONA, meinem Herzensort inmitten Hamburgs, fügte sich meine Liebe zu den Steinen, meine Kreativität, meine Leidenschaft, mit den Händen zu arbeiten und meine Faszination für Spiritualität, für das, was uns Menschen im Innersten bewegt und ausmacht, ganz natürlich zusammen.

Ich glaube nicht, dass es ein Zufall ist, dass die Edelsteine mich immer wieder in ihren Bann gezogen haben. Heute bin ich überzeugt, dass es meine Bestimmung ist, meine Erfahrungen mit ihnen weiterzugeben. Menschen zu helfen, aus dieser tiefen Unzufriedenheit herauszukommen, die ich selbst erlebt habe. Ihnen einen Anker, einen Wegbegleiter an die Hand zu geben und ihnen zu zeigen, dass sie mit ihrem Leid und Kummer nicht alleine sind und es einen Weg gibt, aus der Dunkelheit wieder ins Licht zu treten.

Seit vielen Jahren nun schon umgebe ich mich tagtäglich mit den kostbaren Steinen und mit meinen Malas und arbeite sehr intensiv mit ihnen, wenn es um meine eigenen Themen, Wünsche und Herausforderungen auf meinem Lebensweg geht. In ihrer ganzen Vielzahl und Einzigartigkeit haben sie in mir in den unterschiedlichsten Bereichen so viel Klarheit, Mut und

Vertrauen aktiviert und mich dabei unterstützt, Altes loslassen zu können, um für meine Träume und Wünsche in diesem Leben loszugehen. Sie haben mir dabei geholfen, mein pures Sein zu entdecken, um immer mehr der Mensch sein zu können, der ich im tiefsten Kern bin.

Es ist so schön, zu beobachten, dass sich in den letzten Jahren immer mehr Menschen auf den Weg machen, sich für ihre Spiritualität öffnen und mit Yoga, Meditation und der Arbeit mit den Edelsteinen Licht und Klarheit in ihr Leben bringen möchten. Denn spirituell zu sein bedeutet schon lange nicht mehr, abseits der Gesellschaft zu leben und dem irdischen Leben zu entsagen.

Seit 2013 darf ich meiner Berufung folgen und begleite Menschen auf dem Weg zu sich selbst. Spirituell zu leben, bedeutet für mich, im Hier und Jetzt zu sein und ein Bewusstsein für sich selbst und das eigene Handeln zu schaffen, zu hinterfragen, zu heilen und vor allem: wieder in Kontakt mit sich selbst und der wunderschönen Natur um uns herum zu treten. Zum Ursprung zurückzufinden, von wo aus wir alle einmal als reine, strahlende Wesen gestartet sind. Ich möchte dir in diesem Buch zeigen, dass wir unsere Spiritualität ganz wunderbar in unseren modernen Alltag integrieren können, um in diesem hektischen, herausfordernden und schnelllebigen Alltag, der oft viel Leid hervorbringt, nicht unterzugehen.

WEGBEGLEITER FÜR UNSER LEBEN

Edelsteine und Malas sind ein kraftvolles Tool – als Unterstützer bei der Meditation und genauso als Anker und Kraftspender im Alltag. Sie erinnern uns immer wieder daran, mit uns selbst in Verbindung zu treten. Sie tragen die Weisheit der Jahrtausende in sich, sie funkeln in ihrer ganzen Schönheit für uns und erinnern uns so an das Strahlen und die Schönheit in uns selbst. Sie SIND Natur und bringen uns in unseren ursprünglichen, natürlichen Zustand zurück.

Mit ihren unterschiedlichen Frequenzen und Botschaften können sie unsere in uns schlummernden Fähigkeiten und Qualitäten sanft berühren und aktivieren, sodass wir wieder in unsere ganze Schöpferkraft treten. Ich liebe es und empfinde es als unglaublich heilsam, Rituale mit meinen kraftvollen Begleitern zu kreieren und sie auf mich wirken zu lassen.

In diesem Buch habe ich die großen Themen des Lebens, die so viele von uns Menschen beschäftigen, bearbeitet und für dich aufbereitet und beschrieben, welche Edelsteine dich unterstützen können. Ich habe meine eigenen Erfahrungen mit diesen Themen aufgeschrieben, um dir zu zeigen, dass du nicht der einzige Mensch bist, der von ihnen geprägt bist. Mit diesem Buch möchte ich dir Mut machen, mithilfe deiner Wegbegleiter an dir und deinen Themen zu arbeiten und dir zeigen, wie du lernst, mit ihnen umzugehen und sie sogar ganz auflösen kannst. Und ich möchte dir zeigen, dass du das nicht alleine durchstehen musst, sondern dass du dir Hilfe holen darfst: Deine Wegbegleiter sind immer an deiner Seite!

Gerne gebe ich dir alle mein Erfahrungen und Kenntnisse zu den ausgewählten Steinen mit, die für mich am kraftvollsten für unsere Lebensthemen wie Selbstliebe, Willenskraft und Verbundenheit stehen. Und weil es mir ganz wichtig ist, dass du dieses Wissen für dich, deine wunderbare Persönlichkeit und deine Lebensthemen

anwenden kannst, findest du zu jedem Thema verschiedene kraftvolle Rituale, Meditationen und Praktiken mit deinen Steinen oder deiner Mala, die du direkt anwenden kannst. So bekommst du viel Hintergrundwissen, aber auch die Möglichkeit, selbst zu erfahren und zu fühlen, welche Kraft in den Steinen steckt und wie du dich damit verbinden kannst

Ich freue mich von Herzen, dass du mein Buch in den Händen hältst und ich dich mit auf eine wunderbare Reise in die Welt der funkelnden Edelsteine und Malas nehmen darf. Dieses Buch kann ein Arbeitsbuch, Nachschlagewerk und richtiger Wegbegleiter für dich sein, der immer an deiner Seite ist und dir Inspiration, Anleitungen und wärmende Worte schenkt, wenn du sie brauchst.

Ich wünsche dir von Herzen, dass du mithilfe der wundervollen Steine und der Arbeit mit den Malas wieder in deine strahlende Schöpferkraft zurückkehrst und deinen Herzensweg in deinem Leben gehen kannst.

EINE HERZENSUMARMUNG

DEINE NORA

Edelsteine als Schlüssel zu deinen Lebensthemen – So findest du den richtigen Stein

Wie es zu jeder Tür den passenden Schlüssel gibt, damit sie sich öffnet, so gibt es passende Steine für uns Menschen. Diese können wir als Schlüssel für unsere Lebensthemen einsetzen. Sie öffnen Türen in unserem Leben, die wir vielleicht vor langer Zeit verschlossen haben. Hinter denen wir bestimmte Erfahrungen weggesperrt haben, die zu schmerzhaft sind, um sie anzuschauen und sie noch einmal zu fühlen.

Doch solche verschlossenen Türen sind wie Blockaden in uns, die uns daran hindern, weiter- oder tieferzugehen. Die uns davon abhalten, uns zu entwickeln und das Leben in seiner Gesamtheit und Fülle erleben zu können – uns als Menschen vollkommen zu erfahren, unser wahres Selbst zu erkennen und unser volles Potenzial zu entfalten.

Es gibt über 5.000 Edelsteine, die uns begleiten können. Je nach Entstehungsgeschichte, Kristallstruktur, Mineralklasse und Farbe haben sie eine unterschiedliche Qualität und Botschaft, die sie mit uns teilen. Damit du weißt, welcher Stein der richtige Schlüssel für deine Tür ist, beschreibe ich in diesem Buch bestimmte Lebensthemen. Es sind die zentralen Themen, die in meinen Beratungsgesprächen immer wieder aufkommen und die so viele Menschen beschäftigen.

Wie finde ich mein Thema?

Wenn Menschen zu mir in die Beratungen kommen, wissen sie oftmals bereits intuitiv, mit welchen Fragen sie sich auseinandersetzen möchten oder müssen. Die Klarheit über das eigene Thema kann sich aber auch erst im Gespräch entwickeln, indem ich gemeinsam mit meinen Klient:innen ihre aktuellen Bedürfnisse und Wünsche erforsche. Manchmal braucht es auch etwas Zeit und eine ehrliche Nachinnenschau. Vielleicht geht es dir auch so, dass dich aktuell ein bestimmtes Thema in deinem Leben beschäftigt, es sich vielleicht herausfordernd anfühlt und du nach einer Unterstützung – einem Wegbegleiter – suchst. Vielleicht spürst du ein inneres Ungleichgewicht oder eine Unzufriedenheit, weißt aber nicht genau, was dahinter steckt.

Es gibt verschiedene Möglichkeiten, sich selbst auf die Spur zu gehen, und ich gebe dir ein paar Tipps an die Hand, die dir helfen können, mit deinen Lebensthemen in Kontakt zu treten.

Dafür möchte ich dir von meiner persönlichen Erfahrung und meiner daraus gewonnenen Erkenntnis erzählen: Als ich vor vielen Jahren eine Psychotherapie machte, hatte ich das Gefühl, dass die Therapeutin mir gar nicht wirklich helfen kann und ich meine Zeit verschwende. Irgendwann kam jedoch der Moment der Erkenntnis: Die Therapeutin konnte mir natürlich nicht helfen, weil ich nicht aufrichtig zu ihr und vor allem zu mir selbst war. Ich hatte mir zu diesem Zeitpunkt meine wahren Themen, Ängste und Herausforderungen noch nicht wirklich eingestanden, daher war ich auch nicht in der Lage,

von meinen tiefsten Ängsten und Verletzungen zu erzählen und so konnte sie mir nicht helfen. Es war für mich wie ein Aufwachen, als ich erkannte, dass ich wahrhaftig nach innen schauen muss und endlich ehrlich zu mir selbst sein. Ohne Verdrängung oder Selbstverurteilung, mit Mitgefühl und Annahme.

Aus dieser eigenen Erfahrung heraus kann ich jedem Menschen ans Herz legen, wirklich aufrichtig sich selbst gegenüber zu sein, vor den eigenen Themen und Herausforderungen nicht wegzulaufen oder sie unter den Teppich zu kehren. Natürlich fühlt sich das nicht immer leicht an und manchmal haben wir auch nicht die Kraft, die Themen anzugehen. Doch gleichzeitig werden sie weiter in unserem Unterbewusstsein schlummern und vielleicht sogar brodeln, bis der Topf schließlich überläuft und die Themen an die Oberfläche kommen und uns überwältigen.

Um näher zu dir selbst zu finden, kannst du dir folgende Fragen stellen:

- Wünsche ich mir eine Veränderung in meinem Leben?
- Nehme ich meine Bedürfnisse und Wünsche wahr?
- Was sind meine Träume und Visionen? Wie würde ich gerne leben?
- Zeige ich mich im Außen so, wie ich wirklich bin?
- Bin ich wirklich ehrlich zu mir selbst?
- Gibt es zurzeit ein Thema, das mich sehr beschäftigt?
- Lebe ich nach meinen eigenen Werten oder gibt es Lebensbereiche, die noch nicht im Einklang sind, mit dem, was sich für mich wichtig und richtig anfühlt, z. B. Partnerschaft, Beruf, Gesundheit, Familie, Freundschaften usw.
- Wovor habe ich Angst? Wenn ich keine Angst hätte, dann würde ich Folgendes tun oder sagen … ?
- Was würde mein höheres Selbst sagen? (Hierzu folgen im Kapitel »Ich verbinde mich mit meinem höheren Selbst« noch Informationen.)

In diesem Buch werden verschiedene Lebensthemen in unterschiedlichsten Facetten beschrieben. Beim Lesen wirst du schnell spüren, ob sich etwas in dir angesprochen fühlt oder auch ob du ein Thema ganz klar von dir weisen möchtest. Ganz oft lohnt es sich, gerade dann genauer hinzuschauen. Ich habe es schon oft erlebt, dass Menschen etwas so stark verdrängen, dass sie es von sich fernhalten. Du kannst nach jedem Kapitel ein paar Minuten für dich nehmen, in diese Fragen hineinspüren und beobachten, welche Gedanken in dir aufkommen. Oder du nimmst ein Notizbuch und schreibst intuitiv drauf los, was dich gerade beschäftigt und wie du dich fühlst. Du wirst auf diese Weise sehr schnell wahrnehmen, welche Themen dich aktuell umtreiben. Erlaube dir, diese ehrliche Nachinnenschau und spüre, was sich dir offenbart.

Wenn sich dir ein Thema ganz klar zeigt, bedeutet es nicht zwingend, dass es herausfordernd oder schmerzhaft sein und du es loslassen und transformieren musst. Vielleicht spürst du ja auch, dass dich ein Thema besonders glücklich macht und erfüllt, und du genau diesen Zustand in einem Stein für dich abspeichern, als Energiequelle bewahren möchtest. Auch das ist möglich. Dein Wegbegleiter kann dich nämlich dabei unterstützen, immer wieder in die Energie dieses Zustands zurückzukommen. Das bedeutet: Wir müssen unser Thema und den passenden Edelstein nicht immer aus einem Mangel heraus wählen, weil wir etwas loslassen oder bearbeiten möchten, sondern wir können dies auch aus der Fülle, aus Dankbarkeit und Freude heraus tun.

Diese Fragen können dir dabei helfen, deinem positiven Thema näherzukommen:

- Was macht mich gerade glücklich?
- Wofür bin ich dankbar?
- Welche besonders schönen Erinnerungen kommen mir spontan in den Sinn?
- Was löst ein gutes, warmes Bauchgefühl in mir aus?
- Was lässt mein Herz höherschlagen?
- Was bringt mich zum Lachen?
- Welche Qualitäten sind mir wichtig?

Wie wähle ich den richtigen Edelstein aus?

Es gibt eine Vielzahl an Edelsteinen, die uns mit ihren wunderbaren Kräften unterstützen. So vielfältig unsere Lebensthemen sind, so vielfältig kann auch die Wirkung der Steine sein. Vielleicht fragst du dich nun, wie du den richtigen Edelstein

für dein aktuelles Lebensthema finden kannst. Ich gebe dir Methoden an die Hand, wie du bestimmen kannst, welcher Stein zu dir passt. Dabei musst du nicht hunderte von Steinen kennen, eine bestimmte Auswahl kann ausreichen.

Es gibt zwei verschiedene Wege, die wir gehen können, um den passenden Stein für uns zu finden: den analytischen oder den intuitiven Weg. Sowohl auf meiner eigenen persönlichen Reise als auch in der Arbeit mit meinen Klient:innen habe ich erlebt, dass beide Wege unglaublich wertvoll sind. Aus diesem Grund lasse ich beide Herangehensweisen in meine Beratungen einfließen.

DER ANALYTISCHE WEG

Wenn wir den analytischen Weg gehen, dann suchen wir ganz gezielt nach einem Stein, der thematisch zu unserem aktuellen Lebensthema passt. Wenn du dich gerade in einer bestimmten Situation befindest oder vor einer Herausforderung stehst, kannst du genau nach dem Stein suchen, der dich in dieser Herausforderung unterstützen kann. Oder du fühlst dich glücklich und möchtest genau dieses Gefühl in deinem Stein verankern. Mittlerweile gibt es unzählige Bücher, Artikel und Listen im Internet, die uns darüber aufklären, welcher Stein zu welchen Qualitäten in unserem Leben passt und wie er uns dienen kann. Oftmals ist das sehr überwältigend, weil es hunderte von Steinen gibt. Damit dir jedoch die Suche und Auswahl leichter fällt, habe ich die wichtigsten Steine und ihre Wirkung zusammengefasst und du kannst dich an den Erklärungen in diesem Buch orientieren. Am Ende dieses Kapitels findest du eine Tabelle, die die wichtigsten Edelsteine und die dazu passenden Themen zusammenführt.

Eine andere analytische Methode ordnet Edelsteine den Sternzeichen zu. So lässt sich auch der Geburtsstein eines Menschen bestimmen.

Wenn ich in meinen Beratungen analytisch vorgehe, dann beziehe ich die Wirkung des Steines und die vier wichtige Faktoren, wie diese Wirkung in den Stein gekommen ist, in meine Überlegungen und meine Auswahl ein: Die Entstehungsgeschichte, das Kristallsystem, die Zusammensetzung und die Farbe sind entscheidende Faktoren, die unsere Auswahl beeinflussen. Diese einzigartigen Merkmale eines Edelsteins geben Aufschluss darüber, welche Informationen und energetischen Schwingungen der Stein in sich trägt und auf welche Weise er auf unser System und unseren Organismus wirken kann.

Eine auf dich persönlich abgestimmte Edelsteinberatung kann natürlich auch sehr hilfreich sein, dich in deinem Prozess zu unterstützen und die passende Auswahl an Steinen für dich zu finden.

Diese persönlichen Beratungen dienen dazu, deine individuellen Lebensthemen, Bedürfnisse, Wünsche und Herausforderungen kennenzulernen, um daraufhin die richtigen Steine auszuwählen, die genau zu dir und deinen Bedürfnissen passen und wirken dürfen. In den Beratungsgesprächen mit meinen Klient:innen liegt es mir besonders am Herzen, herauszufinden, was sie wirklich brauchen, wo sie gerade stehen, was sie loslassen und bewältigen möchten, was sie sich wünschen und mit welchen Lebensfragen sie sich aktuell beschäftigen. Auf diese Weise kann ich die Menschen kennenlernen und dann analytisch, aber gleichzeitig auch mit intuitivem Gespür die passenden Steine auswählen. Oft habe ich schon eine intuitive Ahnung, wenn ein:e Klient:in das Studio betritt und ich seine oder ihre Energie spüren kann. Die jahrelange Erfahrung mit den Edelsteinen lässt mich sehr schnell spüren, welcher Stein der richtige ist. Wenn Menschen zu mir ins Studio kommen, gehe ich meistens analytisch vor und gleichzeitig fließt immer mein intuitives Gespür mit ein. Ich lerne den Menschen kennen und wir sprechen über seine Vergangenheit, seine Gegenwart und seine Wünsche und Träume für die Zukunft. All diese Erkenntnisse, mein Gefühl und die Erfahrung helfen mir, die richtigen Steine und Komposition auszuwählen.

»DA GIBT ES EINE STIMME DIE KEINE WORTE NUTZT: HÖRE IHR ZU.« RUMI

DER INTUITIVE WEG

Wir können auch selbst lernen, auf intuitive Weise unsere Steine auszuwählen. Dabei lassen wir uns von unserem Körper, unserem Bauchgefühl und unserer Intuition leiten. Unsere Intuition ist unser innerer Kompass. Oftmals können wir nicht begründen, warum wir uns zu bestimmten Steinen hingezogen fühlen, doch die Intuition leitet uns und lässt uns spüren, welcher Stein der richtige für uns ist. Wir dürfen uns erlauben, auf unser inneres Gefühl zu vertrauen, auch wenn der Verstand es vielleicht nicht begründen kann.

Oftmals erlebe ich, dass meine Klient:innen intuitiv wissen und fühlen, welchen Stein sie brauchen, bevor wir überhaupt über die Bedeutungen der Steine gesprochen haben. Es kommt oft vor, dass wir gemeinsam vor der Steinwand stehen und sie sich intuitiv einen Stein aussuchten und nicht erklären konnten, warum sie so eine Anziehung und Faszination für diesen Stein spüren. Es ist dieses »innere Gefühl«, das sie den Stein auswählen lässt. Und genau darauf dürfen wir vertrauen. Oft stellen wir danach bei der näheren Analyse fest, dass die Bedeutung des Steines perfekt zu dem Lebensthema passt. Um uns mit unserer Intuition zu verbinden, ist es wichtig, dass wir wirklich offen und bereit dafür sind. Du kannst dich in einer Meditation mit dir selbst verbinden und dich dafür öffnen, dass du diese feinstofflichen Energien der Steine wahrnehmen kannst und dass sie zu dir fließen.

Probiere es aus! Lies dir zum Beispiel zunächst die Liste der Edelsteine am Ende dieses Kapitels durch. Wenn du merkst, dass dich ein ganz bestimmter Stein anzieht, kannst du nachschauen, für welches Lebensthema ich ihn empfohlen habe und ob dieses Thema dich anspricht.

INTUITION ODER ANALYSE – WELCHEN WEG WÄHLE ICH?

Wenn du dich nun fragst, welchen der beiden Wege du gehen sollst bei der Wahl deiner Steine, kannst du beide Wege und die verschiedenen Ansätze und Herangehensweisen für dich spielerisch ausprobieren. Du kannst sie auch kombinieren und ineinanderfließen lassen und so in den ersten Kontakt mit dir selbst und den Steinen treten. Dies ist eine wunderbare Möglichkeit, dich und deine Lebensthemen besser kennenzulernen und mit den Steinen zu arbeiten.

Gehst du analytisch vor, dann verbinde dich bewusst mit deinem Lebensthema und wähle

»DU MUSST VERSTEHEN, DASS ES MEHR ALS EINEN WEG ZUR SPITZE DES BERGES GIBT.«

Miyamoto Musashi

den passenden Stein dafür. Möchtest du dich von deiner Intuition leiten lassen, kannst du das über dein Auge, deinen Körper oder deinen Geist tun. In meinen Beratungen gehe ich – wie beschrieben – oft beide Wege und verbinde den analytischen Ansatz mit meinen intuitiven Fähigkeiten.

Egal ob wir uns letztendlich dafür entscheiden, unsere Steine analytisch oder intuitiv auszuwählen, gibt es eine wichtige Voraussetzung: Wir müssen uns öffnen und bereit dafür sein, wahrhaftig hinzuschauen, welche Themen gerade präsent sind. Das bedeutet, auch eine tiefe Annahme dafür zu entwickeln, dass bestimmte Themen in unserem Leben auch schmerzhaft und herausfordernd sein können. Wenn wir nicht ehrlich zu uns sind und uns unsere Herausforderungen nicht eingestehen, dann können die Steine natürlich auch nicht entsprechend wirken. Wir brauchen diese Offenheit und das Vertrauen, denn erst so können die Informationen der Heilsteine uns wahrhaftig erreichen.

ANZAHL DER STEINE FÜR DEINE MALA

Wenn du deine Lebensthemen gefunden hast und dich fragst, wie viele verschiedene Steine du am besten für deine Mala als Kette oder Armband wählst – im ursprünglichen Sinn eine Gebets- und Meditationskette –, lege ich dir ans Herz, nicht zu viele Themen zu verknüpfen. Es geht um die Qualitäten, die wir in unser Leben einladen möchten, also die uns momentan fehlen, an die wir uns zurückerinnern, die wie in uns aktivieren möchten. (Weitere Erläuterungen findest du im Kapitel »Moderne Edelstein-Malas als spirituelles Werkzeug & Begleiter für deinen Lebensweg«.)

Je mehr Themen wir mit einem Wegbegleiter verbinden, desto schwerer und überladener wird auch die Energie, die wir spüren. Wenn du zu viele schwere Themen in deiner Mala verankert hast, kann es passieren, dass du morgens aufwachst, von der Energie überwältigt, weil du selbst gerade nicht in deiner vollen Kraft bist. Dann leg sie eher beiseite oder lass sie zu Hause, anstatt sie immer unterstützend bei dir zu tragen. Es ist wichtig, ehrlich zu sich zu sein und sich einzugestehen, wie viel wir wirklich bereit sind, auf einmal zu tragen und zu ertragen, da uns zu viele Themen überfordern und überwältigen können.

Versuche dich bei der Themenfindung und Wahl der Steine auf die wichtigsten Punkte zu fokus-

sieren und deinen Wegbegleiter dementsprechend zu gestalten. Idealerweise sind zwei oder drei Edelsteine mit einem Thema in deiner Mala verknüpft. Steht ein bestimmtes Thema für sich in deinem Leben, kannst du auch zusätzlich einen separaten Stein hinzuziehen, der genau dafür wirken soll.

WARUM ICH MIT BESTIMMTEN STEINEN ARBEITE

Wie ich bereits erwähnt habe, gibt es insgesamt Tausende verschiedener Edelsteine. Dazu kommt, dass viele in unterschiedlichen Farben erscheinen. Gar nicht so einfach, da den Überblick zu bewahren und sich zu merken, welcher Stein welche Wirkung auf uns erzielt.

Viele der Steine haben eine ähnliche Entstehungsgeschichte und somit auch eine ganz ähnliche Wirkung und Qualität, die sie in unser Leben bringen. Es gibt Menschen, die möglichst viele glitzernde Edelsteine haben wollen – wahre Edelsteinsammler. Ich kann das gut nachvollziehen. Doch ich habe irgendwann beschlossen, mich auf ausgewählte Edelsteine zu beschränken und mich auf ihre Kräfte zu fokussieren.

In meinem Shop biete ich daher auch nur eine gewisse Anzahl von Edelsteinen an, weil es die Auswahl der Kristalle und die Qualität, die man in sein Leben einladen möchte, erleichtert. Stell dir einmal vor, es lägen mehrere hundert oder sogar tausend Steine vor dir, beschriftet mit Namen und ihren Zuordnungen, die teilweise sehr ähnlich sind. Würde es dir da leichtfallen, dich für den richtigen Stein zu entscheiden?

Mir bestimmt nicht. Ich habe deshalb eine Auswahl an Steinen für dich getroffen, die ich für die unterschiedlichen Lebensthemen am kraftvollsten halte. Je nachdem, was in der Welt gerade so los ist, welche Qualitäten gerade besonders wichtig und im Fokus sind, kommt ein Stein dazu oder ich sortiere Steine wieder aus.

Insgesamt arbeite ich mit rund 25 verschiedenen Steinen. Diese Steine lassen sich zudem kombinieren. In meinen eigenen Schmuckkreationen kombiniere ich meist nicht mehr als maximal drei unterschiedliche Steinarten, die auf ein ähnliches oder das gleiche Lebensthema einzahlen. Zu viele unterschiedliche Lebensthemen in einem Schmuckstück können uns, wie schon beschrieben, zu mächtig erscheinen und überfordern. Ich finde es einfacher, mich zunächst auf ein Thema zu fokussieren, dieses anzugehen, zu bearbeiten und abzuschließen bevor ich mich dem nächsten Thema widme.

Und so wähle ich pro Tag einen Begleiterstein, maximal jedoch zwei oder drei Steine aus, die über den Tag auf mich wirken.

DIE WICHTIGSTEN EDELSTEINE UND IHRE BEDEUTUNG

Achat	Dein Fels in der Brandung	Balance · Stabilität · Selbstbewusstsein · Vertrauen
Amazonit	Pure Lebensfreude	Toleranz · Geduld · Leichtigkeit · Ausgeglichenheit Lebensfreude
Amethyst	Ein Stein für die Seele	Geborgenheit · Ruhe · Intuition · Spiritualität Meditation
Aventurin	Just do it	Mut · Optimismus · Lebenseinstellung Persönlichkeit
Bergkristall	Das Licht in dir	Erkenntnis · Wandel · Entwicklung · Achtsamkeit
Chalcedon	Klare Worte	Authentizität · Ausgeglichenheit · Selbstvertrauen Durchsetzungsvermögen · Rhetorik
Citrin	Shine your Light	Lebensfreude · Offenheit · Entschlossenheit Ausdruckskraft · Dankbarkeit
Jade	Mother Earth	Balance · Harmonie · Gleichgewicht Naturverbundenheit
Roter Jaspis	Super Power	Energie · Mut · Willenskraft · Harmonie Zufriedenheit
Labradorit	Create your Magic	Kreativität · Fantasie
Mondstein	Liebevolle Hingabe	Intuition · Yin-Energie · Natürlichkeit · Freude Empathie
Moosachat	Free yourself	Befreiung · Loslassen · Zuversicht · Inspiration
Rosenquarz	True Love	Liebe · Sensibilität · Harmonie · Aufgeschlossenheit
Schneeflocken-obsidian	Deep Healing	Transformation · Freiheit · Heilung · Selbstreflexion
Süßwasserperle	Spiritual Growth	Geistiges Wachstum · Lebenserfahrung Zufriedenheit · Intuition
Tigerauge	Strong Decision	Fokus · Entschlossenheit · Mut · Entscheidungsfreude
Turmalin	Inner Peace Keeper	Schutz · Abgrenzung · Innerer Frieden · Gelassenheit

Wie du die Edelsteine und Malas für deine spirituelle Entwicklung nutzt

In unserer hektischen, leistungsorientierten Welt vergessen wir allzu schnell, wie viel Wunderbares bereits in uns angelegt ist. Ein Edelstein als unser täglicher Wegbegleiter hilft uns, uns daran zu erinnern und bei uns zu bleiben.

Die Edelsteine und Edelstein-Malas sind ein so wunderbares und kraftvolles Tool, du kannst sie in den unterschiedlichsten Situationen im Alltag anwenden. Über die Jahre habe ich mich sehr viel mit diesen Wegbegleitern beschäftigt, so viel über sie gelesen und zahlreiche Anwendungsmöglichkeiten ausprobiert. Nach wie vor entdecke ich neue Möglichkeiten, um sie einzusetzen und mit ihnen zu arbeiten.

Die Wegbegleiter haben mir in so vielen Phasen meiner spirituellen Entwicklung zur Seite gestanden, mir als Anker gedient und mich mit ihren Kräften unterstützt. Denn für jedes Lebensthema gibt es passende Edelsteine.

In diesem Kapitel erzähle ich dir, welche Möglichkeiten es gibt, die Steinfreunde für deine Spiritualität zu nutzen.

Nutze die Edelsteinkräfte im Alltag

EDELSTEINE ALS ERINNERER

Es kommen so viele Menschen in meine Beratungsgespräche, mit denen ich entweder gemeinsam herausfinde, welches ihre Lebensthemen sind, oder wir entdecken häufig noch darunterliegende Themen, die der Nährboden und die eigentliche »Ursache« für ein bestimmtes Thema sind. Viele Menschen, die den Weg zu mir finden, wissen oft auch ganz genau, woran sie in ihrer spirituellen Entwicklung arbeiten dürfen, doch sie kommen einfach nicht in die Umsetzung oder wissen nicht genau, wie sie die Themen angehen können. Im turbulenten Alltag gerät das, was wir uns vorgenommen haben, woran wir denken wollen oder wobei wir uns ertappen möchten, ganz schnell in den Hintergrund. Ich trage meine Malas gern im Alltag bei mir, um mich an meine Intentionen von ihnen erinnern zu lassen. Sobald ich sie sehe oder sie berühre, erinnern sie mich an die Qualität, die ich in meinen Alltag einladen möchte. Ich erinnere mich zum Beispiel daran, tief durchzuatmen und erst nachzudenken, bevor ich, von meinen Emotionen geleitet, handele.

Als beispielsweise meine Tochter geboren wurde, konnte mein etwas älterer Sohn nicht gut damit umgehen, seine Mama teilen zu müssen und war häufig untröstlich, wütend und dadurch unausstehlich. Eingespannt mit meiner kleinen neugeborenen Tochter und dem Alltag zu Hause, fiel es mir nicht leicht, immer die Geduld zu bewahren und ihm in seinem Leid mit Mitgefühl und Verständnis zu begegnen. Meine Mala hat mir dabei wunderbare Dienste geleistet. Ich habe mit ihr eine Morgenroutine etabliert, indem ich mich in einer Mala-Meditation in meinen Sohn und seine Situation hineinversetzt und all die Momente gefühlt habe, in denen er nicht aus Ungehorsamkeit, sondern aus dem Schmerz heraus gehandelt hat. Ich habe die Situationen visualisiert, die über den Tag hinweg häufig auftreten und konnte in dieser Stille mit meiner Mala bei mir so viel Mitgefühl und Verständnis für ihn aufbringen. Diese Herzensgefühle und meine Intention habe ich tagtäglich in meiner Mala verankert und sie immer im Alltag getragen. In schwierigen Situationen« habe ich sie angefasst, kurz die Augen geschlossen, geatmet, und sie hat mich an meine Herzensgefühle erinnert, bevor kurzweilige Emotionen wie Ärger und Unverständnis ihnen zuvorkamen.

Es gibt zahlreiche Beispiele, wie meine Wegbegleiter mich in meinem Alltag dabei unterstützen, der Mensch zu sein, der ich sein möchte und so zu handeln, wie ich es mir wünsche. Du kannst dir auch einen Stein in dein Blickfeld legen, zum Beispiel auf deinen Schreibtisch. Jedes Mal, wenn

du ihn siehst, hältst du kurz inne, atmest und erinnerst dich an deine Intention. Falls du mit einer Affirmation arbeitest (mehr dazu folgt später in diesem Kapitel), wiederhole diese kurz im Geiste. Wenn du deinen Stein in dein Blickfeld stellst, wird alleine schon seine leuchtende Farbe auf dich wirken und einen Einfluss auf dein Wohlbefinden haben.

Je häufiger wir uns mit unserer Intention beschäftigen und an sie denken, desto schneller und nachhaltiger können wir sie in unserem Unterbewusstsein verankern und manifestieren. Daran zu denken, ist der erste Schritt, um auch unsere Emotionen, unsere Art mit ihnen umzugehen und unser Verhalten zu verändern.

EDELSTEINE TRAGEN

Die wohl einfachste Art, die Kraft der Edelsteine zu nutzen, ist das Tragen und Auflegen der Steine. Am kraftvollsten können sie auf dich wirken, wenn du sie direkt auf der Haut trägst.

Du kannst deine Steinschätze als Schmuckstück, als Mala oder als Begleiterstein in der

Hosen- oder Handtasche bei dir tragen. Wenn du deine Mala im Alltag nicht um deinen Hals tragen möchtest, dann nimm sie in einem Beutel in deiner Hosentasche mit. So hast du sie nah bei dir und schützt sie vor Verschmutzungen, Sonnenlicht oder Feuchtigkeit. Das Tragen von Edelsteinen ist für mich eine so schöne Art und Weise sie zu nutzen, denn wir widmen uns auf diese Weise unseren Steinen bereits morgens ganz bewusst und verbinden uns mit ihnen, wenn wir unseren Stein oder unser Schmuckstück auswählen. Das Tragen der Edelsteine hat den Vorteil, dass sie ihre Kräfte den ganzen Tag direkt an dich abgeben und auf dich wirken können.

Nach welchen Kriterien du deine Steine für eine längere Zeit oder für den Tag auswählen kannst, erfährst du in dem Kapitel »Edelsteine als Schlüssel zu deinen Lebensthemen – So findest du den richtigen Stein«.

EDELSTEINE AUFLEGEN

Ich schaffe mir immer gerne kleine Auszeiten im Alltag, in denen ich mich ganz bewusst mit meinen Steinen verbinde und sie auf meinen Körper auflege, um ihre Kräfte zu spüren und auf meinen Körper und Geist wirken zu lassen. Am besten können sie im direkten Kontakt zu dir wirken, also lege sie auf die nackte Haut. Wenn du dazu nicht die Möglichkeit hast, du dir aber beispielsweise in der Mittagspause im Büro eine kleine Auszeit nehmen kannst, lege sie auf deine Kleidung, oder klebe sie mit einem Pflaster-Tape an den bestimmten Körperstellen auf. Wenn ich beispielsweise meine Periode habe, klebe ich einen kleinen Mondstein auf meinen Unterleib.

Es gibt Edelsteine für bestimmte Körperteile. Der Rosenquarz unterstützt zum Beispiel unser Herzchakra und kann deshalb besonders gut in der Herzregion mit seinen Kräften wirken. Der Amazonit löst Verspannungen und kann dir deshalb helfen, harte und angespannte Muskeln zu entspannen. Entscheide intuitiv, welche Steine du heute auf welchem Körperteil wirken lassen möchtest. Im Studio ist der Amazonit mein absoluter Favoriten-Pausenstein. Dann lege ich mich auf den Boden und platziere ihn für einige Minuten auf die verspannten Stellen meines Körpers. Danach erlebe ich all das, was ich zu tun habe mit viel mehr Leichtigkeit.

ARBEIT MIT EDELSTEINEN UND CHAKREN

Über die Arbeit mit Edelsteinen und Chakren könnte ich ein eigenes Buch schreiben. Da ich aber so gerne und viel mit den Chakren arbeite und sie auch an einigen Stellen in diesem Buch erwähne, möchte ich kurz darauf eingehen. In der Chakrenlehre werden die Chakren als Energie-

zentren verstanden, in denen sich die Energiekanäle unseres feinstofflichen Körpers begegnen. Insgesamt haben wir sieben Chakren, die durch den ganzen Körper verlaufen, vom Steißbein bis zum Scheitel.

Die Chakren stehen in direktem Zusammenhang zu unseren Lebensthemen. Sind sie außer Balance geraten oder sogar blockiert, kann sich das auf unseren Körper und Geist auswirken. Ist beispielsweise unser erstes Chakra, das Wurzelchakra, blockiert, kann das zu Rückenschmerzen oder Problemen mit der Blase führen, auf geistiger Ebene können wir mangelndes Vertrauen, Kontrollverlust oder fehlende Stabilität spüren.

Da bestimmte Edelsteine mit unseren Energiezentren in Resonanz treten, können wir sie nutzen, um unsere Chakren wieder zum Schwingen zu bringen, sie zu öffnen und in Balance zu bringen.

Wir können die Chakrensteine auf unseren Körper auflegen, dort wo die Chakren lokalisiert sind, wir können sie während unserer Chakren Meditation in den Händen halten und sie in verschiedene Rituale einbinden.

DIE EDELSTEINE FÜR DEINE CHAKREN

Chakra	Sitz	Lebensthemen	Körperteile	Stein
Wurzelchakra	Am unteren Ende der Wirbelsäule, Beckenboden, Steißbein	Überleben, Erdung und Verwurzelung, Stabilität, Urvertrauen, Sicherheit, Herkunft, Familie, Zuhause, Vertrauen, Selbstvertrauen, Akzeptanz und Selbstwert, Kontrolle Werte, Nahrung	Muskeln, Knochen, Füße, Beine, Zähne, Nägel, Wirbelsäule und Steißbein (LWS), After, Dickdarm, Enddarm, (Neben-)Nieren	**Achat**
Sakralchakra	Kreuzbein, Unterleib	Kreativität, Lust und Lebenslust, Sexualität, Emotionen, Begehren, Veränderung, Instinkte, Schöpferkraft	Uterus, Genitalien, Nieren und Blase	**Mondstein**
Solarplexus-chakra	In der Mitte der Lendenwirbelsäule, einige Zentimeter über dem Bauchnabel	Lebensfeuer, Ego, Willenskraft, Kritikfähigkeit	Nebennieren, Bauchspeichel drüse, Magen, Verdauungssystem, Leber, Galle	**Citrin**
Herzchakra	In der Mitte der Brust, auf Höhe des physischen Herzens, zwischen den Schulterblättern	Mitgefühl, Harmonie, Verbundenheit, Glückseligkeit, Freude, Leichtigkeit, Zufriedenheit, Frieden, bedingungslose Liebe, Hilfsbereitschaft, Sensibilität, Einheitsbewusstsein, Menschlichkeit, Harmonie, Balance, dein höchstes Selbst, Empathie, Toleranz, Dankbarkeit, Vergebung, Heilung, Großzügigkeit, Romantik	Herz, Lunge, Haut, Thymusdrüse, Zwerchfell, Brustkorb, Brüste, Lymphsystem	**Rosenquarz**

Chakra	Sitz	Lebensthemen	Körperteile	Stein
Kehlchakra	In der Mitte des Halses, am Kehlkopf	Wahrheit, Ausdruck, Kommunikation, Authentizität, Reinheit, Telepathie, innere Stimme, Freiheit, Klang, Resonanz, Reinheit, Vibration, Kreativität, Sprache, Schauspiel, Singen Musik, Kunst	Mund, Stimmbänder, Zunge Speiseröhre, Bronchien, Schilddrüse, Nebenschilddrüse	**Chalcedon**
Drittes Auge	Zwischen den Augenbrauen	Sehen und Hellsehen, Intuition, Erkenntnis, der sechste Sinn, inneres Licht, Geist, Vision, Klarheit, Fokus, Verstand, Fantasie, höheres Wissen, innere Führung und Weisheit, Selbstreflexion	Gesicht, Nase, Augen, Ohren, Zirbeldrüse, Hypothalamus, Hypophyse, Kleinhirn, Stirn, Nerven- und Hormonsystem	**Amethyst**
Kronenchakra	Am Scheitel, der Krone des Kopfes	Erleuchtung, Erwachen, Licht, Weisheit, Transzendenz, Spiritualität, Vollkommenheit, Verbindung zum übergeordneten Weltgeist und zum Universum, spirituelle Freiheit, Seelenaufgabe, Lebenssinn, Gottvertrauen, Mitgefühl mit allen Lebewesen, Dharma	Kopf, Schädel, Gehirn, Rückenmark, zentrales Nervensystem, Zirbeldrüse, Hypophyse	**Bergkristall**

Edelsteine zu Hause aufstellen und Edelsteinkreise legen

Unser Zuhause ist ein wunderbarer Ort der Geborgenheit. Hier können wir Kraft schöpfen, uns entfalten und zur Ruhe kommen. Gerade während der Pandemie haben wir so viel Zeit zu Hause verbracht, unser Heim ist zum zentralen Ort unseres Alltagslebens geworden. Manche von uns haben sogar ihre Arbeit dorthin verlagert. Umso wichtiger ist es, dass gute Energien vorherrschen, sodass wir uns richtig wohl fühlen.

Doch manchmal spüren wir in den eigenen vier Wänden seltsame Energien, die ein Gefühl von Schwere oder Unbehagen in uns auslösen. Es sind Energien, die nicht (mehr) zu uns gehören, aber weiterhin im Raum nachschwingen. Vielleicht sind es die Energien eines Vormieters, der Nachbarn von nebenan oder Besucher. Vielleicht hast du sie auch selbst erzeugt, zum Beispiel bei Streit und Stress, beim Kranksein oder in einer Phase, in der es dir seelisch nicht gutging. Edelsteine sind nicht nur eine wunderschöne Dekoration, die unsere Räume schmücken und zum Leuchten bringen, sie können mit ihren magischen Kräften für neue Energien in deinen Räumen sorgen und alte Energien vertreiben.

Persönliche Affirmationen und Mantren

WAS SIND AFFIRMATIONEN, WIE WIRKEN SIE UND WARUM SIND SIE SO KRAFTVOLL?

Unser Unterbewusstsein hat unglaublich viel Macht über unsere Gedanken, Gefühle und Handlungen. Viele unserer Glaubenssätze tragen wir ein Leben lang unterbewusst mit uns, ohne dass sie uns im Alltag stark einschränken. Doch sie sind immer noch im Unterbewussten verborgen und können sich in verschiedenen Lebenssituationen zeigen.

Mithilfe von Affirmationen können wir unsere eigenen unterbewussten Glaubenssätze neu formulieren. Auf diese Weise sind wir in der Lage, tiefsitzende Ängste aufzulösen, ein neues Mindset zu kreieren und mit mehr Leichtigkeit, Gelassenheit und Zuversicht unser Leben zu bestreiten. Mit Affirmationen zu meditieren, ist ein sehr kraftvolles und selbstermächtigendes Tool, das mir unglaublich geholfen hat.

Affirmationen können selbst formulierte »persönliche Mantren« sein. Sie sind kurze Sätze und im Ist-Zustand formuliert, also suggerieren uns und somit unserem Gehirn, dass unser Wunsch bereits Wirklichkeit geworden ist. Beispiel: Sage nicht: »Ich möchte geliebt werden«, sondern:

»ICH LIEBE UND WERDE GELIEBT«
»ICH VERTRAUE.«
»ICH GEHE MUTIG MEINEN WEG.«

Wenn du beispielsweise eine Mala-Meditation mit den 108 Perlen deiner Mala und deiner Affirmation machst, kann es sein, dass du die erste Zeit noch im inneren Widerstand bist und der Sache nicht glauben möchtest/kannst. Im nächsten Schritt, also ein paar Perlen weiter, wird sich der Widerstand vermutlich lösen, und du wirst »gleichgültig« (wie beim Kundalini-Yoga) weitermachen und im wunderbaren dritten Schritt beginnen, zu fühlen. Denn der Ausspruch deiner Affirmation wird mit jeder Wiederholung, die du machst, mehr und mehr in dich eindringen und dich, dein Gehirn und deinen Geist durchdringen und ihn wirklich in diesen Zustand versetzen.

Richte dir am besten feste Zeiten oder Rituale ein, bei denen du mit deinen Affirmationen arbeitest. Für mich ist es am kraftvollsten direkt am Morgen meine Mala zu mir zu nehmen und mit einer Mala-Meditation und einer Affirmation in den Tag zu starten, die mich darauf ausrichtet, wie ich mich fühlen und was ich erschaffen möchte. So lenke ich gleich am Morgen meine Energien dorthin, wo ich sie mir wünsche. Lege deine Mala am besten gleich am Abend auf deinen Nachtisch, so wirst du am Morgen von ihr an deine Aufgabe erinnert.

Wenn du mit einem Stein meditierst, halte ihn, während du die Affirmationen wiederholst, in deiner Hand oder lege ihn auf deinen Körper. Spüre vor dem Auflegen in deinen Körper hinein. Vielleicht spürst du in einer bestimmten Körperstelle besonderen Widerstand gegen den Satz oder das Mantra. Lege deinen Stein dorthin, er wird dir dabei helfen, den Widerstand loszulassen und das Mantra anzunehmen und zu verankern. Wenn wir die Steine in unsere Arbeit mit den Affirmationen einbinden, verankern wir die Affirmation in unserem Stein, und er kann uns

im Alltag daran erinnern und uns mit seinen Kräften helfen, die Affirmation vom Unterbewusstsein ins Bewusstsein fließen zu lassen.

Mantren oder Affirmationen sind wunderbare Möglichkeiten, bei dir anzukommen und lassen sich auch so kraftvoll in deine Mala-Meditation einbeziehen. Sage dir bei jedem Stein dein Mantra und entscheide dabei für dich, ob lautlos in deinem Kopf, oder leise vor dich hinmurmelnd. Eine Mala-Meditation wird auch als Japa-Meditation (das bedeutet: murmeln) bezeichnet. Ich empfinde sie als besonders kraftvoll, da sie die Bewegung des Körpers und des Geistes vereinen. Die Bewegungsmuster helfen dem Gehirn, die Affirmationen zu verinnerlichen. Ich habe dir in diesem Buch zu jedem Lebensthema Affirmationen aufgeschrieben, die du für deine Affirmationsarbeit nutzen kannst.

WAS SIND MANTREN UND WOHER KOMMEN SIE?

Sehr wertvoll für mich ist auch die Mala-Meditation mit alten, bekannten Mantren. Je nach Edelstein, mit dem ich arbeite oder nach Intention, die ich verfolge, wähle ich ein Mantra aus. Während meiner Edelsteinrituale höre ich auch gerne Lieblingsmantren von meiner Playlist, die mich zusätzlich in einen tiefen Zustand der Verbundenheit und Einheit bringen.

Mantren sind heilige Sätze, Worte oder Silben in der altindischen Sprache Sanskrit. »Mantra« bedeutet übersetzt Lied, Hymne oder Spruch. Sie werden im Yoga, im Hinduismus und Buddhismus beispielsweise bei der Meditation rezitiert. Mantren werden gemurmelt, im Geiste gesprochen, aber auch laut aufgesagt oder gesungen. Mit den Mantren werden oft die indischen Götter, wie zum Beispiel Shiva, Ganesha oder Krishna verehrt, die für bestimmte Eigenschaften wie Transformation, Stabilität und Resilienz, Glück und Freude etc. stehen.

Durch das Aufsagen oder Singen der Mantren erzeugen wir bestimmte Schwingungen in unserem Mund und in der Kehle, die positiv auf uns, unseren Körper und Geist wirken. Auch die Melodien der Mantren können gesungen auf uns wirken, uns Kraft schenken, uns beruhigen, unser Herz öffnen oder andere positive Empfindungen ins uns auslösen. Singen aktiviert darüber hinaus unseren Vagusnerv, der für Ruhe und Entspannung sorgt. Blockaden können gelöst und in positive Emotionen umgewandelt werden. Vielleicht erinnerst du dich an eine Situation aus deiner Kindheit, bei der du Angst hattest und automatisch begonnen hast, ein Lied zu singen oder zu summen. Es ist ein Impuls, um den Vagusnerv zu stimulieren. Das gemeinsame Singen von Mantren in einer Gruppe ist besonders kraftvoll und verbindend, es fördert den Zusammenhalt

und das Gruppengefühl, weil eine wunderschöne gemeinsame Energie erzeugt wird.

Das Chanten kann uns außerdem in einen meditativen Zustand versetzen. Wir konzentrieren uns dabei so sehr auf den Text, die Melodie und den Rhythmus, dass unser Geist ruhig wird und wir uns im Hier und Jetzt vollkommen der Musik und dem Gesang hingeben können. Ich habe die Kraft vom Mantren-Chanten in meiner Ausbildung zur Yogalehrerin zu schätzen gelernt und liebe es bis heute, gemeinsam mit meinen Kindern Mantren zu hören oder zu singen.

Meditation – Wirkung und Formen

WIE KÖNNEN MALAS BEI DER MEDITATION UNTERSTÜTZEN?

Früher haben die alten Yogis und Mönche meditiert, um ins Nirvana, den Ort der Erleuchtung, zu gelangen. Das ist für viele Menschen in der westlichen Welt wohl weder ein erreichbares noch ein erstrebenswertes Ziel. Doch auch wenn wir wahrscheinlich niemals ins Nirvana gelangen werden, hat Meditation viele positive Effekte auf unseren Körper und Geist, die wir uns für unser modernes spirituelles Leben zunutze machen können.

Meditation hilft bei Schlafproblemen und stressbedingten Erkrankungen und kann sogar bei körperlichen Symptomen wie Kopfschmerzen, Bluthochdruck oder einem schwachen Immunsystem Linderung verschaffen. Die Mediation wirkt wie das Singen aktivierend auf unseren Vagusnerv und somit entspannend auf unser Nervensystem. Wir steigern unsere Konzentration und Aufmerksamkeit und können uns im Alltag besser fokussieren. Während der Meditation verbinden wir uns mit unserem Inneren, unserer Atmung, unserem Geist und unserem Körper und entwickeln so auch ein besseres Bewusstsein für uns selbst und die Signale, die uns unser Körper sendet. Wir kommen in eine Haltung des stillen

Beobachters und lernen, wahrzunehmen, ohne zu bewerten. Einfach zu sein, ohne Erwartungen. Für einen Moment alles so zu akzeptieren, wie es ist, ohne etwas verändern zu wollen. Es ist wissenschaftlich bewiesen, dass sich bei regelmäßiger Meditationspraxis die Gehirnstrukturen verändern und Meditation somit nachhaltig auf uns wirken kann.

Ich selbst hatte früher einen sehr unruhigen Geist, der es mir oft unmöglich gemacht hat, stillzusitzen, mich zu entspannen oder einzuschlafen. Mithilfe einer regelmäßigen Meditationspraxis und meinen Edelstein-Malas habe ich diese Symptome in den Griff bekommen, und somit ist die Meditation für mich wirklich lebensverändernd geworden. Immer, wenn ich das Gefühl habe, das Leben lebt mich gerade, ich werde von den äußeren Umständen »herumgeschubst«, kehre ich in die Stille und meditiere. So finde ich die Verbindung zu mir wieder, zu meiner Intuition, zu dem, was ICH möchte und kann wieder mit einem klaren Geist ins Außen treten. Plötzlich bin ich wieder die Schöpferin meines Lebens und nicht mehr Opfer der Umstände.

SCHAFFE DIR GEWOHNHEITEN

Meditation ist mittlerweile ein so großes Feld geworden. Es gibt viele verschiedene Stile: Meditation im Stillen sitzend, bewegte Meditationen, angeleitete Meditationen.

Meiner Meinung nach ist es nicht so wichtig, wie du meditierst, sondern DASS du meditierst. Du darfst deinen eigenen Weg finden, der für dich umsetzbar ist. Setze dir kleine Ziele. Zum Beispiel erst einmal drei Minuten pro Tag zu meditieren. Das klingt vielleicht wenig, doch es ist ein Anfang. Schließlich finden wir ja für die kleinsten Aufgaben im Alltag Ausreden, wenn wir gerade keine Lust haben oder uns nicht gut fühlen. Doch gerade an diesen Tagen ist es besonders wichtig, zu meditieren und dranzubleiben. Gerade dann, wenn es unserem Geist oder Körper nicht gutgeht, kann Meditation uns helfen, in einen anderen Geisteszustand zu gelangen. Vielleicht kennst du das, dass du gar keine Lust hast, Sport zu machen und dich nicht vom Sofa bewegen möchtest, doch hast du dich einmal überwunden, merkst du, wie gut dir das eigentlich tut und dass du nach deiner Sporteinheit viel mehr Energie und Kraft hast. Und genau so ist es mit der Meditation.

Wenn du es erst einmal geschafft hast, zwei Monate jeden Tag zu meditieren, kannst du die Zeit langsam steigern. Es geht darum, eine Routine zu schaffen und die Meditation zur Gewohnheit zu machen. Man sagt, dass es etwa 40 Tage dauert, bis ein Verhalten zur Gewohnheit wird und sich als etwas Normales in deinen Kopf einspeichert. Danach ist es wie das morgendliche Zähneputzen, du denkst gar nicht mehr darüber nach, ob du es tun solltest oder nicht. Du tust es

einfach, weil du es immer tust. Um die Gewohnheit zu verfestigen, kannst du am besten jeden Tag zur gleichen Uhrzeit und am gleichen Ort meditieren. Der Morgen, direkt nach dem Aufstehen, eignet sich besonders gut zum Meditieren. Unser Geist ist dann am klarsten, in ihm haben noch nicht so viele Bewegungen stattgefunden, wir haben noch nicht so viel nachgedacht, keine Nachrichten oder die Sozialen Medien gecheckt, uns Sorgen gemacht, etc. ...

Außerdem starten wir nach der Meditation direkt mit einem frischen klaren Geist in den Tag und können die positiven Effekte, die die Meditation auf uns hat, mit in den Tag nehmen und für uns nutzen. Ich liebe es, direkt am Morgen eine Dankbarkeitsmeditation zu machen. Eine genaue Anleitung zu meinem Dankbarkeitsritual findest du im Kapitel »Ich erkenne die kleinen und großen Wunder in meinem Leben – Wegbegleiter für die innere Heilung«.

UNTERSTÜTZERSTEINE FÜR DEINE MEDITATION

Du kannst dich von deinen Steinfreunden oder deiner Mala an deine Meditationspraxis erinnern lassen und sie mit der Intention, jeden Tag zu meditieren, verknüpfen. Ein Stein, der uns ganz besonders beim Meditieren zur Seite stehen kann, ist der Amethyst. Er reinigt deine Umgebung von Energien, aber ebenso deinen Geist und deine Gedanken. Er aktiviert dein Drittes Auge, dein Stirnchakra, und kann den Zugang zu deiner Spiritualität fördern. Er kann dein Gedankenwirrwarr lüften und dir so inneren Frieden bei der Meditation bescheren. Du kannst ganz wunderbar eine Amethyststufe an deinem Meditationsort aufstellen oder falls du im Liegen meditierst, einen kleineren Amethyst auf dein Drittes Auge legen.

Zusätzlich kann ein Bergkristall für Klarheit und Reinheit deiner Gedanken sorgen und dir den Weg zu deinem Inneren und deiner Seele leuchten. Er ist der Stein für unser Kronenchakra, dem bei der Meditation eine wichtige Bedeutung zukommt. Das Kronenchakra ist in der Yogaphilosophie und der Chakrenlehre der Ort der Erleuchtung, des erweiterten Bewusstseins, dem Sitz von Gott oder auch die Verbindung zum großen Ganzen.

MALA-MEDITATION, WARUM SIE SO KRAFTVOLL IST?

Für mich war es ein absoluter Game Changer, als ich die Mala-Meditation für mich entdeckt habe. Deine Mala ist deine sanfte Erinnerung, dein sanfter Weg zurück, wenn deine Gedanken losziehen. Das Spüren der Perlen deiner Mala zwischen deinen Fingern, ist eine Möglichkeit, physisch und ganz bewusst deine Aufmerksamkeit und Energie

zu leiten. Erst als ich während meiner Yogalehrerausbildung die Malas als Tools entdeckt habe, wurde es mir möglich, endlich stillzusitzen und zu meditieren. Die Bewegung der Finger hat mich von meinen Zappelbeinen abgelenkt und ich konnte mich endlich auf etwas fokussieren.

Für mich ist die Meditation mit meinen Wegbegleitern so kraftvoll und wirkungsvoll, dass ich dir gern Schritt für Schritt erklären möchte, wie es funktioniert.

DEINE MALA-MEDITATION — SCHRITT FÜR SCHRITT

Nimm dir einen Moment, um dir deine Mala anzuschauen: Jede Mala hat einen Abschluss, dieser kann ganz traditionell eine Quaste sein, aber auch ein Mond, ein zartes Plättchen oder ein Stein, deine Mala selbst ist aus 108 kraftvollen Edelsteinen geknüpft.

- Bist du Rechtshänderin, dann hältst du die Mala in der rechten Hand. Linkshänderin? Dann liegt sie ganz locker in deiner linken Hand, über deinem Mittelfinger. Achte darauf, dass du nicht deinen Zeigefinger verwendest, dieser symbolisiert dein Ego, du kannst ihn einklappen oder abstrecken. Der Abschluss deiner Mala — also Quaste, Mond oder Plättchen — zeigt zu dir.
- Du beginnst deine Meditation, indem du die erste Perle mit dem Daumen ganz achtsam über deinen Mittelfinger zu dir heranziehst. Tue dies ganz bewusst. Nimm dir Zeit. Dann wandere zur nächsten Perle. Der kleine Knoten zwischen den einzelnen Perlen ist genau dafür da, es dir einfacher zu machen, von Perle zu Perle zu gelangen.
- Wenn du einmal herummeditiert hast und eine weitere Runde anschließen möchtest, dann »gehst« du nicht über den Anhänger deiner Mala, sondern wendest sie um und kehrst im Prinzip wieder zurück. So meditierst du immer hin und her.
- Die Wegbegleiter-Meditation mit einem Mantra oder einer Affirmation wirkt ganz besonders kraftvoll, da wir eine bestimmte Qualität oder Intention immer wieder in unserem System verankern. Doch wie lange sollte man beim gleichen Mantra bleiben? Darf man das Mantra vielleicht sogar während der gleichen Meditation wechseln? Es gibt schließlich so unglaublich viele brennende Themen im Leben, an denen wir so gerne arbeiten möchten und die Ungeduld klopft auch oft an.
- Den ganz genauen, perfekten Zeitraum für jede Person gibt es nicht. Viele Yoga-Traditionen nennen 40 Tage als Mindestwert für eine Sadhana, eine spirituelle Praxis. Die moderne Hirnforschung hat herausgefunden, dass 40 Tage zwar ein guter Richtwert sind, der Zeitraum um

neue Gewohnheiten zu festigen ist aber ganz individuell – so wie jede und jeder von uns ganz individuelle, wundervolle Eigenheiten hat.

- Was aber sicher ist: Es braucht etwas Zeit und Geduld für die Arbeit mit einem Mantra oder einer Affirmation. Stelle dir vor, du hast eine Verabredung mit einem Menschen und lernst ihn kennen. Genauso darfst du dein Mantra kennenlernen, Zeit mit ihm verbringen und es wirken lassen. Nach und nach baust du eine Beziehung zu ihm auf und lässt es tief in dein Inneres einsinken. Indem du immer und immer wieder mit deinem Mantra meditierst, manchmal auch durch Widerstände hindurch, darf es sich entfalten und du lernst seine wahre Bedeutung und Wirkung in dir zu spüren.
- Zum Einstieg ist es empfehlenswert, dass du mindestens 14 Tage bei einem Mantra oder einer Affirmation bleibst, und diese auf dich wirken lässt. Nimm die Veränderungen wahr, die sich in deinem Leben zeigen und entscheide ganz intuitiv nach Gefühl, wie lange ein Mantra oder eine Affirmation für dich stimmig ist.
- Stell dir folgendes Bild vor: Du möchtest einen Brunnen graben, um eine klare, kräftige Wasserquelle anzuzapfen. Wenn du nur kurz an einer Stelle gräbst und schnell weiterziehst an einen anderen Ort, wirst du das tiefe Wasser nicht erreichen. Wenn du jedoch beharrlich an derselben Stelle bleibst, dann wirst du für deine Ausdauer belohnt werden und irgendwann auf das kostbare, kühle Nass stoßen. Genauso verhält es sich mit deinem Mantra oder deiner Affirmation, deine wundervolle Geduld wird belohnt.
- Wenn du schon etwas mehr in die Arbeit mit deiner Mala und Affirmationen oder Mantren eingetaucht bist, dann kannst du auch gern einmal ausprobieren, einen bestimmten Kraftsatz speziell für diesen Tag, oder ein bestimmtes Ereignis des Tages zu wählen und dich gemeinsam mit ihm darauf vorzubereiten. Auch das kann sehr kraftvoll und hilfreich sein, um in bestimmten Situationen bei dir zu bleiben.

Ich wünsche dir eine zauberhafte Zeit mit deinem Mantra oder deiner Affirmation!

PRANAYAMA – ATEMTECHNIKEN MIT MALAS UND STEINEN

Unser Körper ist ein kostbares Geschenk und ich staune immer wieder, welche großartigen Dienste er uns leistet. Mein Körper hat schon so viel mit mir durchgemacht: Er hat Anstrengungen in Kauf genommen, Krankheiten geheilt, meine beiden Kinder in sich wachsen lassen und zur Welt gebracht.

Unsere Körper sind Wunderwerke, für die wir so dankbar sein können. Unser Herz schlägt von ganz alleine und unsere Lungen atmen, oftmals ohne, dass wir es wahrnehmen. Und auch wenn

wir es meist unterbewusst tun, macht es Sinn, den Fokus täglich auf den Atem zu legen. Denn atmen bedeutet leben.

WARUM WIR NICHT MEHR TIEF DURCHATMEN

Wir Menschen haben genau das verlernt und anstatt tief in den Bauch zu atmen, atmen wir im hektischen Alltag kurz und flach meist in die Brust hinein. Diese Atmung signalisiert dem Körper jedoch Stress. Denn der Körper ist mit unserer Psyche eng verknüpft. Wenn wir gestresst sind, signalisiert unser Gehirn dem Körper, sich bereit zu machen: Fight or flight – kämpfe oder fliehe. Und für beides muss unser Körper mit viel Sauerstoff versorgt werden, weshalb wir schnell atmen, um viel Sauerstoff in die Blutbahn zu pumpen. Und wenn wir so atmen, signalisiert der Körper wiederum unserem Gehirn: »Ich bin gestresst.« Ein Teufelskreis entsteht.

Ein weiterer Grund dafür, dass wir nicht mehr tief in den Bauch einatmen, besonders wir Frauen, ist, dass wir ständig den Bauch einziehen und zu enge Kleidung tragen, die dem Atem und vor allem der tiefen Bauchatmung keinen Raum lassen. Vielleicht hast du auch diese Tante oder Mutter, die dir schon früh beigebracht hat: »Kind, lass den Bauch nicht so raushängen«.

ATMEN ALS TOOL

Wir können den Atem so wunderbar als Tool nutzen, um uns zu erden, zu beruhigen oder zu vitalisieren. Pranayama kann sogar reinigend auf unseren Körper wirken und helfen, die eigenen Selbstheilungskräfte im Körper zu aktivieren. Die Atmung wirkt direkt auf unser System. Ich kam mit Pranayama, dem bewussten Kontrollieren des Atems, das erste Mal in einer meinen Yogastunden in Berührung. Es faszinierte mich sofort, was allein mithilfe unseres Atems möglich ist.

Bei Pranayama geht es häufig darum, in einem bestimmten Rhythmus ein- und auszuatmen oder den Atem anzuhalten. Schon Patanjali, ein sehr bekannter Yogameister und der Begründer des achtgliedrigen Yogapfades, schrieb vor tausenden Jahren in seinen Yoga-Sutren davon. Pranayama dient dazu, den Körper und Geist zusammen und in Einklang zu bringen. »Prana« bedeutet Lebensenergie und »ayama« kontrollieren oder erweitern. In der Yoga-Philosophie ist unser Atem der Träger unserer Lebensenergie. Während meiner Yoga-Ausbildung lernte ich viele Atemtechniken kennen und ich habe sie seitdem in meinen Alltag integriert und verbinde die Mala-Meditation sehr oft mit Pranayama.

Die Mala ist ein so tolles Tool für Atemübungen, weil sie uns helfen kann, die Zeiten oder Atemzüge zu zählen. Bei jeder Perle, die über den Finger gleitet, wird ein- oder ausgeatmet. Oder du atmest zum Beispiel vier Perlen aus, hältst für vier Perlen die Luft an und atmest wieder vier Perlen aus. Der Stein, der dich beim Atmen unterstützt, ist der Amazonit. Er kann Verspannungen im Körper lösen und dir helfen, besser und freier durchzuatmen. Du kannst ihn deshalb wunderbar in die Arbeit mit deinem Atem einbinden und zum Beispiel an deine Lunge halten oder ihn auf deine Brust legen.

VERKNÜPFUNG VON PRANAYAMA UND MALA-MEDITATION

Sobald du verinnerlicht hast, wie du deine Mala hältst und von Perle zu Perle gelangst, kannst du beginnen, deinen Atem in die Mediation einzuladen. Atme beispielsweise bei einer Perle tief ein, gehe zur nächsten und atme tief aus – dann gehe zur nächsten.

So wanderst du Perle um Perle, Atemzug um Atemzug um deine Mala, bis du wieder bei der Guru-Perle, dem Abschluss deiner Mala, angelangst. Dies ist der letzte Moment in deiner Meditation, indem du ganz bewusst bei dir ankommen darfst. Versuche ihn zu nutzen, um etwas länger zu verweilen und nachzuspüren. Möchtest du weiter meditieren, dann drehe deine Mala um und meditiere den ganzen Weg wieder zurück. Achte darauf, dass du nicht über den Abschluss »hinwegmeditierst«, sondern »hin und her« wanderst.

Das Wichtigste: Sei nicht zu streng mit dir! Meditieren ist nicht einfach, und will – wie so vieles im Leben – gelernt werden. Gedanken wandern immer. Das geht uns allen so. Schweifen die Gedanken also ab, dann hilft dir deine Mala wieder sanft den Fokus zu finden: Jedes Weiterschieben einer Perle ist eine neue Chance, wieder in deine Meditation zu gelangen.

Rituale und Zeremonien mit Edelsteinen

Ich habe mir kleine Rituale geschaffen, in die ich meine Edelsteine einbinde. Du kannst dir Rituale zu festen Zeitpunkten gestalten und sie zum Beispiel in deine Morgen- oder Abendroutine einbinden. Ich finde es schön, feste Verabredungen mit mir selbst und meinen Steinen zu haben, an denen ich Kraft tanken kann, in mein Inneres eintauche und meine spirituelle Entwicklung vorantreibe.

TÄGLICHE RITUALE

Morgen- und Abendroutinen eignen sich ganz wunderbar, um sich auf den Alltag einzustimmen oder den erlebten Tag Revue passieren lassen. Es sind bewusste Momente im Hier und Jetzt, die dir Struktur geben. Und Struktur bedeutet für unser Gehirn Sicherheit. Für mich ist meine kleine Morgen- und Abendroutine sehr wichtig. Ich richte mein Mindset auf diese Weise morgens bereits bewusst für den Tag aus, überlege mir, was heute wichtig ist, spüre in meine Emotionen hinein und erfühle, welche Steinqualität ich heute brauchen kann. Ich wähle danach intuitiv oder rational meinen Stein oder meine Wegbegleiter-Mala für den Tag aus. Meist liege ich für meine Mala-Meditation noch im Bett, manchmal schlummern meine beiden süßen Kinder noch neben mir. Zuerst atme ich einige Minuten ruhig ein und aus. Dann verlängere ich die Ausatmung etwas und halte im entleerten oder gefüllten Zustand kurz an, dabei halte ich meine Mala in den Händen. Dann formuliere ich mir eine Affirmation, die am kraftvollsten das, was ich an diesem Tag bewirken, umsetzen oder wie ich mich fühlen möchte, beinhaltet. Manchmal schaffe ich es, alle 108 Perlen zu meditieren, manchmal sind es auch nur 40 oder 50.

Wenn die Zeit morgens nicht reicht, hole ich meine Morgenroutine im Studio nach, bevor mein Team kommt. Es kommt auch vor, dass ich in der Bahn meditiere. Mit vielen Menschen und Geräuschen um mich herum. Und genau das ist es, worauf es ankommt: Ruhe in sich zu finden, ganz gleich an welchem Ort man ist. Auch abends habe ich eine Routine, die mich dabei unterstützt, den Tag und alles Erlebte gehen zu lassen und mich gemeinsam mit meinen Steinen auf eine erholsame Nacht einzustimmen. Rituale für deine Abendroutine findest du im Kapitel »Ich bin sicher«.

MONATLICHE UND JÄHRLICHE RITUALE

Neben meinen täglichen Edelsteinroutinen mache ich auch gerne Rituale an bestimmten Tagen im Monat, zum Beispiel zum Voll- oder Neumond.

Ich nutze die Energien des Mondes gerne, um mir Rituale zu gestalten. Zu Vollmond herrschen Energien, die das Loslassen begünstigen. Ich nutze diesen Abend, um meine Edelsteine von allen Anhaftungen zu beseitigen und sie zu reinigen (mehr dazu findest du im Kapitel »Pflege der Edelsteine«) und mich bewusst der Reflexion und dem liebevollen Loslassen zu widmen (mehr zum Loslassen im Kapitel »Ich lasse los, was mir nicht mehr dient«). Der Neumond eignet sich zum Visualisieren und Manifestieren und ist ein toller Startpunkt, um neue Vorhaben oder Ziele anzugehen. Nutze die Neumondenergie, um deine Steine mit Intentionen für die kommende Zeit aufzuladen. Zusätzlich können wir schauen, in welchen Sternzeichen sich der Mond befindet und welche ganz besonderen Energien er ausstrahlt. Die Sternzeichen sind mit bestimmten Themen, Eigenschaften und Qualitäten verbunden. Wir dürfen uns damit auseinandersetzen und schauen, wie wir zu diesen stehen. Ich wähle dann passende Edelsteine für das Voll- oder Neumondritual aus, die die Kräfte der Sternzeichen verstärken oder ausgleichen.

Kreiere dir gerne eigene Rituale, vielleicht möchtest du jeden Sonntag ein Abschlussritual für die Woche gestalten oder jeden Montag ein Willkommensritual für die neue Woche. Deiner Fantasie sind keine Grenzen gesetzt, gestalte dir deine Rituale nach deinen Bedürfnissen, sodass sie in deinem Alltag Platz haben.

JAHRESENDE UND JAHRESBEGINN

Ich nutze zum Beispiel auch die magische Zeit der traditionellen Rauhnächte für Jahresabschluss- und Neujahrswillkommens-Rituale. Diese besonderen Tage Weihnachten und Neujahr haben eine magische Energie, die wir nutzen können, um das alte Jahr zu reflektieren und uns auf das neue Jahr vorzubereiten, neue Wünsche und Träume zu manifestieren. Und wir können noch das ganze Jahr davon zehren und immer wieder unsere Aufzeichnungen der Rauhnächte hervorholen und schauen, ob wir uns auf dem richtigen Weg befinden oder noch nachjustieren wollen. 2021 habe ich extra für diese wunderbare Zeit einen Rauh-

nächte-Kalender mit Reflexionsfragen und vier Begleitersteinen entwickelt, die uns mit ihren besonderen Kräften unterstützen, die Qualitäten dieser besonderen Zeit auszukosten.

Ich ehre feste Rituale sehr, da wir uns ganz bewusst den Raum für die Erforschung unserer inneren Welt geben. Wir geben uns die Möglichkeit, zu reflektieren, was war, um nachzudenken, in welchem Schritt unserer spirituellen Entwicklung wir uns befinden, ob wir vielleicht bereits Ziele erreicht haben, ob wir uns etwas Neues vornehmen möchten.

Rituale für die spirituelle Arbeit mit deinen Edelsteinen und Malas

FINDE DEIN TÄGLICHES RITUAL MIT EDELSTEINEN

Eine Morgenroutine kann dir dabei helfen, bewusst und achtsam in den Tag zu starten. Wie oft wachen wir auf, zücken direkt unser Smartphone, checken die Nachrichten, die Sozialen Medien und werden direkt in den Strudel von Stress und schlechter Laune hineingezogen. Wenn du deinen Morgen jedoch mit Aktivitäten, die dir guttun und Spaß machen, füllst, startest du mit viel besserer Ausgangsposition in deinen Tag, bist wahrscheinlich produktiver, gelassener und glücklicher.

Die Energie, mit der wir morgens starten, zieht sich meist durch den ganzen Tag hindurch. Vielleicht kennst du es, wenn du morgens mit dem falschen Fuß zuerst aufstehst und sich deine schlechte Laune den ganzen Tag über hält. Eine Morgenroutine gibt dir Struktur, du weißt direkt, was zu tun ist und musst nicht darüber nachdenken, wie müde du bist oder welche Sorgen, Demotivationen oder andere negative Emotionen dich an diesem Tag erwarten. Anstatt diesen Emotionen Raum zu lassen, gibst du dir die Möglichkeit, deinen Tag in Fülle, Dankbarkeit und Freude zu beginnen und ihn zu gestalten.

Unsere Steine können dich wunderbar dabei begleiten und an deine morgendliche Routine erinnern. Vielleicht platzierst du einen Stein, der dich an deine Routine und die damit einhergehenden Qualitäten wie Freude und Dankbarkeit erinnert, direkt neben deinem Wecker. Ein passender Stein dafür ist der Citrin, der für Lebensfreude, Offenheit, Entschlossenheit, Ausdruckskraft und Dankbarkeit steht. Mit seiner hellgelben Farbe erinnert er dich an das strahlende Sonnenlicht und sorgt für gute Stimmung, auch an grauen Tagen.

Nimm dir je nach deinen Vorhaben mindestens 15 Minuten für deine Morgenroutine. Manche Menschen stehen sogar eine Stunde früher auf, um ihren Tag mit Aktivitäten zu beginnen, die ihnen Freude bereiten. Vielleicht arbeitest du in Vollzeit und hast aber ein privates Herzensprojekt, das du vorantreiben möchtest?

Ich habe als Mama inzwischen eine eher kürzere Morgenroutine, da meine Kinder meistens früher aufwachen als ich und dann natürlich morgens direkt beschäftigt werden wollen. Dafür habe ich eine intensivere Abendroutine, wenn meine Kinder bereits schlafen. Schau also, was für dich und deinen Alltag passend ist und welche Aktivitäten dir gefallen. Es geht nicht darum, krampfhaft durchzuziehen, was du dir vorgenommen hast, sondern dass du durch deine Morgenroutine deinen Tag in Fülle und Freude beginnen kannst. Meine Freundin Agnes, die eine spirituelle Yoga-Lehrerin, Breathwork Coach, Apothekerin und meine persönliche Kräuterfee ist (zusammen mit ihr habe ich die Kräutermischungen für meinen Shop kreiert), hat einen festen Zeitraum für sich geblockt, jedoch keine festen Aktivitäten eingeplant. Ihre Morgenroutine ist, dass sie IRGENDETWAS für sich macht. Zum Einstieg kann dir aber eine feste Struktur mit bestimmten Aktivitäten helfen, deine Routine in deinen Alltag zu etablieren.

WIE DU DEINEN MORGEN MIT STEINEN GESTALTEN KANNST

Schaffe Klarheit für den Tag und wähle bewusst einen Edelstein oder mehrerer Steine, deine Mala oder dein Schmuckstück für den Tag aus.

Frage dich:

- Welche spirituelle Intention möchte ich mir für den Tag setzen?
- Was möchte ich heute erreichen?
- Was steht heute bei mir an?
- Welche Herausforderungen kommen heute auf mich zu?
- Welche Qualitäten möchte ich gerne in den Tag einladen?
- Wie fühle ich mich gerade? Wie möchte ich mich heute fühlen?

Du kannst diese Fragen gerne in einem Notizbuch oder Journal aufschreiben und täglich beantworten. Notiere dir auch, welche Steine du warum auswählst.

- Verbinde dich mit deinen ausgewählten Steinen. Nimm sie liebevoll in die Hand, streichle sie, und spüre in sie hinein. Kannst du ihre wunderbaren Kräfte spüren, die sie an dich abgeben? Bitte sie, dir heute gute Dienste zu erweisen, dich zu begleiten und dich mit ihren ganz besonderen Kräften und Qualitäten zu unterstützen. Dann bedanke dich bei ihnen.
- Halte deinen Stein in der Hand und visualisiere deinen Tag. Stelle dir bildlich vor, was du tun wirst – von dem Zeitpunkt, an dem du deine Morgenroutine beendet hast, bis zum Abend, wenn du im Bett liegst.
- Wähle zusammen mit deinem Edelstein eine passende positive Affirmation aus.
- Meditiere mit deinen Edelsteinen oder mache eine Mala-Meditation, ggf. mit positiver Affirmation.
- Mache dir immer bewusst, dass ein neuer Tag wie ein kleines neues Leben mit unendlich vielen neuen Möglichkeiten ist.

WEITERE AKTIVITÄTEN FÜR DEINE MORGENROUTINE

Wähle aus, was zu dir und deinem Morgen passt:

- Bereite dir ein Getränk deiner Wahl zu und trinke es genüsslich.
- Bereite dir ein leckeres Frühstück zu und nimm dir die Zeit, es wirklich ganz bewusst zu essen, ohne Stress und Hektik.
- Meditiere.
- Wähle eine positive Affirmation für den Tag oder arbeite mit der Affirmation, die du über einen längeren Zeitraum auf dich wirken lassen möchtest.
- Praktiziere Pranayama.
- Arbeite mit deinen Edelsteinen an deinem spirituellen Thema.
- Mache eine Yoga-, Tanz- oder Sporteinheit.
- Visualisiere deine Ziele und Wünsche für den Tag.
- Mache eine Dankbarkeitsübung, siehe Kapitel »Ich erkenne die kleinen und großen Wunder in meinem Leben«.
- Chanten von Mantren.
- Notiere deine Gedanken zum Tag in einem Notizbuch oder Journal.
- Mache einen kleinen Spaziergang.
- Lies das Kapitel eines Buches oder höre einen Podcast, der dich interessiert.
- Dusche kalt (das bringt den Kreislauf in Schwung und schüttet Gute-Laune-Hormone aus).
- Treibe dein Herzensprojekt voran.
- Mache etwas Kreatives mit den Händen.
- Und alles, was dir Freude bereitet ...

RITUAL
Programmiere deine Festplatte neu

Das brauchst du

- Eine Edelstein-Mala oder einen Edelstein deiner Wahl (je nach Thema, das du angehen möchtest)
- Notizbuch/Journal oder Zettel, einen Stift
- Ggf. Räucherwerk

Unsere Muster und Verhaltensweisen bestehen oft jahrelang. Wenn du einmal darüber nachdenkst, wirst du vielleicht bereits Situationen finden, in denen du, ganz ähnlich wie heute, auf bestimmte Trigger reagiert hast. Nur mit dem Unterschied, dass du heute als erwachsener Mensch handeln möchtest. Doch kennst du es, dass selbst, wenn du weißt, dass dein Verhalten nicht immer richtig ist und du gerne ruhiger oder gelassener auf bestimmte Situationen oder Menschen reagieren möchtest, du einfach immer wieder aus der Haut fährst und es dir einfach nicht gelingt, angemessen zu reagieren? Oder du fühlst dich durch bestimmte Personen eingeschüchtert und traust dich nicht, deine Meinung zu sagen und für dich einzustehen? Das kleine hilflose Kind in dir kommt einfach immer wieder zum Vorschein. Es ist ein altes Programm, das seit vielen Jahren in deinem Gehirn, der Festplatte deines Körpers, abgespeichert ist und immer wieder abgespielt wird, sobald der Computer startet und bestimmte Knöpfe, deine Trigger, gedrückt werden. Das Problem ist, dass du eigentlich nie genau weißt, wann jemand kommt und diesen Knopf drückt. Und selbst, wenn du einmal vorbereitet bist, weil du weißt, dass bestimmte Situationen oder Personen den Knopf immer wieder drücken, kannst du es nicht verhindern.

Doch du bist dem nicht hilflos ausgeliefert, du hast es in der Hand, dieses Programm ein für alle Mal zu löschen und ein neues Programm auf deiner Festplatte zu installieren. Und deine Mala oder deine Steine können dich dabei unterstützen.

MIT DIESEN 6 SCHRITTEN MANIFESTIERST DU NEUE VERHALTENSMUSTER MITHILFE DEINER MALA

Schritt 1: Welches Verhaltensmuster möchtest du transformieren? Fokussiere dich auf dieses Thema und frage dich, welche Auswirkungen es hat, wenn du aus deinem Autopilotenmodus heraus reagierst. Setze dir eine Intention oder ein Ziel: Wie würdest du lieber reagieren? Überlege dir eine Alternative für dein Verhalten. Mache dir gerne dazu Notizen in dein Notizbuch/Journal.

Schritt 2: Gestalte dir ein schönes Ritual, und verankere deine Intention mit deiner Mala. Mache es dir gemütlich, zünde Kerzen an, vielleicht möchtest du den Raum und deine Mala vorher einmal räuchern (wie du deine Schätze räucherst, erfährst du im Kapitel »Pflege und Reinigung deiner Edelstein-Begleiter«). Bitte deinen Wegbegleiter darum, dich ab sofort in diesem Thema zu unterstützen und dich in diesen bestimmten Situationen an deine Intention zu erinnern.

Schritt 3: Meditiere bewusst mit deiner Mala, um in eine deutliche Geisteshaltung zu kommen. Stelle dir bestimmte Situationen vor und wie gut es sich anfühlt, anders zu reagieren (liebevolle Worte statt Verletzungen, Geduld statt Gereiztheit, klare Worte statt Schweigen etc.). Du kannst gerne eine positive Affirmation oder ein Mantra in deine Meditation einbinden, z. B. »Ich kommuniziere liebevoll.«, »Ich bin gelassen.«, »Ich spreche klare Worte.«

Schritt 4: Nun geht es zurück in den Alltag: Erforsche deine Muster und Trigger. Versuche, dich selbst in den Situationen zu ertappen und frage dich, warum du gerade so reagierst. Was ist der Auslöser für dein Verhalten? Deine Mala wird dich dabei unterstützen, daran zu denken, dich selbst zu beobachten. Reflektiere am Tagesende und schreibe deine Trigger in dein Journal.

Schritt 5: Wenn du das nächste Mal merkst, dass die Lawine angerollt kommt, nimm deine Mala oder deinen Stein in deine Hände, schließe kurz die Augen und ATME. Atme tief in den Bauch hinein und erinnere dich gemeinsam mit deinem Wegbegleiter daran, wie du dieses Mal reagieren möchtest und dann tue es ganz bewusst. Ich weiß, es klingt leichter als es ist, aber nimm dein Leben selbst in die Hand, und lasse dich nicht von deinen Emotionen kontrollieren. Es wird dir jedes Mal leichter fallen. Schreibe abends in dein Journal, wenn du es geschafft hast, dein Verhalten zu ändern. Jeder noch so kleine Schritt ist ein Erfolg. Halte ihn fest und feiere ihn! Und auch, wenn es nicht immer funktioniert, behalte einen liebevollen Blick auf dich und würdige, dass du dich bewusst mit diesem Verhaltensmuster auseinandersetzt.

Schritt 6: Übe immer wieder und schaffe Gewohnheiten. Natürlich wirst du Muster, die du seit Jahren oder sogar seit deiner Kindheit lebst, nicht über Nacht ablegen können. Gib dir Zeit, sei geduldig mit dir selbst und komme immer wieder mithilfe deiner Mala zu deiner wunderbaren Intention zurück.

Moderne Edelstein-Malas als spirituelles Werkzeug & Begleiter für deinen Lebensweg

Meine erste Berührung mit einer Mala hat mein Leben positiv und nachhaltig beeinflusst und verändert und somit auch den Grundstein meiner Arbeit geschaffen. Während meiner Ausbildung zur Yogalehrerin vor einigen Jahren ist mir die Mala zum ersten Mal begegnet, als wir zum Abschluss eine traditionelle mit 108 Perlen geschenkt bekamen. Ich war direkt in den Bann gezogen und fasziniert von diesem unglaublichen Tool, das mich während der Meditation unterstützen kann. Da mein Geist sehr flattrig ist und mir die Meditation in Stille schwerfällt, war ich unglaublich dankbar, ein Werkzeug an die Hand zu bekommen, das mich während der Meditation dabei unterstützt, meinen Geist zur Ruhe zu bringen. In diesem Moment wurde mir auch bewusst, dass ich in den Meditationen nicht mehr kämpfen muss, sondern ohne Verurteilung und in Liebe und Annahme diese Unterstützung an die Hand nehmen darf. Voller Neugier und Begeisterung vertiefte ich mich kurz darauf in das Wissen über Malas und begann, alles über sie zu lernen und in das Wissen über ihre Tradition, Bedeutung und Wirkung einzutauchen.

Malas als Wegbegleiter

Eine Zeit lang arbeitete ich mit der Holzperlen-Mala, die ich in der Ausbildung erhielt. Doch schon bald fühlte es sich nicht mehr stimmig für mich an, da ich mir eine Mala als Begleiter wünschte, die ich nicht nur in meinen Meditationen verwenden konnte, sondern die mich auch darüber hinaus durch meinen Alltag führte. Ein täglicher Wegbegleiter, der mich an all das erinnert, was ich in den Meditationen erfahren durfte. All die in der Mala abgespeicherten Intentionen und Energien, sollten mich auch im Alltag und in herausfordernden Situationen begleiten. Also kreierte ich mir ganz nach meinen Wünschen und Bedürfnissen meinen eigenen ersten persönlichen Wegbegleiter aus Edelsteinen. Von der Auswahl der Edelsteine, des Bandes bis hin zum Abschluss konnte ich meine Mala selbst nach meinen Bedürfnissen gestalten und auf diese Weise perfekt an mein Leben anpassen.

Da Malas als Wegbegleiter heute einen so essenziellen Teil meines Lebens und meiner Arbeit ausmachen, möchte ich dir gerne mehr über sie erzählen und dir ihre Geschichte und ihre Bedeutung näherbringen.

GESCHICHTE UND TRADITION DER MALAS UND GEBETSKETTEN

Der Begriff »Mala (मममम, sprich: mālā)« ist Sanskrit und bedeutet so viel wie »Meditationskranz« oder »Meditationskette«. Sie ist hauptsächlich für die Meditation bestimmt. Die Mala hat eine lange Tradition und wurde schon vor tausenden von Jahren zum Meditieren, Murmeln von Gebeten und Chanten von Mantren verwendet. Ursprünglich wurde die Kette von den alten Yogameistern in einem ganz besonderen Ritual zeremoniell an seine Schüler:innen übergeben, um sie auf dem spirituellen Weg zur Erleuchtung zu unterstützen und zu begleiten. So wie es auch bei dem Abschluss meines Yoga Teacher Trainings der Fall war.

MEDITATION IN BEWEGUNG

Gebetsketten werden in verschiedenen Religionen genutzt, im Buddhismus, Hinduismus, Christentum oder im Islam. Es gibt natürlich auch verschiedene Varianten der Gebetsketten. Einige sind nur mit Knoten geknüpft, andere wiederum haben eine unterschiedliche Perlenanzahl. Was sie jedoch gemeinsam haben, ist, dass wir sie in der Hand halten und als Hilfsmittel bei der Meditation in Bewegung nutzen können. Indem unsere Finger Perle für Perle bewegen und dabei Mantren oder Affirmationen sprechen, können wir unseren Geist wirklich lenken, uns besser fokussieren und durch die bewusste Wiederholung unseren Geist immer mehr zur Ruhe bringen. Durch diese Art der Meditation sind wir unseren Gedanken und unserem Monkey Mind – der Begriff steht für unsere Gedanken, die nicht stillhalten wollen, sondern wild von Baum zu Baum springen – nicht hilflos ausgeliefert, sondern wir lernen unsere Gedanken durch eine bewusste Konzentration und Lenkung zu zähmen.

Traditionell werden Mala-Ketten aus besonderen natürlichen Materialien wie den Rudraksha-Samen, den Samen eines Baumes, der vor allem im Himalaya wächst, oder Sandelholz und Edelsteinen angefertigt. Diesen wird eine besondere Bedeutung zugesprochen, da sie den Tragenden den zusätzlich durch die spezielle Wirkung der Materialien in der Meditation unterstützen.

Die Meditation mit einer Mala wird als Japa-Meditation (sanskrit) bezeichnet, was so viel wie »murmeln« oder »flüstern« bedeutet. Perle für Perle wurden Mantren, positive Affirmationen und heilige Schriften wiederholend laut gemurmelt, um den Geist zu beruhigen und die in uns strömenden Energien zu kanalisieren. Damit aber der oder die Meditierende durch das Zählen der vielen Wiederholungen nicht abgelenkt wird und sich ganz und gar auf die Arbeit mit dem Mantra fokussieren kann, verwendete er die Mala als Zählhilfe. Dadurch wurde eine wesentlich tiefere Meditation für viele Menschen möglich und zeitgleich all die Energie und die Intentionen der Meditierenden in der Kette gespeichert. Diese Anwendung der Mala für eine tiefe Meditation wurde schon vor 400 v. Chr. in der indischen Mahabharata, eines der längsten und ältesten Werke der Weltliteratur, verschriftlicht. Doch der eigentliche Ursprung und die Meditation mit Malas ist vermutlich noch viel älter, da dieses heilige Wissen viele Jahre nur mündlich von Meister zu Meister in Indien überliefert wurde.

Früher haben Meditierende traditionell von ihrem Guru ein Mantra erhalten. Der oder die Meditierende hat dieses dann mithilfe der Mala so lange wiederholen müssen, bis der Guru zu dem Entschluss kam, dass sein Schüler das Mantra nun gut genug verinnerlicht hat und den Klang richtig aussprechen kann. Erst danach war der oder die Meditierende bereit, die Bedeutung des Mantras zu empfangen. Im Anschluss überreichte der Guru die Bedeutung ganz feierlich und offiziell in einer Zeremonie, was auch ein symbolisches Zeichen dafür war, dass der oder die Meditierende auf seiner spirituellen Reise weitergekommen ist.

DIE BEDEUTUNG DER 108 PERLEN

Traditionell umfasst eine Mala 108 Perlen. Es gibt nicht nur eine Erklärung hierfür, sondern viele verschiedene Bedeutungen und Zuschreibungen. Im Hinduismus zum Beispiel stehen die 108 Perlen für die 108 Gottheiten und ihre Inkarnationen. Wenn du schon mal in die Welt des Yogas eingetaucht bist, wirst du vielleicht mit einigen dieser Götter, wie Shiva, Vishnu, Ganesha, Brahma oder anderen Gottheiten in Berührung gekommen sein. Im Buddhismus hingegen stehen die 108 Perlen für die 108 heiligen Städte Indiens. Eine weitere Bedeutung sind die 108 Energiebahnen des menschlichen Körpers. Es gibt auch die Erklärung, dass ein Mantra seine volle Wirkung erst nach 108 Wiederholungen wirklich entfalten kann. Der Mala wird auch nachgesagt, dass ihre Perlen für die 108 Weisheiten Buddhas stehen, die er einst unter dem Bodhibaum hervorgebracht hat und die von Yogis angestrebt und praktiziert werden.

Wenn wir die Zahl 108 als solche sehen und uns die Bedeutung jeder einzelnen Zahl bewusst wird, erkennen wir eine unglaubliche Magie und Bedeutung darin. Die 1 steht für die Vollkommenheit des Universums und für das große Ganze. Die 0 steht für Demut und die Möglichkeit, dass Neues entstehen kann und die 8 ist das Symbol der Unendlichkeit. Als ich das erste Mal von der Bedeutung jeder einzelnen Zahl hörte, war ich tief berührt.

FINDE DEINE BEDEUTUNG

Es gibt darüber hinaus weitere Bedeutungen. Das Schöne an dieser Vielfalt ist, dass wir selbst in uns hineinfühlen können, welche der Bedeutungen wahrhaftig in Resonanz mit uns geht oder zu uns passt. Nach dem Buddhismus lässt sich die Mala in vier verschiedene Bereiche mit jeweils 27 Perlen einteilen. In dieser Aufteilung geht es darum, die 27 Herzenstrübungen zu überwinden und sie in neue wunderschöne Eigenschaften zu transformieren und die 27 zu überwindenden Leidenschaften in Geistesqualitäten umzuwandeln. Das bedeutet, dass wir auf unserem Erwachungsweg wahrhaftig überprüfen dürfen, ob wir tagtäglich Qualitäten von Mitgefühl, Sanftmut und Wohlwollen verkörpern, oder ob wir bestimmte Qualitäten noch transformieren können, die aus dem Mangel und Herzenstrübungen heraus entstehen. Eine bedeutende Frage ist: Wie wollen wir mit unseren Mitmenschen, allen Lebewesen und dem Planeten umgehen? Haben wir uns diese Frage beantwortet und uns für die Verkörperung der Herzensqualitäten entschieden, können wir Hass in Mitgefühl, Gier in Großzügigkeit, Neid in Mitfreude und Übelwollen in Wohlwollen transformieren.

Die Mala erinnert uns an die Qualitäten, dir wir als Menschen verkörpern und vielleicht noch transformieren dürfen. Nach dieser Theorie repräsentiert die eine Seite der Mala all jene

Herzenstrübungen, die wir noch reflektieren, los lassen und vielleicht noch umwandeln können. Die andere Seite erinnert uns an all jene Qualitäten, die wir anstreben und aus der Tiefe unseres Herzens wahrhaftig verkörpern wollen in unserem Leben. Diese kraftvolle Bedeutung und Erklärung kann uns Menschen auf unserer persönlichen Entwicklungsreise unterstützen.

AUFBAU EINER MALA

Wie schon bereits beschrieben, besteht eine Mala traditionell aus 108 Perlen, die durch einen Knoten voneinander getrennt sind und somit die Perlen in ihrer Position halten und die Meditation mit den Fingern erleichtern. Durch die Knoten

entsteht ein kleiner Abstand zwischen den einzelnen Perlen, sodass dem Daumen das Gleiten über die Perlen erleichtert wird. Zwischen diesen 108 Perlen sind zusätzlich kleine Marker-Perlen eingearbeitet, die eine andere Haptik und Größe haben und zusätzlich zu den 108 gerechnet werden. Die Marker-Perlen dienen zum einen der Zählhilfe und als Kompass. Das heißt anhand der Marker-Perlen können wir in der Meditation mit geschlossenen Augen ertasten, wie weit wir bereits in der Meditation gekommen sind, wie viele Wiederholungen wir schon gemeistert haben und wie viele Perlen bzw. Mantren noch vor uns liegen. Die Marker-Perlen wurden früher auch als sogenannte »Stolpersteine« genutzt. Wenn Praktizierende Stunden, Tage oder gar Wochen tief am Stück in der Meditation versunken war, konnten die Marker-Perlen ihn oder sie wieder wachrütteln, um in den gegenwärtigen Moment zurückzukehren. Heute können Marker-Perlen natürlich auch genutzt werden, um eine bestimmte Ästhetik zu verkörpern. Wir können beim Kreieren einer Mala selbst entscheiden, wo die Marker-Perlen sitzen dürfen und wie wir sie persönlich für uns einsetzen wollen.

Am unteren Ende der Mala, wo die 108 Perlen zusammenlaufen, finden wir die Guru-Perle. Betrachten wir die Zusammensetzung des Wortes »Guru«, offenbaren sich uns wunderschöne Bedeutungen. »Gu« bedeutet »der Erleuchter« oder »Remover of the darkness«. Die Guru-Perle wurde früher sogar in der Form des Buddhas oder Ganeshas geschnitzt. In dieser Guru-Perle sammeln sich all unsere Intentionen, die wir uns während der Meditation setzen. Sie ist der Sammelpunkt und Kraftort, an dem unsere Energien während der Meditation zusammenfließen. Sie markiert auch den Anfang und das Ende der Meditation.

An der Guru-Perle ist traditionell eine Quaste befestigt, die als Symbol für den tausendblättrigen Lotus steht. All die Intentionen und Energien, die sich in der Guru-Perle versammelt haben, fließen über die Quaste als Kreislauf wieder in die Welt hinaus. So dürfen wir uns bewusstwerden, dass wir auf diese wundervolle Weise unsere Energien mit der Welt teilen. Die Quaste erinnert uns auch symbolisch an unsere spirituelle Reise.

Die 108 Perlen der Mala sind traditionell aus den oben erwähnten Rudraksha-Samen oder aus Sandelholz hergestellt. Den Rudraksha-Perlen wird eine wundervolle Geschichte nachgesagt: Shiva begab sich in einen tausendjährigen Schlaf, um all die Sünden der Menschheit zu büßen. Als Shiva aus dieser Versenkung wieder erwachte und erkannte, dass noch immer viel Unheil auf der Erde existierte, begann er zu weinen. Die Geschichte besagt, dass seine Tränen auf die Erde fielen und sich beim Auftreffen in Rudraksha-Samen verwandelten, woraus dann Bäume wuchsen.

Moderne Malas für heutige Bedürfnisse und warum ich sie transformiert habe

Ich bin der festen Überzeugung, dass all die alten Traditionen und Lehren, die schon vor tausenden von Jahren entwickelt und praktiziert wurden, natürlich auch in unserer heutigen Zeit bereichernd und transformierend für uns sein können. Und gleichzeitig dürfen wir auch überprüfen, ob sich bestimmte Traditionen für uns heute noch stimmig anfühlen. Vielleicht begegnen wir in der heutigen Zeit ganz anderen Herausforderungen als es die Menschen vor tausenden von Jahren getan haben, sodass wir auch Traditionen anpassen dürfen.

Da ich zu diesem Zeitpunkt auf meiner persönlichen Reise schon mit Edelsteinen gearbeitet habe, fühlte es sich für mich richtig und stimmig an, eine Mala aus Edelsteinen zu kreieren, da sich für mich viele besondere Qualitäten in einem solchen Wegbegleiter vereinen. Zum einen sind persönliche Wegbegleiter eine Meditationshilfe, um den Geist zur Ruhe zu bringen und zum anderen unterstützen sie uns energetisch durch die Kraft und Wirkung der Edelsteine. Durch die eigene individuelle Auswahl der Edelsteine können wir einen Wegbegleiter für uns finden, der unseren Bedürfnissen, Herausforderungen, Herzensthemen und Wünschen in unserem Leben entspricht. Wir können bewusst auf diese Weise wählen, welche Energien und Qualitäten wir tagtäglich für unser Leben brauchen.

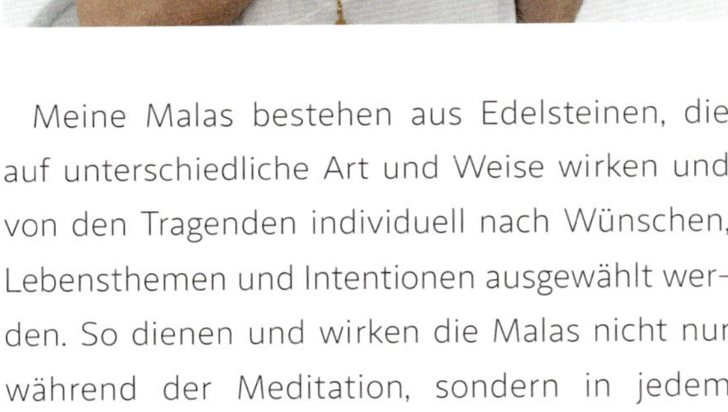

Meine Malas bestehen aus Edelsteinen, die auf unterschiedliche Art und Weise wirken und von den Tragenden individuell nach Wünschen, Lebensthemen und Intentionen ausgewählt werden. So dienen und wirken die Malas nicht nur während der Meditation, sondern in jedem Moment unseres Lebens.

Auch den Abschluss der Kette habe ich neu interpretiert und verändert. Die traditionelle Quaste ist natürlich weiterhin Teil meiner Kreationen, da sie in ihrem Ursprung eine kraftvolle und besondere Bedeutung hat. Dennoch habe ich viele weitere Symbole, wie den Mond, die Blume des Lebens, das Sonnensymbol, die Wiege und viele mehr integriert, die durch ihre Bedeutung Menschen unterschiedlich unterstützen können.

So können wir frei wählen, welche Perlen, welcher Abschluss und welche Bedeutung sich für uns wahrhaft stimmig anfühlen. Wir Menschen sind so individuell und unterschiedlich in unseren Lebenskonzepten, Bedürfnissen, Wünschen und Herausforderungen, dass auch ein Wegbegleiter individuell für diese Bedürfnisse angepasst werden sollte. Ein und dieselbe Mala wird der Vielseitigkeit unseres Menschseins nicht gerecht. Ein individuell für uns angefertigter Wegbegleiter kann uns auf unserem einzigartigen Lebensweg täglich unterstützen.

Ich persönlich kann mir ein Leben ohne meinen Wegbegleiter nicht mehr vorstellen. Ob in meinen Meditationen oder in alltäglichen Situationen, die Mala begleitet mich rund um die Uhr und unterstützt mich dabei, die Äffchen in meinem

Kopf zu zähmen und Herausforderungen zu bewältigen. Vor allem in schwierigen Situationen hilft mir die Mala, nicht aus der Fassung zu geraten, sondern innezuhalten und auf eine Weise zu reagieren, die im Einklang mit meinen Werten ist. Je nachdem in welcher Lebensphase ich mich gerade befinde oder welches Thema präsent ist, wähle ich die Mala gezielt aus, sodass die Edelsteine mich genau bei diesem Thema unterstützen können. Wenn eine bestimmte Aufgabe oder eine Herausforderung bevorsteht, entscheide ich bewusst vorher, welche Mala mich dabei begleiten kann. Spüre ich innere Anspannung, Stress oder gar muskuläre Verspannungen, wähle ich zum Beispiel den Amazonit oder Mondstein, der diese innere Unruhe und Anspannung aus meinem System fließen lässt.

Das ist meine Vision, dass Menschen ein so schönes Instrument nicht nur für die Meditation, sondern in allen Lebenslagen unterstützend an der Seite haben. Das Besondere an einem solchen Wegbegleiter ist, dass wir ihn nicht nur als Anker für Herausforderungen nutzen können, sondern auch in den Hochphasen und glücklichen Momenten unseres Lebens bei uns tragen. Auf diese Weise werden all die hochfrequenten Momente der Freude, der Liebe, der Verbundenheit, der Dankbarkeit und des Glücks als Energie in unserer Mala gespeichert. Diese Frequenzen können uns dann wiederum in schwierigen Phasen unterstützen und uns an diese positiven Gefühle erinnern.

Vorteile einer Mala-Meditation

Dass uns Meditationen auf so vielen Ebenen helfen, mental und körperlich ein gesünderes, bewussteres und glücklicheres Leben zu führen, ist heute im Bewusstsein vieler Menschen angekommen. Die positive Auswirkung von Meditationen auf unseren Geist und unseren Körper erkannten Yogis schon vor tausenden von Jahren. Heute gibt es sogar unzählige wissenschaftliche Studien, die die positive Wirkung belegen. Und trotz dieser Erkenntnisse, fällt es vielen Menschen schwer, den Zugang zu dieser Praxis zu finden, in der Meditation still zu sitzen oder eine Routine für sich zu kultivieren und beizubehalten. Mir ging es eine lange Zeit auch so, bis ich die Mala-Meditation entdeckte und sich für mich dadurch alles veränderte.

1. DEN FOKUS IN DER HAND HALTEN

Mit einer Mala in der Hand, kann man die ganze Aufmerksamkeit, alle Gedanken auf das bewusste Spüren der Perlen in den Fingern lenken und auf diese Weise die Energien leiten. Was für ein riesiger Unterschied. Erst so wurde es für mich überhaupt möglich, stillzusitzen und zu meditieren. Die Bewegung der Finger und der Fokus auf die Perlen und Mantren haben mich von

meinen Zappelbeinen abgelenkt und in einen meditativen Zustand versenkt. Indem unsere geistige Aktivität mit der motorischen Handlung gekoppelt wird, lernen wir, fokussiert zu bleiben und mit unserer Aufmerksamkeit nicht abzuschweifen. In vielen angeleiteten Meditationen werden wir oft aufgefordert, uns auf unseren Atem zu fokussieren, was für viele jedoch abstrakter ist, als sich auf einen konkreten Gegenstand zu konzentrieren. Außerdem kann uns bewusste Berührung in der Meditation helfen, um ein Gefühl der Sicherheit zu bekommen. Wie ein Kuscheltier, das wir als Kind in der Hand hielten, kann die Mala ein Anker für uns sein, der uns Sicherheit und Geborgenheit schenkt.

2. DHARANA

Wenn wir uns wahrhaftig auf den Pfad des Yogas begeben, wird uns in der Yogaphilosophie das Yogasutra begegnen. Ein wichtiger Text, der die Lehre und Praxis des Yoga beschreibt und von dem indischen Gelehrten Patanjali verfasst wurde. Patanjali beschreibt in seinem Sutra den achtgliedrigen Yogapfad, den wir Yogis erlernen und auf unserem Weg durchlaufen. Dharana ist die sechste Stufe dieses Pfades, bedeutet »Konzentration auf einen Gegenstand« und stellt die Vorstufe zur gedankenfreien Meditation dar. Wir praktizieren Dharana, wenn wir uns einer Sache oder einem Gegenstand mit unserer gesamten Konzentration widmen. Richten wir unsere Aufmerksamkeit auf die Mala-Perlen und die Aktivität unserer Finger, desto mehr verschwinden die anderen Aktivitäten des Geistes. Wir verschmelzen mit unserer Mala und »werden« sie. Diesen Zustand nennen Yogis Dharana: die bewusste Verbundenheit mit einem Gegenstand.

3. MEDITATION IN BEWEGUNG

Wenn wir einen Gegenstand einfach nur in der Hand halten würden, wäre der Geist zwar für einen Moment interessiert und beruhigt, würde jedoch nach einer Weile wieder abdriften und im Außen nach anderen Möglichkeiten suchen, abgelenkt zu werden. Unsere Sinne würden wieder ausschwärmen und versuchen, alles im

Außen wahrzunehmen. Insbesondere ein untrainierter Geist kann sehr unbändig und schwer zu zähmen sein. Deswegen ist es leichter, unsere geistige Arbeit an eine motorische Handlung zu knüpfen und ihm eine Beschäftigung zu geben, in die er sich versenken kann. Für mich ist es das Knüpfen von Malas, das Schmuckanfertigen, das Joggen, Spazierengehen und das Meditieren mit meiner Mala, das es mir ermöglicht, einen meditativen Zustand in Bewegung zu erreichen. Vielleicht geht es dir so wie mir, dass es dir leichter fällt, etwas Konkretes zu tun zu haben und in Bewegung zu sein, damit sich dein Geist beruhigen kann. So kannst du die Mala-Meditation auch mit einem bewussten Spaziergang verbinden.

4. STIMULIERUNG UNSERER MERIDIANE

Wenn wir in einer Mala-Meditation Perle für Perle durch unsere Finger gleiten lassen, helfen wir nicht nur unserem Geist, konzentriert zu bleiben, sondern stimulieren auch die Meridiane in unseren Fingern. In der traditionellen chinesischen Medizin (TCM) werden Meridiane als Energieleitbahnen bezeichnet, die unseren gesamten Körper durchziehen. In den Meridianen fließt unser Chi, unsere Lebensenergie. Auf den Meridianen liegen Akupunkturpunkte, über die wir den Fluss unseres Chi beeinflussen können. Wenn wir Energieblockaden haben, können wir diese durch Akupressur der Meridianpunkte lösen. Stimulieren wir mit den Perlen unsere Akupressurpunkte auf den Fingern, können wir unseren Energiefluss positiv beeinflussen, was sich auf unsere gesamte mentale und körperliche Gesundheit auswirkt.

5. ZEITGEBER

Wenn wir unserer Meditation einen zeitlichen Rahmen geben wollen, ohne von einem nervigen Handywecker aus der Meditation gerissen zu werden, kann die Mala ein wunderbarer Zeitgeber sein. Sie ist zeitliche Orientierung und Rechenmaß, indem wir die Wiederholungen zählen und somit nicht abgelenkt werden oder ständig auf die Uhr schauen müssen. Vor tausenden von Jahren hatten Meditierende auch keine Uhren und haben stattdessen Malas verwendet und die Steine gezählt, um eine Orientierung zu haben, wo sie sich gerade in der Meditation befinden.

6. EDELSTEINPERLEN

Die Kraft und Wirkung der Edelsteine unterstützt unsere Intention, die wir uns in der Meditation gesetzt haben. Edelsteine haben auf vielerlei Weise eine positive Wirkung auf uns. Jeder Stein kann individuell auf uns wirken. Sie tragen kraftvolle Eigeninformationen in sich, die unseren Prozess unterstützen. Aber auch die Farben der Steine können komplexe psychische Wirkungen auf

unser zentrales Nervensystem haben. Sie wirken anregend, beruhigend, reinigend, ausgleichend auf unser Unterbewusstsein und unser Verhalten. Wir können ganz bewusst wahrnehmen, zu welchen Farben wir uns hingezogen fühlen und welche Farben auf welche Weise auf unser Gemüt wirken.

Die Form der Perlen hat ebenfalls einen unmittelbaren Einfluss auf uns. So kann eine runde und glatte Perle beruhigend auf uns wirken und wenn wir die Steine in unseren Fingern und auf unserer Haut erwärmt haben, kann sich diese Wärme auch wohltuend auf unser System auswirken.

Die Steine erinnern uns außerdem an ein höheres Ziel und unsere Intentionen, die wir mit der Mala-Meditation verfolgen wollen. Wir laden die Steine mit unseren eigenen energetischen Informationen und Intentionen auf und erhöhen somit ihre Wirksamkeit. Im Kapitel »Edelsteine als Schlüssel zu deinen Lebensthemen – so findest du den richtigen Stein« erfährst du mehr über die individuelle Wirksamkeit einzelner Steine.

7. NEUE GEDANKEN UND VERHALTENSWEISEN KREIEREN

Oftmals fühlen wir uns in unseren Mustern, Gedanken und Verhaltensweisen gefangen und haben das Gefühl, nichts daran ändern oder ausbrechen zu können. Das Schöne ist jedoch: Unser Gehirn ist veränderbar. Wenn wir ganz bewusst Routinen kreieren, mit der Mala zu meditieren, wird es uns mit der Zeit immer leichter fallen, neue Gewohnheiten zu kultivieren und unsere Gedanken und Verhaltensweisen umzuprogrammieren und neu auszurichten. Wenn wir die Mala täglich in unseren Meditationen nutzen, Mantren und Affirmationen wiederholen und bewusste Intentionen setzen, wird unser Gehirn wie ein Muskel trainiert und wie eine Festplatte neu geschrieben. Dieses geistige Training kann unser Gehirn langfristig verändern und neue Bewusstseinszustände hervorrufen.

Praktizieren wir zum Beispiel »mitfühlende« Meditationen mit entsprechenden Affirmationen aktivieren wir Bereiche im Gehirn, die für positive Gefühle und die Bereitschaft zum Handeln verantwortlich sind. Durch dieses aktive geistige Training verändern wir die physischen Schaltkreise im Gehirn. Auf diese Weise lernen wir zu steuern, wie wir uns fühlen und werden uns bewusst, dass wir alten Gewohnheiten, Mustern und destruktiven Gefühlen nicht wahllos ausgeliefert sind. Ganz einfach ausgedrückt bedeutet das, dass wir selbstbestimmt in der Lage sind, uns so zu fühlen, wie wir es wünschen. Wir können uns bewusst entscheiden, neue Wege zu gehen, die gewohnten Gedanken und Handlungen loszulassen und eine neue, positive, heilsamere Richtung einzuschlagen, was sich als neuer Zustand in unserem Unterbewusstsein abspeichern kann.

8. SICHTBARER ERINNERER UND ANKER IM ALLTAG

Das Tragen unserer Mala erinnert uns als Anker stets an unsere Gedanken, Intentionen und energetische Ausrichtung. Wir Menschen neigen dazu, uns im Alltagsstress zu verlieren und unsere Routinen, die uns guttun, aus den Augen zu verlieren. Die Mala kann uns über den Tag hinweg immer wieder daran erinnern, innezuhalten, innerlich einzuchecken, uns mit unserer Intention für den Tag zu verbinden, kleine Übungen und Rituale zwischendurch zu praktizieren und unsere Routinen fortzuführen. Sie dient uns als Erinnerung an die Dinge, die in Vergessenheit geraten sind und die wir umsetzen wollten. Durch diese täglichen Erinnerungen kommen wir immer schneller selbst in den Geisteszustand, den wir erreichen wollen. So lernen wir auch viel bewusster, auf Herausforderungen im Alltag zu reagieren. Wenn du beginnen möchtest, mit deiner Mala zu meditieren und Routinen in deinem Alltag zu kultivieren, findest du eine genaue Schritt-für-Schritt Anleitung im Kapitel »Wie du Edelsteine und Malas für deine spirituelle Entwicklung nutzt«.

ERFAHRUNGSBERICHT: SINAH DIEPOLD

SANFTE STÄRKE: DIE BEDEUTUNG MEINER WEGBEGLEITER IM ALLTAG

Edelsteine sind für mich ein Stück Natur, das ich jederzeit bei mir tragen kann. Das mich unterstützt mit einer ganz bestimmten Energie, die für mich die Natur repräsentiert. Diese Energie oder Balance, die ich sonst in der Natur finde, die ich im Alltag in mir oft vergesse. Meine Edelsteine helfen mir dabei, mich daran zu erinnern, was ich gerade brauche, um mehr Harmonie herzustellen – in mir, mit meinen Mitmenschen und mit diesem wunderschönen Planeten. In der Früh verbinde mich mit meinen Schmuckstücken und spüre in mich hinein, welche Energie ich heute brauche. Und dann zieht es mich zu einem bestimmten Wegbegleiter hin. Das ist wahnsinnig schön, denn ich merke, dass dieser mich genau in der Energie unterstützt, die ich brauche. Ganz egal, ob es etwas mehr Ruhe ist, etwas mehr Mut, etwas mehr Power. Ich merke einfach, dass es offensichtlich funktioniert. Und vor allem dann, wenn ich mich einer Herausforderung gegenübersehe, kann ich mich mit einem bestimmten Wegbegleiter in der Tiefe unterstützen lassen. Das ist sehr schön.

Ich habe zwei persönliche Malas und mehrere kurze Edelsteinketten. Die erste Mala besteht aus Achat und Mondstein. Nora und ich haben sie gemeinsam in einem Beratungsgespräch gestaltet. Sie steht für Sanftheit, Weichheit, Weiblichkeit, Hingabe und hilft mir dabei, die Balance zu finden, nach der ich mich so sehr sehne in meinem Leben. Sie nutze ich, wenn ich Weichheit und Ruhe einladen möchte. Das Beratungsgespräch mit Nora war überraschend emotional und intensiv. Denn sie hat eine so schöne Art, Fragen zu stellen und zuzuhören und ist zudem sehr offen, sodass ich dann tatsächlich auch sehr emotional wurde und Tränen in den Augen hatte, als ich diesen tiefen Wunsch ausgesprochen habe, mehr Weiblichkeit und Sanftheit in mein Leben einzuladen. Schon allein dadurch, mich zu öffnen und diesen Wunsch im Gespräch zu manifestieren, komme ich mehr in diese gewünschte Energie.

FUNFACT: Meine Mama und meine Cousine haben diese Mala auch, da wir alle starke Frauen sind, die sich öfter erlauben dürfen, ihre Stärke in Sanftheit auszudrücken. Außerdem trage ich sehr, sehr häufig meine kurze Kette aus Citrin und Mondstein. Von ihr lasse ich mich extrem gerne begleiten, weil auch sie diese Balance darstellt und betont.

Besonders gerne trage ich meine Malas, wenn ich unterrichte oder Ausbildungen gebe. Es gibt Tage, an denen ich etwas erschöpft bin und für mehr Power meinen Roten Jaspis brauche, den ich in meiner zweiten persönlichen Mala verankert habe. Oder ich brauche innere Ruhe und Verbundenheit, um in meine Kraft zu kommen. So wähle ich meine Mala für den Tag aus.

Sinah ist Yogalehrerin und führt mit ihrer Geschäftspartnerin Sophia das Kale & Cake Studio, ein Body-Mind-Therapie-Studio rund um Themen, die dich auf deinem körperlichen und mentalen Weg des Bewusstwerdens unterstützen. Sie ist Host des gleichnamigen Podcasts, in dem sie jede Woche über viele verschiedene spirituelle Themen spricht.

Pflege und Reinigung deiner Edelstein-Begleiter

Unsere wunderbaren Wegbegleiter sind in Jahrtausende langen Entstehungsprozessen tief unter der Erde entstanden, haben sich unter gewaltiger Hitze geformt oder sind mit Gletschern und Flüssen gereist. Sie alle haben auf ihrer Reise unglaublich viel erlebt und Energien in sich aufgenommen und gespeichert, die sie heute an uns abgeben, sodass wir sie für uns nutzen und mit ihnen arbeiten können. Was für ein großes Geschenk von Mutter Erde!

Ich bin den Edelsteinen so dankbar, weil sie uns als Wegbegleiter täglich so wunderbare Dienste leisten und uns mit ihren Kräften Tag für Tag in all dem unterstützen, was wir zu leisten und zu bewältigen haben. Damit sie dies so zuverlässig tun, dürfen wir ihnen von Zeit zu Zeit unsere Aufmerksamkeit schenken und sie liebevoll umsorgen. In diesem Kapitel erzähle ich dir, wie du dich um deine Edelsteine kümmerst, was es mit dem Entladen, Reinigen und Aufladen von Edelsteinen und Malas auf sich hat und ich gebe dir Anleitungen für die Pflege deiner Schätze an die Hand. Ich liebe es, eine richtige Reinigungszeremonie zu gestalten, denn es verbindet die Pflicht mit etwas sehr Schönem und Heilsamen.

Wo du deine Schätze am besten aufbewahrst

Jeder Edelstein hat eine ganz besondere Struktur, Form und Farbe. Einige von ihnen sind sehr empfindlich, andere dagegen robust. So wie wir Menschen, hat jeder Stein unterschiedliche Bedürfnisse: Einige Steine können verblassen, wenn sie dem Sonnenlicht ausgesetzt sind, andere hingegen vertragen kein Wasser, da sie einen hohen Eisenanteil in sich tragen und daher rosten.

Damit all unsere Wegbegleiter weiterhin so schön leuchten und strahlen, empfehle ich, sie lichtgeschützt, trocken und weichgebettet aufzubewahren. Am besten schützt du sie in einem blickdichten Leinenbeutelchen, einer Schmuckschatulle oder einer kleinen Schatzkiste.

Vermeide unbedingt feuchte Orte, wie das Badezimmer, als Aufbewahrungsort, da auch hier die Vergoldung leidet und deine Edelsteine hoher Luftfeuchtigkeit ausgesetzt sind.

Wenn du sie in deinen Räumen aufstellen möchtest, platziere sie am besten nicht auf der Fensterbank, bzw. schaue, dass sie nicht dem direkten Sonnenlicht ausgesetzt sind.

Warum Edelsteine Fremdinformationen aufnehmen

Wir sollten bei uns selbst immer wieder überprüfen, welche Überzeugungen zu uns gehören und welche von außen auferlegt sind. Wenn wir dies unterscheiden, können wir uns von diesen Fremdinformationen lösen und unseren puren Kern strahlen und wirken lassen. Ebenso machen wir es mit den Steinen, wenn wir sie reinigen.

Ich habe dir in diesem Buch bereits erzählt, wie unsere Steinfreunde auf uns wirken und warum sie uns so wunderbar mit ihren Kräften unterstützen können. Es gibt jedoch immer wieder Fälle, in denen wir das Gefühl haben können, dass etwas mit unseren Steinen nicht stimmt. Ich bekomme ab und zu Nachrichten von lieben Menschen, die mir davon berichten, dass ihre Steine nicht mehr die heilende Wirkung auf sie haben, die sie einst hatten, dass sie sich irgendwie komisch, trüb und schwer anfühlen oder sogar negative Effekte auf ihre Stimmung haben. Das liegt daran, dass sich mit der Zeit Fremdinformationen an unseren Wegbegleitern anhaften können, die sie speichern und an uns Menschen abgeben. Manchmal sind es ganz wunderbare Informationen, manchmal aber auch weniger gute, die uns ein eigenartiges Gefühl vermitteln.

Jeder Mensch nimmt diese Informationen anders wahr, auf einige können sie positiv wirken, für andere abstoßend. Wir können es mit dem Hören von Musik vergleichen. Manche Menschen genießen es sehr, klassischer Musik zu lauschen, für andere ist diese wiederum nicht zu ertragen. Es kann sogar sein, dass wir die Informationen zu unterschiedlichen Zeitpunkten anders wahrnehmen. Hast du es schon mal erlebt, dass du im Urlaub warst und jeden Abend auf der Terrasse deines Ferienhauses zum Sonnenuntergang ein Glas eines ganz besonderen Weines aus der Region getrunken hast? Also nimmst du dir eine Flasche dieses wohlschmeckenden Weines mit nach Hause, um dir dein Urlaubsgefühl in den Alltag zurückzuholen. Doch Zuhause schmeckt der Wein auf einmal ganz anders, und du kannst ihn gar nicht mehr genießen.

So ist es auch bei Edelsteinen. Die Fremdinformationen beeinflussen die steineigenen Kräfte und somit auch ihre Wirkung, die wir für uns nutzen wollen. Du fragst dich nun vielleicht, was das für Fremdinformationen sind und wie diese mit unseren Begleitern in Kontakt kommen. Stell dir vor, du arbeitest mit einem Stein, während dich Sorgen, Kummer oder Ängste quälen. Dein Wegbegleiter unterstützt dich dabei, diese unangenehmen Emotionen loszulassen, doch gleichzeitig nimmt er unseren unsichtbaren Ballast, also Fremdinformationen, die du an deine Außenwelt sendest, auf und speichert sie. Das Gleiche passiert, wenn du in einen Streit verwickelt bist, in einer Krankheitsphase steckst oder eine schwierige Zeit, zum Beispiel eine schmerzhafte Trennung, durchmachst.

Die Fremdinformationen, die unseren Steinen anhaften, müssen nicht einmal von dir selbst kommen, es können auch die Emotionen von Vorbesitzern oder Steinhändlern sein, die dein Stein aufgenommen hat und nun an dich abgibt. Für mich ist es deshalb sehr wichtig, dass in meinem Studio, in dem mein Team und ich die Steine entgegennehmen, mit ihnen arbeiten und liebevoll verpacken, eine harmonische Atmosphäre herrscht, sodass keine negativen Fremdinformationen von uns an ihre künftigen Besitzer:innen mitversendet werden. Es kann sogar so weit gehen, dass die Steine zu richtigen Belastungen werden, dass sie uns körperlich und psychisch beeinflussen und sie uns richtig krank machen können.

Doch du musst dir keine Sorgen machen, wenn du deinen Steinen mit unangenehmen Emotionen begegnest oder sie sich seltsam für dich anfühlen. Genauso, wie wir Musik runterdrehen oder abstellen können, wenn sie uns zu laut ist oder uns nicht gefällt, können wir unsere Steine neutralisieren und die aufgenommenen Fremdinformationen von ihnen lösen, sodass nur noch die steineigenen Informationen bestehen bleiben, die wir uns wünschen und die wir für uns nutzen möchten.

Wann solltest du deine Steine reinigen?

In diesen Situationen ist es sinnvoll, deine Steine zu reinigen:

- Du stehst vor einem neuen Lebensabschnitt oder wünschst ihn dir, z. B. Jobwechsel, Umzug, neue Partnerschaft.
- Du kommst aus dem Gedankenkarussell nicht mehr heraus.
- Bei dir herrschen oft Streit oder (innere) Konflikte.
- Du spürst ein allgemeines Unwohlsein oder Unzufriedenheit.
- Du bist krank oder hast eine Krankheit überwunden.
- Deine Edelsteine wirken nicht mehr richtig oder fühlen sich für dich nicht mehr »richtig« an.
- In deinem Zuhause fühlt es sich kalt oder leer an.
- Du schläfst und träumst schlecht.
- Du hast eine stressige Phase hinter dir.
- Du hast neue Edelsteinschätze.
- Nach Edelsteinmassagen

Neutralisieren von Stein-Informationen

SCHRITT 1: SÄUBERUNG DEINER STEINE

Es gibt unterschiedliche Methoden, wie wir unsere Steine von Informationen befreien können. Bevor wir uns aber an die Reinigung der feinstofflichen Informationen und Energien machen, schauen wir uns unsere Schätze von außen an. Auch wenn äußere Verschmutzungen nicht die Wirkungsweise unserer Steine verändern, ist es doch so, dass wir sie viel lieber ansehen und bei uns haben möchten, wenn sie in ihrer ganzen Schönheit glänzen. Zudem ist eine Säuberung auch ein ganz liebevolles, intensives Ritual, das unsere Verbindung zu den Steinen vertieft.

Ich bin sogar der Überzeugung, dass der äußere Zustand unserer Steine ein Spiegel für unser Innenleben und den Zustand unserer Seele sind und uns zeigen können, ob wir uns gut um uns kümmern. Wenn wir uns selbst vernachlässigen, tun wir das oft auch mit unseren Steinen. Sie verstauben, funkeln und glänzen nicht mehr so schön oder haben einen Fettfilm auf ihrer Oberfläche.

Versuche deine Steine möglichst schon beim Tragen vor Fetten, Hautcremes, Parfüm oder Ähnlichem zu schützen. Verhindern lässt es sich

natürlich nicht ganz, deshalb nimm dir hin und wieder einmal die Zeit, um deine Steine zu säubern. Für mich ist die einfachste und schönste Methode das Reinigen mit klarem Wasser.

Anleitung zum Säubern

Groben Schmutz kannst du mit einer weichen Bürste oder einem Tuch vorsichtig entfernen. Nimm dann deinen Stein und halte ihn bis zu zwei Minuten unter fließendes, kaltes Wasser. Verzichte auf Spülmittel oder verwende einen Tropfen Neutralseife. Du kannst den Stein wie eine Seife zwischen deinen Händen reiben. Zunächst fühlt er sich vielleicht etwas glitschig an, sobald er gereinigt ist, wird der Widerstand größer. Trockne ihn dann liebevoll mit einem Handtuch ab.

Atme während dieses Prozesses ganz bewusst tief durch den Mund aus, damit du die Informationen, die bei der Reinigung deines Steines bereits herausfließen, nicht aufnimmst. Für mich ist es besonders magisch, wenn ich meine Steine zum Säubern mit ihn die Natur nehme. Gut geeignet sind fließende Gewässer mit sauberem Wasser, also zum Beispiel Quellen, Bäche oder Flüsse.

Ganz wichtig: Deine Schmuckstücke und Malas dürfen nicht mit Wasser in Berührung kommen, da sie mit Silber und silbervergoldeten Elementen gearbeitet sind, die bei der Berührung mit Wasser oxydieren und ihre Strahlkraft verlieren können.

Wische sie sanft mit einem feuchten Tuch ab. Bitte beachte, dass einige wenige Steine, beispielsweise eisenhaltige, nicht in Kontakt mit Wasser kommen dürfen. Wasche nach dem Reinigen gründlich deine Hände, sodass die statische Ladung nicht an dir haften bleibt.

Bevor du die entladenen Steine wieder verwendest, solltest du sie zunächst energetisch reinigen und wieder aufladen.

Steine, die nicht mit Wasser gereinigt werden dürfen

Alunit, Anglesit, Antimonit, Arsenopyrit, Atacamit, Auripigment, Azurit, Azurit-Malachit, **B**unsenit, **C**erussit, Chalkanthit, Cuprit, **D**urangit, **E**ilatstein, Eisen-Nickel-Meteorit, Erythrin, **F**iedlerit, Fluorit, **G**alenit, Gaspeit, Greenockit, **H**alit, **J**amesonit, **K**alomel, Krokoit, **L**opezit, **M**alachit, Millerit, Minium, **N**ickelin, **O**livenit, **P**roustit, Psilomelan, Pyromorphit, **R**auenthalit, Realgar, **S**elenit, Skorodit, Sphärocobaltit, **T**igerauge, Tetraedrit, **U**lexit, **V**alentinit, Vanadinit, **W**ulfenit, **Z**innober, Zinnober-Opal, Zitronenchrysopras

Wichtiger Hinweis: Diese Steine sind übrigens auch nicht für Edelsteintrinkwasser geeignet!

SCHRITT 2: EDELSTEINE ENERGETISCH REINIGEN UND ENTLADEN

Die feinstoffliche Arbeit ist mein Lieblingsschritt in diesem Prozess. Man kann ein wunderbares Ritual daraus gestalten. Um eine tiefgreifende, feinstoffliche Reinigung zu vollziehen, müssen zunächst alle anhaftenden Informationen von den Steinen gelöscht werden. Alle Prozesse der feinstofflichen Reinigung haben etwas Vergängliches an sich und wir müssen selbst bereit sein, die Vergänglichkeit anzunehmen und loszulassen.

Sieh diesen Prozess also nicht als ein lästiges Muss an: Freue dich darauf, dich ganz liebevoll um deine Steine zu kümmern, so wie du einen wunderschönen Abend mit jemandem verbringst. Du nimmst dir gleichzeitig auch Zeit für dich selbst, um dich mit dir und deiner Spiritualität zu verbinden. Denn genau dafür sind ja unsere Steine da: Um uns an die Verbindung zu uns selbst zu erinnern und uns bei unseren spirituellen Themen zu unterstützen.

Amethyst

Der Amethyst ist ein Stein mit ganz besonderen Eigenschaften, denn er wirkt reinigend auf uns Menschen, aber auch auf Räume und Gegenstände, wie deine Mala oder deine Schmuckstücke. Hast du eine Amethyststufe oder -druse, das ist ein Rohstein mit einem Hohlraum, in dem sich Kristalle angesammelt haben, kannst du deine Schätze darauf platzieren. Einen kleineren Amethyst kannst du über Nacht zusammen mit deiner Mala, deinem Schmuckstück oder deinen Begleitersteinen in einen Beutel legen, er kümmert sich um Reinheit und Klarheit.

Mondlicht

Du kannst deine Wegbegleiter auch im strahlenden Licht des Vollmonds entladen. Die Vollmond-Energie ist bekannt dafür, Loslassen und Reinigen zu begünstigen. Lege deine Schätze abends zur Vollmondnacht auf die Fensterbank, damit sie ein Mondbad nehmen können. Am nächsten Morgen darfst du sie erfrischt wieder einsammeln.

Rauch

Eine wirkungsvolle Option zur energetischen Reinigung ist das Räuchern. Es ist herrlich, die Schätze der Natur gemeinsam einzusetzen, denn die Steine und Räucherpflanzen ergänzen sich wundervoll. Der Vorteil ist hier, dass das Räuchern für alle Steinsorten geeignet ist und auch die anderen Bestandteile deiner Mala nichts dagegen haben. Ich verwende dafür natürliche Kräuter und Hölzer. Je nach Stimmung räuchere ich mit dem Rauch von Palo Santo, Weißem Salbei oder anderen natürlichen Kräutermischungen. Du kannst die Wirkungen der Steine auch wunderbar mit den Wirkungen der Kräuter kombinieren und somit verstärken.

Halte deine Steine oder deine Mala in den Rauch oder schwenke sie nach Gefühl drei bis fünf Minuten lang im Rauch. Dabei kannst du folgenden Satz laut oder im Geiste rezitieren oder deinen eigenen formulieren: »Ich lasse dich frei.« So unterstützt du diesen wunderbaren Prozess.

Klang

Falls du eine Klangschale besitzt, kannst du sie nutzen, um deine Wegbegleiter von Fehlinformationen zu befreien. Lege dazu deinen Stein oder dein Schmuckstück in die Klangschale oder halte sie darüber, sollten sie zu groß sein. Schlage die Klangschale mehrmals an oder reibe den Klöppel für einige Minuten am Rand der Klangschale, sodass die Schwingungen der Klänge die Anhaftungen deiner Steine aufnehmen und davontragen können.

Bist du unsicher, wann und wie oft du reinigen/räuchern musst?

Die gute Botschaft ist: Du spürst es! Wenn du mit dir verbunden bist und immer wieder in eine tiefe Verbindung zu deinen Edelsteinen und deinen Wegbegleitern gehst, dann wirst du jede »fremde« Energie bemerken und wissen, wann es Zeit für ein schönes Reinigungsritual ist.

Noch ein wertvoller Tipp

Wenn du gerade eine gute und intensive Zeit mit deinem Stein oder deiner Mala erlebst und »Erarbeitetes« in der Mala konservieren möchtest, also sowohl das Gute und Hilfreiche als auch den ganzen wichtigen Prozess darin speichern möchtest, dann ist es vollkommen in Ordnung, wenn du das Reinigen für einige Zeit auslässt. Auch das spürst du!

SCHRITT 3: EDELSTEINE ENERGETISCH AUFLADEN

Damit deine Wegbegleiter dich auch nach der Reinigung unterstützen und ihre unterstützenden, magischen Kräfte an dich weitergeben können, ist es wichtig, sie energetisch wieder aufzuladen.

Doch was bedeutet das? Beim Aufladen können wir unsere Steine aktivieren, indem wir ihre Energiefrequenz erhöhen. Die aufgenommenen Energien werden dann von Zeit zu Zeit wieder von ihnen abgegeben. So wird ihre volle Kraft entfaltet und sogar verstärkt, die Steine wirken intensiver und sogar schneller.

Räuchern deiner Edelsteine und Räume mit dem heiligen Holz Palo Santo oder Weißem Salbei

Das brauchst du

- Schale
- Räucherwerk, z. B. Palo Santo
- Deine Steine

Anleitung

- Schließe zuerst alle Fenster und stelle deine Feuermelder aus.
- Bereite eine Schale mit Sand oder Erde vor, um dein Räucherwerk nach deinem Räucherritual gefahrenlos zu löschen.
- Zünde ein Palo-Santo-Hölzchen oder eine Salbei-Fackel an einer Kerze an, sodass dein Räucherwerk anfängt, kurz zu brennen und puste oder wedele dann die Flamme sanft aus, sodass der Rauch aufsteigt.
- Räuchere alle Ecken des Raumes ganz intuitiv. Hier gibt es keine Vorgaben. Vielleicht läufst du den Raum im Kreis ab, vielleicht entsteht ein geometrisches Muster, eine Acht oder ein Stern. Schau einfach, wie es sich für dich richtig anfühlt. Du kannst auch eine Feder oder einen Fächer nutzen, um den Rauch zu verteilen.
- Dann räuchere deinen Edelstein oder deine Edelstein-Mala, in dem du deinen Schatz mindestens zwei bis drei Minuten oder je nach Gefühl in den Rauch hältst oder durch den Rauch schwenkst.
- Wenn du fertig bist, stecke deine Fackel oder das Hölzchen in die Schale mit Sand oder Erde.
- Öffne nun die Fenster, sodass der Rauch mit all den unerwünschten Energien nach draußen abziehen kann.
- **Vergiss danach nicht, deine Rauchmelder wieder einzuschalten!**

Räucherwerk

Ich verwende gerne ganz natürliches und reines Räucherwerk, ohne aromatische Zusätze. Je nachdem welche Wirkung ich einladen möchte entscheide ich mich für Palo Santo oder weißen Salbei. Palo Santo hilft uns, das Böse zu vertreiben

und das Gute willkommen zu heißen. Der Duft unterstützt zudem in der Meditation, schenkt uns Segnung, Erdung, wirkt reinigend und stärkend. Weißer Salbei hat eine besonders klärende und reinigende Wirkung und hilft uns dabei, Energien zu reinigen, uns zu heilen und zu schützen.

FÜNF OPTIONEN, DEINE EDELSTEINE AUFZULADEN

Die Energie der Steine fühlt sich manchmal an wie eine etwas zu dünn gewordene Weinschorle. Wenn wir uns wünschen, dass unserer Steine schnell und kraftvoll auf uns wirken, dürfen wir sie nach dem Reinigungsprozess ordentlich aufladen. Damit aktivieren wir die Heilkräfte der Steine durch die Erhöhung ihres Energieniveaus.

Auf physikalischer Ebene ist es das Erwärmen des Steines, sodass elektromagnetische Strahlung feinster Art entsteht, die feinen Schwingungen in unserem Stein werden wieder angeregt. Er wird auf feinstoffliche Weise erweckt und in eine sehr hohe Wirkungsbereitschaft versetzt.

Mondlicht

Das mystische Licht des Mondes kannst du sowohl zum Ent- als auch Aufladen deiner Schätze nutzen. Lege sie dazu für ein Mondbad über Nacht auf deine Fensterbank, geschützt auf deinen Balkon oder in den Garten. Schaue dazu am besten vorab in einen Mondkalender. Denn bei zunehmendem Mond lädt seine Energie die Steine auf, während bei abnehmenden Mond Reinigungsprozesse stattfinden und deine Steine energetisch entladen werden. Das Mondlicht wirkt auch, wenn der Mond durch Wolken verdeckt wird.

Sonnenlicht

Lasse deine Schätze von der Energie der auf- oder untergehenden Sonne aufladen. Dann ist sie am kraftvollsten und richtet zeitgleich keinen Schaden an (z. B. Verblassen der Farbe). Allgemein gilt: Bitte setze deine Steine nicht dem direkten Sonnenlicht aus. Für das Aufladen darfst du eine Ausnahme machen, doch achte darauf, dass deine Steine nur für ein paar Stunden sonnenbaden. Die starken Strahlen der Mittagssonne solltest du unbedingt vermeiden, denn damit bewirkst du das Gegenteil und die Steine entladen sich wieder. Solange du mit bloßen Augen in die Sonne blicken kannst, gibt es keine Gefahr für deine Steine.

Bergkristall

Der Bergkristall sagt: »Sei, wer du im tiefsten Kern bist.« Er ist ein wunderbarer Stein zum Aufladen, denn in ihm vereinen sich die Qualitäten der Neutralität, Klarheit und Reinheit (nicht zu verwechseln mit der Reinigung!). Lege dazu deine Edelsteine in eine Schüssel mit Bergkristallen oder stecke sie zusammen in einen Leinen-Beutel

oder eine Schmuckschachtel. Die Bergkristalle wirken durch ihre Klarheit wie eine Lupe oder ein Verstärker. Sie verstärken die Energien der anderen Edelsteine. So können sie ihre Informationen noch besser an dich weitergeben. Bitte reinige und entlade deinen Bergkristall, bevor du ihn zum Aufladen verwendest. Zum Aufladen lege deinen Bergkristall ins Licht der auf- oder untergehenden Sonne (wie oben beschrieben) oder erwärme ihn durch beispielsweise Kontakt mit deiner Haut oder einer anderen Wärmequelle.

(Körper-)Wärme

Vielleicht hast du es auch schon einmal gespürt: Wenn du deine Steine einige Zeit in der Hand hältst oder deine Mala um deinen Hals trägst, werden sie wunderbar warm. Wärme spendet den Edelsteinen neue Energie, denn dabei entstehen elektromagnetische Strahlungen, mit denen der Stein seine eigenen Informationen an die Umwelt sendet. Halte deine Steine in deinen Händen, lege sie in einer Schale auf deine Heizung oder lade sie mit warmem Wasser auf. Bitte verwende keine elektrischen Geräte (Backofen, Mikrowelle, Herd), da dabei Elektrosmog entsteht, der die Informationen der Steine und somit auch ihre Wirkung verändern kann.

Positive Intentionen

Wir Menschen bestehen aus Energie und diese Energie kannst du auch an deine Steine abgeben. Hast du einen Traum, eine positive Intention oder ein bestimmtes Verhalten, das du verinnerlichen möchtest? Gib diese Informationen an deinen Stein weiter: Halte ihn dafür in beiden Händen und denke ganz fest an deine Intention. Visualisiere in Gedanken, wie es ist, wenn du deinen Traum bereits lebst. Und dann stelle dir vor, wie all diese wunderbaren Gedanken in deinen Stein hineinfließen und von ihm gespeichert werden. Bedanke dich bei ihm, dass er ab sofort mit dir daran arbeitet, deinen Traum wahr werden zu lassen.

Du kannst aber auch gern ein für dich passendes, bestehendes Mantra auswählen oder eine Affirmation, die du dir selbst formuliert hast und deinen Stein damit besprechen und aufladen, indem du deinen Satz immer und immer wieder laut sprichst. Dies ist eine alte Tradition, die schon Menschen vor hunderten von Jahren praktiziert haben, um ihre Steine aufzuladen.

Bei den Methoden gibt es kein Richtig oder Falsch, kein Besser oder Schlechter. Schau einfach, was sich für dich am besten anfühlt.

ACHTSAMKEIT UND BEWUNDERUNG

Es spielt natürlich eine große Rolle, wie wir selbst mit unseren Edelsteinschätzen umgehen und was wir ihnen vermitteln. Das ist ein bisschen wie mit unseren Kindern! Wir können ihnen noch so viele

Worte mitgeben, das wichtigste und wirkungsvollste ist es, ihnen ein gutes Vorbild zu sein. Achtlosigkeit und Nachlässigkeit sind ebenso Informationen wie Bewunderung, Sorgfalt und Achtsamkeit. Diese Informationen verändern den Ausdruck von unseren Steinen. Sie glänzen und entfalten ihr ganzes Potenzial, von dem wir profitieren, wenn wir uns liebevoll um sie sorgen.

Wir können uns auch immer wieder fragen: Wie behandeln wir uns gerade selbst? Sind wir achtsam mit uns? Fürsorglich? Wir können nur dann unser ganzes Potenzial entfalten, wenn wir gut mit uns umgehen und uns selbst immer mit unterstützenden, wertvollen und positiven Informationen füttern.

Das Schöne ist, dass wir, indem wir mit den Steinen arbeiten und sie beobachten, immer wieder so viel über uns und unser Verhalten entdecken und lernen können. Ich stehe in so enger Verbindung mit all meinen Steinen und spüre häufig sehr genau, was gerade auch in ihnen vor sich geht. Wie meine Kinder zu Hause, signalisieren sie mir ganz genau, wann sie sich mehr Aufmerksamkeit von mir wünschen. Es scheint dann tatsächlich, als ob sie beleidigt in ihrer Schale liegen und aus Protest nicht mehr strahlen wie zuvor und sich energetisch manchmal richtig von mir abwenden.

Ich muss dann oft schmunzeln, weil sie in eine so deutliche Kommunikation mit mir gehen, nehme sie dann liebevoll zu mir und gebe ihnen Pflege und Fürsorge. Auch merke ich, dass die Steine, die beispielsweise viel umsorgt wurden, eine unglaubliche Anziehungskraft auf andere Menschen haben, die zu mir ins Studio kommen, Steine, die wiederum länger unberührt an einem Ort lagen, werden häufig nicht beachtet.

Ebenso wie wir, wollen die Steine gesehen und liebevoll umsorgt werden.

RITUAL Reinigungszeremonie zum Vollmond

Ich liebe es, die Kraft des Mondes mit dem Ritual des Reinigens zu verbinden und zur Unterstützung zu nutzen. Der Vollmond ist ein wunderbarer Zeitpunkt dafür, denn er bringt noch einmal seine ganz eigene Kraft und Magie mit sich: Er ist der krönende Höhepunkt des Mondzyklus, auch Mondseufzer genannt.

Zu diesem Zeitpunkt geht es immer um das Thema Loslassen des Alten, was uns nicht mehr dienlich ist und was wir abstreifen möchten, um es nicht in den kommenden Zyklus mit hineinzunehmen. Wir machen Platz für wundervolles, positives Neues.

Da unsere Steine untrennbar mit unseren eigenen Themen und Energien verbunden sind, ist es ratsam eine Komplettreinigung zu machen, um unsere Steine und um uns selbst zu resetten.

Das brauchst du

- Deine Steine, Malas, Edelsteinschmuckstücke
- Kerze, Feuerzeug (keine Streichhölzer!)
- Räucherwerk (Palo Santo, Weißer Salbei oder andere Räuchermischung)
- Ggf. feuerfeste Schale mit Sand etc.
- Gaben der Natur zum Schmücken eines Altars (Blumen, Blätter, Hölzer etc.)
- Schönes Tuch
- Klangschale

Säubere und entlade deine Steine bitte vor dem Ritual, wie oben beschrieben.

Gehe dann Punkt für Punkt vor

1. Begib dich mit deinen Schätzen an einen schönen Ort, an dem du ungestört bist. Stelle alle Telefone, die Klingel und deine Rauchmelder aus – und sei gern barfuß.
2. Sammle dich: Komme im Hier und Jetzt an, erde dich, schließe deine Augen und atme tief und gleichmäßig ein und aus. Bringe dich in einen achtsamen Zustand, zentriere dich und bereite dich innerlich auf eine wundervolle Zeremonie vor, in der du alles Alte gehen lassen darfst.
3. Öffne deine Augen noch einmal, breite dein Tuch aus und lege alle deine Schätze darauf, die du mitgebracht hast. Vor dir liegt nun ein wunderschönes, ganz intuitives Mandala.
4. Entzünde ganz feierlich die Kerze und schicke einen Wunsch ins Universum. Bitte zum Beispiel um Unterstützung beim Loslassen und der Reinigung aller anhaftenden negativen Informationen an dir und deinen Steinen.
5. Stelle dir selbst folgende Fragen, um Klarheit in dir darüber zu schaffen, was losgelassen werden darf:
   - Was waren in den letzten Wochen meine größten Herausforderungen?
   - Welche Hindernisse standen mir im Weg?
   - Von welcher Angewohnheit, von welchen Gedankenmustern, von welchen Vorstellungen, von welchem Ärger möchte ich mich befreien?
   - Über was habe ich mich in letzter Zeit geärgert?
   - Welche negativen Emotionen kamen zuletzt bei mir auf, in welchen Situationen? Kann ich Muster erkennen?
   - Welche Selbstzweifel trage ich mit mir herum?
   - Gab es in der vergangenen Zeit Ereignisse, an die ich ständig denken muss, weil sie negative Gefühle in mir auslösen? Welche Ereignisse sind das und warum lösen sie diese Gefühle in mir aus?

Lass deine Antworten einen Moment auf dich wirken und dann lasse all das los. Formuliere deine Antworten in etwas Positives um und tue so, als wäre es schon Realität. Fühle es. Stell dir den bereinigten Zustand genau vor, spreche Ich-Botschaften, z. B.:

- Für mich war es schwer, Kinder und Job unter einen Hut zu bekommen und dabei nicht gestresst auf meine Umwelt zu reagieren: »Ich bleibe im Alltag gelassen.«
- Ich traue mich nicht, für meinen Traum loszugehen, weil ich Angst habe zu scheitern: »Ich kann alles schaffen, was ich mir vornehme.«
  »Ich lasse die Vergangenheit los und richte meinen Blick in die Zukunft.«

6. Während du Altes loslässt, kannst du den Satz sprechen: »Löse dich, sei frei und kehre zu deinem Ursprung zurück.« (Von Michael Gienger aus dem Buch »Reinigen, Aufladen, Schützen«)
7. Unterstütze den Prozess des Loslassens mit Klang, indem du deine Klangschale anschlägst und Kreise über dein Mandala ziehst. Lasse deine Schätze im Klang baden.
8. Nun nimm dein Räucherwerk, entzünde es und wenn der Rauch aufsteigt, ziehe auch hier Rauchformen über deine Schätze. Du kannst den Rauch mit der Hand, einer Feder oder einem Fächer verteilen. Wenn du das Gefühl hast, einige Steine benötigen eine intensivere Reinigung, nimm sie in die Hand und schwenke sie im Rauch deines Räucherwerks.

   Wichtiger Tipp: Entzünde dein Räucherwerk ausschließlich mit einem Feuerzeug, da Streichhölzer unschöne Schwefelstoffe freisetzen und das Räucherwerk stark verrußt.

9. Wenn alle Steine/Malas gereinigt sind, schließe deine Augen und mache dir gern ein Mantra an oder singe es einfach für dich und weise allen anhaftenden Informationen in Gedanken noch einmal liebevoll den Weg, zu ihrem Ursprung zurückzukehren und frei zu sein. (Mein Mantra-Tipp: »Long Time Sun« von Snatam Kaur oder »Bliss« von Sirgun Kaur)

10. Bedanke dich bei deinen Steinen, dass sie dich bisher so wunderbar unterstützt haben und es in Zukunft tun werden.
11. Bringe deine Hände in Gebetshaltung und neige deine Stirn zu deinen Fingerspitzen. Frage dich hier: Wofür bist du dankbar? Für welche Menschen in deinem Leben, Ereignisse, Orte, Geschenke, Gegenstände. Lade dich auf mit dem Gefühl der Fülle und der Dankbarkeit.
12. **Abschluss:** Mache alle Fenster auf und lasse den Rauch alle negativen Energien und Informationen einhüllen und mit sich hinaustragen und zum Ursprung, zu Mutter Erde, wieder zurückkehren. **Lösche deine Kerze aus und stelle den Rauchmelder wieder an.**
13. Wähle einen schönen Ort auf der Fensterbank, geschützt in deinem Garten oder auf dem Balkon und lasse deine Schätze über Nacht im Vollmondlicht baden und neue Energie tanken.

Ich bin mein Fels in der Brandung – Wegbegleiter & Rituale für Urvertrauen, Stabilität und Balance

Urvertrauen ist die Basis unseres Seins. Es wird in den ersten Lebensjahren geprägt und entwickelt. Als Baby und Kleinkind sind wir schutzlos unseren Mitmenschen und unserer Umwelt ausgeliefert. Es bleibt uns in dieser Phase unseres Lebens nichts anderes übrig als zu vertrauen. Zu vertrauen, dass unsere Eltern uns ihre Liebe und Fürsorge schenken. Dass sie uns füttern, wickeln, uns Sicherheit und Geborgenheit schenken, sodass wir überleben können. Wir erhalten eine Verbindung zu unserer Natur, die es vorgesehen hat, dass sich unsere Eltern um uns kümmern.

Das Thema Urvertrauen ist deshalb eng mit der Familie, unserer Herkunft und unseren Wurzeln verknüpft. Lernen wir in den jüngsten Jahren, dass wir vertrauen dürfen, dass unsere Eltern für uns da sind, dass uns das Leben positiv in die Karten spielt und dass das Universum es gut mit uns meint, bekommen wir eine wunderbare Basis für alle Herausforderungen, die uns im späteren Leben begegnen. Wir lernen auch, uns selbst zu vertrauen – uns und unseren Stärken und Fähigkeiten. Wir lernen, dass wir selbst unser Fels in der Brandung sind, der stark und fest am

Meeresgrund verankert ist und selbst von den größten Wellen nicht mitgerissen werden kann.

Unser Urvertrauen wirkt sich auf unser Wurzelchakra, auch Muladharachakra genannt, aus. Es ist unser unterstes Energiezentrum und stellt unsere Basis im Leben dar. Es hat seinen Sitz im Bereich des Beckenbodens und ist assoziiert mit dem Element Erde, der Farbe Rot und unserem Sinn des Riechens. Das ist übrigens einer der ersten Sinne, den wir als Babys bereits im Mutterleib entwickeln. Die zentralen Themen des Wurzelchakras sind Lebenskraft, Urvertrauen, Stabilität und Sicherheit. Wenn unsere Energie im Wurzelchakra in Balance ist, dann fühlen wir uns stark verwurzelt und haben die besten Voraussetzungen, unser Leben bewusst und kraftvoll zu gestalten. Voller Lebensmut und Ausdauer fällt es uns leicht, alle inneren und äußeren Stürme zu überstehen und immer wieder zu unserer Balance zurückzukehren. Der Chakrenlehre zufolge wird bei der Arbeit mit den Chakren bewusst zuerst das Wurzelchakra geöffnet, da es die Basis für alle anderen Chakren darstellt. (Mehr über Chakren steht in dem Kapitel »Wie du die Edelsteine und Malas für deine spirituelle Entwicklung nutzt«.)

Ein stabiles Fundament, auf das wir bauen können, auf das wir uns verlassen und dem wir vertrauen können, ist die Basis, die uns durch unser Leben trägt. In Zeiten, in denen wir beschwingt und leicht durchs Leben gehen, lässt es uns die Verbindung zu Mutter Erde nicht vergessen. In Zeiten, in denen wir mit Herausforderungen konfrontiert werden, sorgt es für genug Urvertrauen und Standfestigkeit, um mitten im Sturm nur ein wenig hin- und herzuschwanken und dabei tief verwurzelt zu bleiben.

Wurde unser Urvertrauen erschüttert oder konnten wir es erst gar nicht entwickeln, beispielsweise weil wir traumatische Kindheitserfahrungen gemacht haben oder viel simpler, weil unsere Eltern selbst sehr unsicher waren oder kein Vertrauen in sich selbst und die Welt besaßen, wirkt sich das bis ins hohe Alter auf uns aus, wenn wir uns unseren Erfahrungen nicht stellen. Es gibt so viele Menschen, und ich erlebe es auch häufig in meinen Beratungsgesprächen, die das Gefühl haben, das Leben sei gegen sie, es würde immer »nur sie« treffen und das Leben sei voller Ungerechtigkeit. Sie haben aufgegeben, weil sie nie gelernt haben, darauf zu vertrauen, dass am Ende alles gut wird und sie es mit ihren Fähigkeiten in der Hand haben, Einfluss auf das Leben zu nehmen. Unser Urvertrauen ist also auch dafür verantwortlich, wie wir uns und das Leben betrachten.

Wenn wir nun keine stabilen Wurzeln haben und unser Urvertrauen nicht gut ausgeprägt ist, dann können wir diesem Hindernis nicht aus unserem stabilen Fundament heraus begegnen mit dem Wissen, dass wir es meistern können, sondern wir werden das Fähnchen im Wind sein und den Boden unter den Füßen verlieren, in großer innerer Unsicherheit und Angst sein und nicht wissen, wie wir es jemals bewältigen können. Menschen ohne Urvertrauen fahren oft schneller aus der Haut, sind selten resilient. Sie reagieren gereizt, gestresst oder misstrauisch, wenn etwas nicht so läuft, wie sie sich es vorstellen, denn das Leben hat es einmal wieder auf sie abgesehen.

Ist unsere Basis, unser Urvertrauen, erschüttert, zieht sich das meist durch unser gesamtes Leben und beeinflusst alle anderen Lebensthemen. So wie bei einem instabilen Haus, das einem Erdbeben ausgesetzt ist. Der Boden fängt an zu wackeln, das Haus bekommt zunächst Risse in den Wänden, vielleicht reißt eine Hausseite ein, sodass auch das komplette Dach einstürzt.

Mit Urvertrauen für das Leben gewappnet

Vertrauen in uns, unsere Fähigkeiten und unseren Lebensweg ist eine so wichtige Ressource, die wir stärken und pflegen dürfen. Wenn wir in unserem Urvertrauen sind, können wir gut für

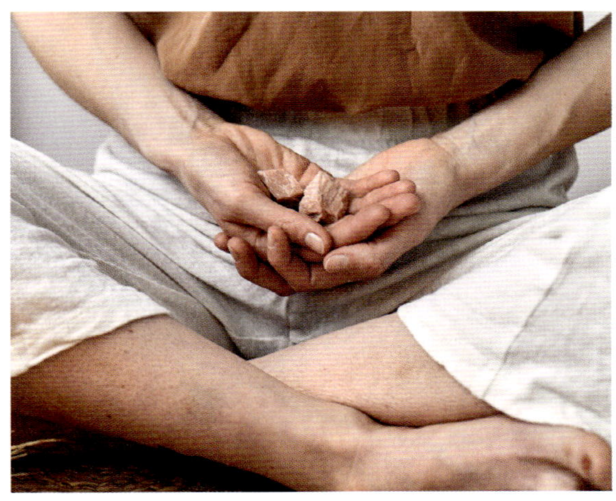

uns selbst einstehen und auch bei Herausforderungen spüren wir, dass das Leben für uns geschieht, anstatt gegen uns. Auf dass wir uns alle tief in unserer eigenen Basis verwurzeln dürfen, um den besten Nährboden für unser wunderschönes Wachstum zu erschaffen.

Unser Lebensweg ist ein Pfad, der sich durch unser Leben zieht, auf dem wir jeden Tag einen Fuß vor den anderen setzen und den wir Schritt für Schritt bestreiten. Es ist ein wunderschöner Weg des Wachstums, der Entwicklung, der Reife und Weisheit. Es ist UNSER Weg, denn er ist so einzigartig und besonders und unterscheidet sich von jedem anderen. Es gibt Zeiten, in denen fühlt sich unser Leben leicht an und wir gehen leichten Fußes viele Kilometer am Stück, auf weichem, leicht zu beschreitendem Untergrund. Dann läuft alles gut, alles, was wir tun fällt uns leicht und wir fließen.

Wenn wir uns machtlos fühlen

Dann wiederum kann es Abschnitte auf unserem Lebensweg geben, in denen sich uns plötzlich ein Hindernis in den Weg stellt, mit dem wir nicht gerechtet haben und das uns plötzlich völlig aus der Bahn wirft. Das können gewaltige Felsbrocken oder kleinere Hindernisse und Herausforderungen im Alltag sein, die plötzlich vor uns aufragen und sich uns in den Weg stellen.

Eine Pandemie, in der plötzlich alles, was wir als sicher angesehen haben und an dem wir uns festgehalten haben, zerbricht, eine Trennung oder der Tod eines geliebten Menschen kann uns komplett das Vertrauen ins Leben nehmen. Felsbrocken können sich uns in ganz unterschiedlichem Gewand zeigen, und wir erleben sie in ganz eigener Intensität, je nachdem, wie stabil unser Fundament, unsere Basis, ist. Ich kenne dieses panische, machtlose Gefühl nur zu gut, wenn eine unvorhergesehene Herausforderung auftaucht, mit der ich nicht gerechtet habe und die mich sehr aus der Bahn reißt. Es gibt unzählige Situationen aus meinem Unternehmen, dem STUDIO NAIONA, in denen etwas schiefgegangen ist oder ich vor einer Herausforderung stand, die mir im ersten Moment komplett den Boden unter den Füßen weggezogen hat.

Ich möchte dir von einer Situation erzählen, durch die ich lernen durfte, mich auf mein starkes Fundament zurückzubesinnen: Ich hatte vor knapp zwei Monaten meine Tochter Lili zur Welt gebracht und meine einzige Mitarbeiterin, die ich zu dem Zeitpunkt hatte und die mich während meiner kurzen Elternzeit vertreten sollte, meldete sich ganz plötzlich auf unbestimmte Zeit krank. Von heute auf morgen war ich auf mich gestellt und musste von jetzt auf gleich mit meiner Kleinen ins Studio fahren, um die vielen offenen Bestellungen anzufertigen und auch alles andere abzufangen. Und nebenbei natürlich für Lili da sein, sie stillen und beruhigen. Nächtelang lag ich

wach und wusste nicht, wie es weitergehen kann. In meiner, mich komplett einnehmenden Angst war ich gelähmt, einen klaren Gedanken fassen zu können. Mein erster Impuls war: »Dann kann ich gleich einpacken – wie soll ich das alleine mit einem kleinen Baby schaffen? Das funktioniert niemals.« In mir war ein Gefühl der Ohnmacht. Dann trat ich einen Schritt zurück, nahm meine Edelsteine an meine Seite und beruhigte mich selbst. Als ich wieder in meine Mitte, die Balance in mir gefunden hatte, konnte ich aus diesem stabilen Ort heraus so gute Entscheidungen fällen. Ich holte mir mehr Unterstützung an meine Seite. Rückblickend habe ich in dieser Situation so viel erkannt und gelernt und aus ihr ist noch etwas Großartiges entstanden: Sie hat mir die Augen geöffnet und mir den Mut gegeben, mir weitere Unterstützung holen zu dürfen und ein wundervolles Team NAIONA, bestehend aus inzwischen über 10 Mitarbeiterinnen, entstehen zu lassen. Meine Vision und mein Tatendrang wurden gestärkt und ich habe mich selbst spüren lassen, dass noch mehr möglich ist, dass ich noch mehr in meine ganze Größe treten darf, dass mein Baby NAIONA auch die heikelsten Phasen übersteht.

Manchmal dürfen wir darauf vertrauen, dass etwas noch Besseres, noch Größeres aus dem tiefsten Dunkel und der größten Verunsicherung entstehen kann.

Wachstumsschmerz lohnt sich

Genau diese Herausforderungen des Lebens sind es, die uns wachsen lassen, uns zeigen, wie stark und unbändig wir wirklich sind, wie gewaltig unser »Überlebenswille« ist. Genau diese Phasen in unserem Leben sind es, die uns in unsere wahre Größe bringen wollen. Sie sind nicht da, um uns zu zerstören, sondern um uns wachsen zu lassen. Sie tun weh, wir zweifeln, haben Angst. Doch es ist wie bei einem hohen Gipfel, den wir besteigen: nach all dem Schweiß, den brennenden Beinen und der Angst auszurutschen, erklimmen wir die Bergspitze und werden mit einer wunderbaren Aussicht belohnt.

Oft beneiden wir Menschen, bei denen immer alles glatt läuft, die unbekümmert ihren Lebensweg gehen und die niemals herausgefordert zu sein scheinen. Dieser Weg ist nicht der Weg des Wachstums und der Erkenntnis, sondern der Weg des geringsten Widerstandes. Nur in dem wir all die Hindernisse und Herausforderungen, die uns das Leben in unseren Weg legt, annehmen und uns ihnen stellen, entwickeln wir uns weiter und bringen immer mehr Licht und Erkenntnisse in unser Leben. Sie sind dafür da, dich immer wieder herauszufordern und dein ganzes Potenzial in dir zu erwecken! Und wenn wir einmal ehrlich sind,

gibt es kaum einen Menschen, der keine Herausforderungen zu bewältigen hat.

Es ist der normale Fluss des Lebens. Nach dem Sonnenschein folgt der Regen, nach der Ruhe der Sturm. Die Natur hat Höhen und Tiefen vorgesehen, damit alles im Gleichgewicht bleibt. Je mehr Herausforderungen wir im Leben meistern, je mehr Felsbrocken wir uns aus dem Weg räumen, je mehr Schmerz, Kummer oder Angst wir auf unserem Weg begegnen, desto größer wird unser Vertrauen in uns selbst, in unsere Fähigkeiten und unser Potenzial. Vielleicht kennst du das Gefühl, wenn du eine große Herausforderung gemeistert hast: Wenn ich das überstanden habe, was soll jetzt noch kommen? Wir stärken unser natürliches Gleichgewicht und finden schneller in unsere ganz natürliche Balance zurück.

Deine Edelsteine für Ur- und Selbstvertrauen, Stabilität und Balance

Achat – Dein Fels in der Brandung
Balance, Stabilität, Selbstbewusstsein, Vertrauen
Mondstein – Liebevolle Hingabe
Intuition, Yin-Energie, Natürlichkeit, Freude, Empathie
Jade – Mother Earth
Balance, Harmonie, Gleichgewicht, Naturverbundenheit

ACHAT – Dein Fels in der Brandung

Balance, Stabilität, Selbstbewusstsein, Vertrauen

Der erdige Achat ist dein Begleiter für eine riesige Portion Stabilität in deinem Leben. Er ist der Stein, der unser Wurzelchakra aktiviert und in Balance bringt. Mit ihm an deiner Seite, werden deine Wurzeln und dein Fundament gestärkt und in der Erde verankert. Gerät die Welt mal aus den Fugen, führt der Achat dich in deine Balance zurück. Er erinnert dich an den Fels in der Brandung, der du bist, an deine Stärke und dass du vertrauen darfst – in dich und in deine Wurzeln.

Ich vergleiche ihn so gerne mit Ganesha, dem kraftstrotzenden Gott mit Elefantenkopf. Ganesha erinnert uns an unsere eigene Urkraft. Schon die Körperform des dickbäuchigen Ganeshas hinterlässt das Gefühl, es könne ihn so leicht nichts aus der Balance bringen oder so einfach aus der Bahn werfen. In einer seiner vier Hände hält er einen Stachel, mit dem er uns antreibt und uns dazu auffordert, das Hindernis anzunehmen

und mutig und kraftvoll zu überwinden. Zusätzlich hilft er uns mit seiner Schlinge, die er in einer der anderen Hände hält, Schwierigkeiten aus dem Weg zu räumen und uns an das Glück zu binden, sodass wir jede Situation aus unserer inneren Stärke heraus meistern können.

Der Achat steht für unser Fundament, unsere starken Wurzeln und unser Urvertrauen im Leben. Er erinnert uns daran, dass wir auch stürmische Zeiten überstehen und uns immer wieder erden dürfen. So schenkt er uns ein Gefühl von Sicherheit und Vertrauen, dass wir jede Herausforderung im Leben meistern können.

MONDSTEIN – Liebevolle Hingabe

Intuition, Yin-Energie, Natürlichkeit, Freude, Empathie

Selbstbewusst zu sein, bedeutet nicht nur, sich seinen Stärken bewusst zu sein, sondern genauso die verletzlichen Seiten anzuerkennen. Der Mondstein ist ein wunderbarer Stein, um dich mit deinem Inneren zu verbinden und all die Facetten wahrzunehmen, die dort verborgen liegen. Du bist ein einzigartiges Wunder! In dir gibt es so viel zu entdecken. So viele kostbare Qualitäten, so viele wertvolle Eigenschaften und Stärken. Aber auch Schwächen, Verletzungen, Ängste, die auch da sein dürfen.

Der Mondstein nimmt dich liebevoll an die Hand, unterstützt dich dabei, all deine Facetten zu umarmen, ganz egal, ob du sie zunächst als positiv oder negativ bewertest. Er hilft dir, dich voller Empathie dir gegenüber so zu akzeptieren, mit allem, was in dir ist. Er lässt dich bei dir ankommen und dich in und mit dir zu Hause fühlen.

Wenn du dich und dein Inneres (neu) erkundest, findest du so viel über dich heraus. Wenn du weißt, wer du wirklich bist und was dein wunderbares Sein ausmacht, kreierst du ein starkes Selbstbewusstsein, das auch im Außen unerschütterlich ist. Und mit diesem Selbstbewusstsein findest du ein starkes Vertrauen in dich und deine wunderbare Persönlichkeit.

Egal, welchen Herausforderungen du im Außen ins Auge blickst, was um dich herum geschieht: Der Mondstein unterstützt dich dabei, die Verbindung zu dir aufrechtzuhalten, die dich von innen heraus stärkt. Wenn um mich herum der große Sturm aufzieht und ich drohe, die Bodenhaftung und das Vertrauen zu verlieren, erde ich mich als Erstes mit dem Achat. Wenn dann in mir etwas Ruhe eingekehrt ist und ich wieder in meiner Mitte, meiner Balance throne, arbeite ich mit dem Mondstein. Er verbindet mich mit meiner Intuition, meiner inneren Weisheit, die mir aufzeigt, was nun zu tun ist. Nicht aus dem Mangel heraus und vom Außen gesteuert, sondern aus meinem tiefsten Bauchgefühl heraus. Denn in mir liegen all die richtigen und wunderschönen Antworten auf jede einzelne Frage, die uns das Leben stellt, daran erinnert mich der Mondstein immer wieder und führt mich genau an diesen Ort, wo ich sie erkenne.

JADE – Mother Earth

Balance, Harmonie, Gleichgewicht, Naturverbundenheit

Seit Jahrtausenden fasziniert Jade als wertvoller Edelstein Kulturen auf der ganzen Welt, zu manchen Zeiten war er sogar wertvoller als Gold. In China ist Jade seit über 8000 Jahren ein Symbol für Kostbarkeit und Schönheit, und auch bei den Hochkulturen der Maya und Olmeken in Mittelamerika und bei den Maori auf Hawaii wurde Jade als großer Schatz verehrt.

Ganz einzigartig in ihrer Wirkung, hilft die strahlend grüne Jade dir dabei, dein Yin und dein Yang in Balance zu bringen. Wie eine Brücke zu unserer Natur, erinnert dich die Jade daran, dass du ein Teil dieser wundervollen Natur bist. Die Natur strebt stets nach ihrem Gleichgewicht, das Leben ist ein Tanz zwischen Tag und Nacht, Sonne und Mond, Geben und Empfangen. Mit der Jade an deiner Seite findest du deinen ganz eigenen Ort in diesem Spiel und lernst dich in deiner perfekten Harmonie selbst neu kennen. Du darfst die vollste Version deines wahren Kerns leben, in deiner eigenen Balance sein und dich auf deine innere Natur zurückbesinnen.

Wir Menschen sind ebenfalls Teil der Natur und nehmen mit unserer Einzigartigkeit unseren ganz eigenen Platz hier auf der Erde ein. Die Jade ist eine Erinnerung daran, die Verbindung zu unserer eigenen, wahren Natur immer wieder neu einzugehen. Genau hier, in unserer Harmonie, in unserer Mitte, liegen die Wahrheit, Weisheit und die Antworten auf alle Fragen, die wir uns stellen. Besonders während des Lockdowns in der Coronakrise sind viele von uns wieder mehr zur Natur zurückgekehrt und haben wiederentdeckt, welche Kraftquelle sie darstellt. Mutter Erde hilft uns dabei, uns zu erden und unsere innere Balance zu finden.

Ich habe während der Coronazeit viel mit der Jade gearbeitet, um mich mit meiner inneren Natur zu verbinden. Während so vieles um mich herum aus dem Gleichgewicht geraten ist, habe ich mich bewusst immer wieder in meine innere Mitte begeben. Ich glaube, ich war noch nie so viel in der Natur wie zu dieser Zeit.

Deine Edelsteinrituale für Erdung, Stabilität und Selbstvertrauen

VISUALISIERUNG: DEIN STARKES FUNDAMENT

Suche dir zusammen mit deinem Achat ein ruhiges, schönes und ungestörtes Plätzchen – vielleicht, wenn es warm genug ist, draußen in der Natur. Ziehe deine Schuhe und Strümpfe aus, nimm deinen Achat in eine Hand und stelle dich aufrecht hin. Lasse deine Arme einfach neben deinem Körper baumeln.

Beginne, dir ein starkes Fundament aufzubauen: Schaukel ein wenig auf deinen Füßen nach vorne und hinten, nach rechts und links. Finde deine Mitte und pendle dich dann langsam dort ein, wo du dich sicher und getragen fühlst.

Hebe deine Zehen an und lasse sie einzeln zurück in die Erde gleiten, beuge deine Knie leicht an und ziehe deine Sitzbeinhöcker sanft zueinander, erde und verlängere dein Steißbein. Stell dir vor, es ist wie ein Pfeil im Boden verankert und richtet dein Becken aus. Ziehe den Bauchnabel bewusst an deine Wirbelsäule heran, ohne deine Bauchatmung einzuschränken, finde Aufrichtung im Oberkörper und lasse deine Schultern sinken. Dann entspanne dein Gesicht, und löse deinen Unterkiefer. Nimm in dieser wunderbaren aufrechten, sicheren, standfesten aber dennoch entspannten Haltung ein paar tiefe Atemzüge in deine Füße, in dein Becken, deinen Bauch und deine Brust – spüre dabei, wie die Erde dich trägt und dir Sicherheit gibt. Fühle dich sicher und entspannt.

Wenn du dein starkes Fundament gefunden hast, fange mit der Visualisierung an: Stelle dir vor deinem inneren Auge vor, wie dein Achat, der sich in deiner Hand befindet, wunderschöne goldene Wurzeln bildet. Sie umschlingen deine Hand, wandern deine Beine herunter bis zu den Füßen und beginnen dort, sich tief in die Erde zu vergraben. Sie wachsen tiefer und tiefer in alle Richtungen. Die großen Wurzeln bilden immer kleinere Wurzeln, die sich verästeln und die ganze Erde einnehmen. Die tiefsten Wurzeln reichen bis zum Erdkern. Es ist ganz egal, ob du weißt, wie dieser aussieht. Beobachte einfach, was du fühlen kannst und spüre, wie es ist, so sicher und geerdet dazustehen.

Nimm dieses Gefühl ganz bewusst wahr und verankere es in deinem Achat. Dein Begleiterstein wird dich in Zukunft daran erinnern, wie stark und unerschütterlich dein Fundament ist, auf das du dich jederzeit verlassen kannst. Atme noch ein paar Mal tief durch und öffne deine Augen.

Wenn du nicht lange stehen kannst und dich sitzend sicherer fühlst, meditiere im Schneider- oder Fersensitz und drücke deine Sitzbeinhöcker in den Boden, um dich zu erden. Natürlich kannst du auch ein Meditationskissen, ein Bänkchen oder einen Stuhl zu Hilfe nehmen, um die Meditation für dich so angenehm wie möglich zu gestalten.

RITUAL Verwandle dein Problem in eine Herausforderung

Das brauchst du

- Achat
- Dein Notizbuch/Journal oder Zettel
- Einen Stift

Anleitung

Setze dich aufrecht und bequem hin, nimm den Achat in die Hand und schließe deine Augen. Atme

ein paar Mal tief durch, und verbinde dich mit der Erde und dem Stein. Denke an ein aktuelles Problem in deinem Leben und stelle dir die folgenden Fragen:

- Warum kommt mir diese Herausforderung so groß und unlösbar vor?
- Warum stellt sich dieses Hindernis ausgerechnet mir in den Weg?
- Welche Emotionen werden in mir getriggert?
- Welche Qualitäten brauche ich, um die Herausforderung anzugehen?
- Was kann ich lernen, wenn ich diese Herausforderung überwinde?

Stelle dir dann vor, du hättest deine Herausforderung bereits gemeistert. Stelle dir die Situation bildlich vor deinem inneren Auge vor. Und dann fühle in dich hinein:

- Welche Gefühle machen sich in meinem Körper breit?

- Wie fühlt es sich an, alle Hindernisse überwunden zu haben?
- Wie denke ich über mich, welche Glaubenssätze kommen auf?
- Welche Fähigkeiten habe ich erworben, um meine Herausforderung zu meistern?
- Was habe ich gelernt, was kann ich mitnehmen?
- Warum war es wertvoll für mich, dass mir das Universum diese Herausforderung geschenkt hat?

Öffne die Augen wieder. Transformiere alles Negative in positive Emotionen, Glaubenssätze und Gedanken. Schreibe dir alles auf, was du transformieren kannst, z. B.:

Angst > Mut

»Ich kann das nicht!« > »Ich kann alles schaffen, was ich mir vornehme".

Zweifel > Selbstbewusstsein

»Andere sind viel besser als ich.« > »Ich habe meine ganz eigenen Qualitäten, die mich so einzigartig machen.«

Mangel > Vertrauen

»Warum musste mir das schon wieder passieren? Das Leben ist gegen mich!« > »Mein Leben passiert für mich, ich darf an Hindernissen wachsen.«

Dann verankere deine neuen, transformierten Sätze in deinem Achat und bedanke dich bei ihm, dass er dich dabei unterstützt, Mut für deine Herausforderung zu finden.

RITUAL
Singe das Ganesha-Mantra

MANTREN

Mantren sind wunderbare Sätze, die wir im Geiste wiederholen, laut rezitieren oder singen können. Du darfst Melodie und Rhythmus ganz individuell gestalten, so wie es sich für dich stimmig anfühlt. Egal, ob in einer Gruppe oder alleine unter der Dusche – die Klänge der altindischen Sprache Sanskrit erzeugen wunderbare Vibrationen im Körper und wirken auf feinstofflicher Ebene. Sie können unsere Chakren öffnen und aktivieren, unseren Geist beruhigen und Glücksgefühle in uns auslösen. Am Anfang kann dir das Singen von Mantren seltsam erscheinen, probiere es einfach mal aus. Es ist ganz egal, wie sich deine Stimme anhört, die Hauptsache ist, dass du voller Hingabe singst. Wenn dir keine Melodie

einfällt oder du nicht weißt, wie das Mantra ausgesprochen wird, höre dir zur Inspiration gerne verschiedene Versionen des Mantras, z. B. auf Youtube oder Spotify an.

Ganesha ist die Gottheit, die uns in Form eines freundlichen und dickbäuchigen Elefanten erscheint. Ganesha ist der Gott und »Herr der Hindernisse«, er schenkt uns Glück auf all unseren Wegen. Das Ganesha-Mantra hilft uns dabei, Hindernisse zu überwinden und neu zu starten. Nimm gerne deinen Achat in die Hand und singe:

Om Gam Ganapataye Namaha
ॐ गम गणपतये नम

Affirmationen

- Ich bin sicher.
- Ich bin geerdet, tief verwurzelt in Mutter Erde.
- Ich bin getragen und gehalten.
- Ich bin jedem Hindernis gewachsen.
- Mein Leben passiert für mich.
- Für mich ist gut gesorgt.
- Ich vertraue mir und dem Leben.
- Ich überstehe jeden Sturm.
- Ich bin mein Fels in der Brandung.
- Mein Fundament ist fest und unerschütterlich.

Du kannst auch eine bewegte Meditation machen, in der du bewusst Kontakt mit der Erde aufnimmst, z. B. folgende sehr kurze Affirmation.

Stelle dich hin und nimm deinen Achat in die Hand. Dann komme auf die Zehenspitzen und sage: »Ich ver…« (lasse dich zurück auf deine Fersen plumpsen und sage beim Aufstoßen auf dem Boden) »…traue«. Alternativ kannst du auch deinen Fuß heben und auf den Boden stampfen.

Weitere kurze Affirmationen:

- Ich bin – gut.
- Ich bin – hier.
- Ich bin – jetzt.
- Ich – kann.

Du kannst diese Affirmationsmeditation in deinem Alltag machen oder immer dann, wenn dir eine herausfordernde Situation bevorsteht, für die du Vertrauen benötigst. z. B. kurz vor einer Prüfung, einem Vorstellungsgespräch oder einem schwierigen Gespräch.

RITUAL
Deine achtsame Geh-Meditation – Verbinde dich mit der Natur

Das brauchst du

- Jadestein/deine Jade-Mala

Anleitung

- Nimm deinen Jadestein/deine Mala und mache einen Ausflug in die Natur. Vielleicht in den nächstliegenden Wald, einen See oder einfach in den Park in deiner Nähe.
- Mache einen Spaziergang, vielleicht möchtest du dir die Schuhe ausziehen und ein Stück barfuß laufen, das ist besonders erdend.
- Nimm deinen Jadestein in die Hand, verbinde dich mit ihm und gehe los.
- Nimm tiefe Atemzüge in den Bauch hinein. Spüre deinen Stein in deiner Hand und fühle in deinen Körper hinein. Wir Menschen sind Natur, dein Körper ist Natur. Spüre deinen Herzschlag und deinen Atem, wie die Luft durch deine Nase hineinströmt und sich dein Brustkorb hebt und senkt. Wenn du die Verbundenheit zu dir gefunden hast, lenke dein Bewusstsein auf die Luft, die in deine Nase ein- und ausströmt und wie du sie in dir aufnimmst und wieder loslässt. Dein Atem ist eine direkte Verbindung zu deiner Umgebung.
- Lasse dein Bewusstsein weiter wandern und nimm nun die Erde unter deinen Füßen wahr. Wie fühlt sich der Boden an? Nimm wahr, wie du Schritt für Schritt deine Füße auf dem Boden aufsetzt und wie der Boden dich trägt. Worauf gehst du? Erde, Gras, Steine?
- Gehe weiter und nimm nun deine Umgebung mit der wunderbaren Natur wahr. Lasse deinen Blick schweifen. Was siehst du? Welche Pflanzen, welche Tiere, welche Farben? Wie sieht der Himmel aus? Welche wunderbaren Formen und Strukturen präsentiert dir die Natur?
- Setze all deine Sinne ein:
  Welche Gerüche nimmst du wahr?
  Riechst du die Erde, das Harz der Bäume, Blumen?
  Was kannst du spüren?
  Berühre die Pflanzen, die Bäume, das Gras.
  Wie schmeckt die Luft?

- Wenn du genug Sinneseindrücke wahrgenommen hast, setze dich intuitiv an einen Ort, der sich für dich gut und vertraut anfühlt. Verbinde dich noch einmal bewusst mit deiner Jade, schließe die Augen und lasse alles, was du gerade aufgenommen hast, Revue passieren. Nimm dich ganz bewusst als Teil dessen wahr. Speichere all diese wunderbaren Eindrücke in deinem Stein.
- Wenn du magst, schließe eine Mala-Meditation mit einer Affirmation deiner Wahl an, z. B. »Ich bin ein wundervoller Teil der Natur«.
- Vielleicht möchtest du auf dem Rückweg ein paar Kostbarkeiten sammeln: schöne Blätter, Blüten, Kastanien etc. Zuhause angekommen kannst du damit einen wunderbaren Naturaltar kreieren, an dem dein Jadestein ruhen kann. In einer Situation, in der du dich nicht mehr verbunden fühlst, kannst du dich ganz bewusst an deinem Naturaltar zurück an deinen wunderschönen achtsamen Spaziergang zurückerinnern und dir das Gefühl, das du dabei hattest, zurück in deine Erinnerung rufen.

Ich bin in liebevoller Verbindung mit mir selbst – Wegbegleiter & Rituale für Selbstakzeptanz, Selbstwert und Selbstliebe

»SELBSTLIEBE IST DAS STÄRKSTE, HEILIGSTE BAND, WELCHES UNS MIT DER MENSCHHEIT VERBINDET UND ZUSAMMENHÄLT.« HEINRICH MARTIN

Ich bin davon überzeugt, dass wir alle einmal unendlich liebende Wesen waren, bevor all die Selbstzweifel und Überzeugungen, die wir über uns haben, uns nach und nach überkommen haben. Sich selbst zu lieben, ist das wichtigste Thema überhaupt. Selbstliebe ist so wichtig, damit du glücklich, zufrieden und voller Selbstsicherheit durch dein Leben gehen kannst. Wenn es im Außen laut und hektisch ist, findest du Liebe, Ruhe und Vertrauen in dir selbst.

Ich bin davon überzeugt, dass, wenn mehr Menschen sich selbst lieben würden, die Gesellschaft ganz anders miteinander umgehen und viel mehr Menschen ihrem Gegenüber wertschätzend und freundlich begegnen würden.

Das universelle Feld der Liebe beginnt bei jedem Einzelnen

Wenn wir liebevoll über uns selbst denken, können wir nicht nur eine so viel schönere und buntere Welt in uns erschaffen, sondern weit darüber hinaus wirken. Unsere Gedanken bauen ein so riesiges Feld von Möglichkeiten auf und indem wir Gedanken in Liebe, Wohlwollen und Mitgefühl formulieren, können wir gemeinsam ein universelles Feld der Liebe kreieren. Anstelle von Zweifel, Mangelgefühl, Kleinhalten und von Selbstwertlosigkeit, die in der heutigen Zeit meist vorherrschen.

Da wir Menschen jedoch in einem eher negativen Energiefeld schwingen, ist der Raum für all die furchtbaren Dinge, die auf der ganzen Welt passieren, offen. Wir haben uns so an diesen Zustand und diese Energie gewöhnt und merken oft gar nicht, wie lieblos und voneinander abgewandt unsere Gesellschaft geworden ist. Die Art und Weise, wie Menschen miteinander kommunizieren: Entweder sprechen sie aneinander vorbei, oder sie begegnen sich nicht unterstützend oder tragend, sondern konfrontativ, egoistisch und rechthaberisch. Dadurch entstehen Aggression, Ablehnung und Misstrauen. Dies ist der Spiegel dessen, wie wir uns selbst als Individuen begegnen.

Wähle den Weg der Liebe

Vieles ist im Wandel und immer mehr Menschen machen sich auf ihren spirituellen Weg, den Weg des Bewusstwerdens, den Weg der Heilung und der Liebe. Wir erkennen, dass wir hier sind, um in Liebe und Mitgefühl zu kreieren, uns auszudrücken und all unsere Geschenke als Beitrag in diese Welt zu bringen.

Diese Liebe fängt immer bei jedem Einzelnen von uns an, indem wir uns selbst mit all unseren Kostbarkeiten und Möglichkeiten sehen und erkennen. Der größte Beitrag, den wir zu einer wunderschönen, in Harmonie lebenden Menschheit beitragen können, ist, uns selbst wieder zu lieben und in einer guten Energie und Verbindung zu uns selbst zu sein, um gemeinsam ein wundervolles

großes Feld der Liebe zu kreieren. Je mehr Menschen sich selbst lieben, desto kleiner wird das negative Feld und umso mehr wächst das Feld der Liebe und des Mitgefühls. In dem du in dir und mit dir liebevoll bist, und immer mehr erlernst, dich als ein wundervolles Geschenk und als unglaublich liebenswerten Menschen anerkennst, umso erfüllender und lebenswerter wird dein eigenes Leben und umso größer ist die Wirkung für die gesamte Menschheit. Wir alle sind Teil des großen Ganzen. Wenn wir selbst im Mangel sind, uns selbst nicht lieben oder akzeptieren können, senden wir diesen Mangel in die Welt und an unsere Mitmenschen, die diesen Mangel wiederum aufnehmen.

WARUM SELBSTLIEBE NICHT MIT EGOISMUS GLEICHZUSETZEN IST

Du darfst dich selbst wieder lieben lernen, mit allem, was du bist! Ich bin davon überzeugt, dass du die Liebe zu dir selbst wie eine Erinnerung, wie ein zartes Samenkorn in dir trägst, denn all deine Sehnsucht, deine Wünsche und dein Handeln, sind letztendlich darauf ausgerichtet, Liebe zu empfangen, Liebe zu geben und in Verbundenheit zu sein. Und diese Erinnerung sitzt in dir wie dieses Samenkorn, das genährt werden will, und das du vielleicht lange vergessen und vernachlässigt hast.

So vielen Menschen fällt es schwer, sich selbst zu sagen, »Ich liebe mich so, wie ich bin«. Der oft größte Wunsch so vieler Menschen, mit denen ich in meinen Beratungen spreche, ist es, sich selbst wieder lieben oder zumindest erst einmal akzeptieren zu können, so wie sie sind. Denn sie spüren, dass die Selbstliebe der Schlüssel zu einem erfüllten Leben mit sich selbst und zu erfüllten Beziehungen zu anderen ist. Alles fängt bei uns an, wie wir mit uns selbst umgehen und wie liebevoll unsere Beziehung zu uns selbst ist.

So wie wir uns selbst behandeln, gehen wir auch hinaus in die Welt. Können wir uns selbst nicht lieben und akzeptieren, fällt es uns oft sehr schwer, anderen Menschen unsere Liebe zu schenken und sie so zu akzeptieren, wie sie sind. Denn wir übertragen unsere Unzufriedenheit mit uns selbst auf andere, machen sie für unsere Unzufriedenheit verantwortlich, nur um uns nicht mit dem unangenehmen Gefühl auseinanderzusetzen, das die fehlende Selbstakzeptanz in uns auslöst.

Die fehlende Liebe zu uns selbst tritt in so unterschiedlichen Formen in Erscheinung und hält uns davon ab, in unserer puren Essenz der Liebe unser Leben zu führen und gestalten zu können und führt zu so viel Schmerz. Wenn wir die Liebe zu uns selbst nicht empfinden können, sind wir oft sehr unzufrieden, zweifeln an allem, was wir tun. Dann fällt es uns schwer, Entscheidungen zu treffen, wir wünschen uns, anders zu sein und

orientieren uns an Menschen im Außen, kaufen materielle Dinge in der Hoffnung, in ihnen die innere Erfüllung zu finden, sind sehr darauf bedacht, an unserem äußeren Erscheinungsbild zu arbeiten, um »perfekt zu sein«, sind wahnsinnig streng mit uns und dem, was wir tun (Perfektionismus), und haben dennoch nie das Gefühl, gut genug zu sein. Wir streben danach, so zu sein wie andere, doch das werden wir niemals erreichen können, denn wir sind nicht die anderen, sondern eben wir selbst – mit all unseren Facetten, Erfahrungen und Eigenschaften.

WARUM DIE LIEBE EINES ANDEREN DEINE SELBSTLIEBE NICHT ERSETZEN KANN

Wenn wir die Liebe zu uns selbst nicht fühlen können, führen wir häufig Beziehungen in der Hoffnung, unser:e Partner:in wird uns die fehlende Liebe geben, oder wir bleiben aus der Überzeugung allein, nicht liebenswert zu sein und die Liebe eines anderen Menschen nicht verdient zu haben.

Und selbst, wenn wir ein:en uns liebende:n Partner:in gefunden haben, laufen Muster in unserem Kopf ab, die uns einreden, doch nicht liebenswert zu sein. Wir sind besonders eifersüchtig, reden uns ein, dass unser:e Partner:in vielleicht doch nicht der oder die Richtige für uns ist, fokussieren uns auf die Fehler unseres Gegenübers oder verhalten uns in irgendeiner Art so, dass wir unsere:n Partner:in mit unserem Verhalten vergraulen. Nur um unser tief in uns liegendes Gefühl zu bestätigen, dass wir es doch nicht wert sind und um uns zu bestätigen, dass wir ja scheinbar doch nicht geliebt werden können.

Hinter all diesen Erscheinungsbildern, die uns klein halten und uns nicht erlauben, uns selbst mit ganzem Herzen zu lieben und zu akzeptieren, sitzen häufig Erfahrungen, Verletzungen und Traumata aus der Vergangenheit oder Kindheit. Dinge, die andere über uns gesagt haben, die sie uns vorgelebt haben, oder Dinge, die wir uns selbst über uns und unsere Identität erzählt haben. All das prägt sich als Überzeugung in uns ein und erschafft ein Bild darüber, was wir denken, wer und wie wir sind und was für uns möglich ist in unserem Leben. Diese Muster prägen uns so sehr, dass wir alles tun, um sie immer wieder selbst zu bestätigen. Es sind Gewohnheiten, die unser Gehirn kennt und immer wieder reproduzieren möchte. Doch die gute Nachricht ist: Diese Muster können überschrieben werden und neu in unserem Gehirn angelegt werden, wie das Update eines Computerprogramms.

Sich selbst wahrhaftig zu lieben und anzunehmen, mit allem was ist, ist das Schönste, Wichtigste und zeitgleich oft unsere schwerste

Aufgabe im Leben. Mit der Liebe zu uns selbst kreieren wir unser eigenes Glück und unsere eigene Erfüllung und mit der Liebe zu uns selbst gestalten wir unsere Beziehungen im Außen. Wir dürfen uns immer wieder daran erinnern, dass wir genau richtig sind, so wie wir sind, mit allem, was wir mitbringen und dass wir hier sind, um unser ganzes Sein zu entfalten und strahlen zu lassen. Wir selbst tragen ein einzigartiges Geschenk in uns, das sich voll entfalten und zum Ausdruck gebracht werden möchte. Dieses kleine Samenkorn in uns steckt so voll wundervollem Potenzial und strahlender Kraft, wie wir es uns manchmal gar nicht vorstellen können!

SCHWÄCHEN ALS WACHSTUMSPOTENZIAL

Sich selbst zu lieben, bedeutet, dass wir uns nicht nur dann lieben, wenn wir etwas perfekt gemacht haben, uns im Außen alle bewundern, oder wir perfekt aussehen, sondern auch genau dann, wenn etwas nicht gut gelaufen ist und wir mit unseren eigenen »Schwächen« konfrontiert sind. Die Liebe zu uns selbst hat ihren Ursprung in der Selbstakzeptanz, dem bedingungslosen und liebevollen Akzeptieren und Annehmen von allem, was uns ausmacht. Das bedeutet nicht, dass wir uns alles schönreden und toll finden müssen, was wir für »Fehler« machen oder was nicht gut geklappt hat. Es bedeutet, dass wir nachsichtig und liebevoll mit uns sind, uns nicht abwerten und verurteilen. Ebenso, wie wir einen Herzensmenschen liebevoll in den Arm nehmen, nachdem ihm etwas Ärgerliches passiert ist, oder er unglücklich über sich selbst ist, ebenso mitfühlend und annehmend dürfen wir mit uns sein. All diese »Fehler« sind pures Potenzial zum Wachstum für uns. Wir können an ihnen erkennen, lernen und dadurch immer mehr in unsere wahre Größe und in unser ganzes leuchtendes Potenzial treten. Wie eine Blume entfalten wir unsere Blütenblätter mehr und mehr und zeigen uns in unserer ganzen Schönheit.

WELCHE GLAUBENSSÄTZE ÜBER DICH ÜBERSCHATTEN DEIN HERZ?

Und wenn du einmal tief in dich hineinspürst, findest du bestimmt auch diese tiefsitzenden Glaubenssätze über dich und deinen Wert. All diese limitierenden, negativen Überzeugungen, die wir so oft über uns haben, kannst du dir wie Schmutzklumpen vorstellen, die im Laufe deines Lebens an dein Herz geworfen wurden und es verdunkelt und verschlossen haben, sodass du deine eigene Liebe nicht mehr spüren kannst. Das Schöne ist, dass wir die Möglichkeit haben, diese Klumpen wieder abzuschütteln, uns von den Überzeugungen zu lösen und wieder in unser liebendes Herz zu kommen.

Wenn auch du dich so sehr danach sehnst, nach einer langen Zeit wieder in die innige Verbundenheit mit dir selbst zu kommen, oder du vielleicht das erste Mal in deinem Leben spürst, dass da noch etwas viel Leuchtenderes, Echteres in deinem Inneren auf dich wartet, dann ist dieses Kapitel für dich bestimmt. Auf dem Weg zu dir kannst du ganz wunderbar mit ein paar ganz besonderen Edelsteinen arbeiten. Sie werden dich dabei unterstützen, deine Liebe zu dir selbst wieder zu erkennen, und sie werden dich daran erinnern, dich selbst immer anzunehmen und zu akzeptieren mit all deinen wunderbaren Kostbarkeiten, die du mitbringst.

Um deinen strahlenden Kern zu sehen, ist es sehr wichtig, dass du dir bewusst machst, was du über dich selbst denkst und wie du dich selbst siehst. Denn erst, wenn du dir das Unterbewusste ins Bewusstsein geholt hast, erkennst du, was von diesem Bild über dich wirklich stimmt, und welche Überzeugungen, die gar nicht mehr zu deinem heutigen Ich passen, du loslassen darfst.

Stelle dir die folgenden Fragen und nimm dabei deinen Rosenquarz in die Hände, um dabei liebevoll in dein wahrhaftiges Herz hineinzuspüren. Dein Stein wird dich zu deiner Essenz führen und dir den Raum halten:

- Wie denke ich über mich selbst?
- Welches Bild habe ich von mir?
- Was sind meine tiefsten Überzeugungen über mich?
- Was sind meine Glaubenssätze?
- Woher kommen sie?

Diese Glaubenssätze können aus der Schulzeit stammen, wenn dein Lehrer dir beispielsweise immer gesagt hat, »Das kannst du nicht.«, oder deine Klassenkameraden dich nicht mitspielen ließen, weil du »uncool« warst, deine erste Liebe dich wegen eines anderen Menschen verlassen hat (»jemand anderes ist liebenswerter als du«). Oder sie sitzen noch tiefer und stammen von deinen Eltern, die dir nicht die Liebe geben konn-

ten, die du und dein kleines, offenes und verletzliches Kinderherz gebraucht hätten, und du deswegen aus dem Schmerz und der Angst heraus, wieder verletzt zu werden, zugemacht hast. Oder du hast die Überzeugung für dich mitgenommen, dass du es nicht wert bist, geliebt und umsorgt zu werden. Mir hat es in meiner Kindheit an nichts gemangelt, meine drei Geschwister und ich hatten alles, was wir uns wünschen konnten. Doch mein Vater wurde in seiner Kindheit wenig in den Arm genommen, hat eher Härte, anstatt liebevolle Fürsorge, erlebt. Aus diesen Verletzungen heraus ist eine Unfähigkeit entstanden, offen seine Liebe zu zeigen. Stattdessen hat er sie immer nur in Anerkennung für erbrachte Leistungen ausgedrückt.

Bei mir ist eine tiefe Überzeugung daraus entstanden, dass ich nur so richtig bin, wie ich bin, wenn ich viel leiste und Erfolg habe. Mein Vater hat sehr viel Sport getrieben und ist jedes Jahr Marathon mitgelaufen. Da mein Herz sich so sehr seine Liebe und Anerkennung gewünscht hat, eiferte ich ihm nach, ich machte entsprechend ebenso viel Sport, geißelte mich häufig selbst und ging über meine Grenzen hinaus, um seine Liebe zu bekommen.

Solche Erfahrungen formen unsere Glaubenssätze und lassen uns denken, dass wir nur liebenswert sind, wenn wir beispielsweise schlank, makellos, erfolgreich, sportlich, elegant, freiheitsliebend, sicherheitsliebend etc. sind. Je nachdem, was uns unsere Eltern, Lehrer:innen, Freund:innen oder andere Bezugspersonen als Bild eines liebenswerten Menschen vermittelt haben.

Viele Menschen, vielleicht auch du, sind in Familien aufgewachsen, in denen die Eltern ihren Kindern nicht die Liebe zeigen und geben konnten, die sie als kleine wundervolle und offene Wesen so sehr gebraucht hätten. Dann versuchen wir als Kinder alles zu tun, es unseren Eltern recht zu machen, um geliebt zu werden und verdrängen dadurch immer mehr unser wahres wunderschönes, liebenswertes Selbst und unsere Einzigartigkeit, die wir mitbringen und in Ehren halten sollten. Das Gefühl, das wir geliebt werden dürfen, dafür, dass wir einfach nur da sind. Ohne etwas Bestimmtes sein oder leisten zu müssen.

Wir tun Dinge, die wir im tiefsten Inneren gar nicht mögen, studieren Fächer, die uns gar nicht interessieren oder nehmen Jobs an, die uns nicht erfüllen. Und fallen so immer wieder in das Muster, es anderen recht machen zu wollen oder anderen zu gefallen. Und das Schlimmste ist: Wir haben so viel für andere getan, dass wir uns oft selbst nicht mehr fühlen und gar nicht genau wissen, wer wir eigentlich sind, was wir lieben und was wir aus unserem Herzen heraus tun wollen.

Wenn wir aber die Liebe und die Akzeptanz zu uns selbst von der Meinung anderer abhängig machen, sind wir immer Gefangene des Außen. Dann können andere Menschen dir Selbstvertrauen geben, aber eben auch wieder nehmen, wie zum Beispiel bei Enttäuschungen in der Partnerschaft. Dann spüren wir wieder deutlich dieses Loch, diese Leere in uns, die wir bisher nicht mit unserer eigenen Liebe füllen konnten.

Unser Selbstbild entsteht bereits in der frühen Kindheit, es wird am stärksten in den ersten drei Lebensjahren geformt, mit sieben Jahren ist es in den meisten Fällen abgeschlossen und verfestigt sich über die kommenden Jahre oder Jahrzehnte in uns, wenn wir nicht daran arbeiten, es immer wieder zu hinterfragen. Mit diesem Glauben über uns selbst beginnen wir dann genauso, zu uns selbst zu sprechen und uns immer wieder darin zu bestätigen, was wir denken, wie wir sind: »Was kann ich schon…«, »Was denken die anderen…«, »Ich kann das eh nicht…«, »Ich bin zu laut«, »Ich bin zu schusselig« … So gehen wir dann durch unser Leben, mit einem verschlossenen Herzen, mit manchmal den schlimmsten Annahmen über uns selbst und unsere eigentlich so wundervollen Fähigkeiten, limitieren uns selbst so sehr und halten uns klein. Wir hinterfragen diese Identität nicht mehr, wir glauben es, denn sie ist über all die vergangenen Jahre zu unserer Realität geworden. Diese Identität ist wie ein Mantel, den wir uns angezogen haben und nicht wissen, dass wir ihn wieder abgelegen können.

Lege den alten Mantel ab und gestalte dir deine neue Realität

Wir denken, wir sind kaputt und unfähig zu lieben und haben es auch nicht verdient, geliebt zu werden. Und doch sehnt sich unser wunderschönes Herz so sehr danach, zu lieben. Oft ist es ja so, dass wir uns auch sogar dafür schuldig fühlen und verantwortlich machen, dass wir bestimmte Dinge in unserem Leben erlebt haben und werten uns dafür ab. Wir haben die Überzeugung, dass wir ja selbst schuld sind, dass uns etwas widerfahren ist, weil wir ja nicht aufgepasst haben oder eben nicht gut genug waren.

Wir dürfen erkennen, dass wir nicht kaputt sind (wie wir es so oft denken), sondern dass es einen Weg für uns gibt, zurück zu unserem wunderschönen Kern zu kehren, der heil und strahlend ist, der sich an die Liebe erinnert.

Mache dir bewusst, was dein ICH BIN ist und hinterfrage dich immer wieder. Die Annahmen

über dich, die du vor vielen Jahren getroffen hast, sind vermutlich veraltet oder gehören gar nicht zu dir. Hinterfrage dich und deine Realität. Du kannst hier und heute neu wählen, wer du sein möchtest. Genau das bedeutet es für mich, meinen spirituellen Weg zu gehen und mich weiterzuentwickeln.

Auch neurologisch ist es bewiesen, dass unser Gehirn sich verändern kann, je nachdem mit welchen Gefühlen und Botschaften wir es füttern und nähren. Indem wir wieder in die Liebe und Achtung mit uns selbst kommen, können neue Verbindungen geschaffen werden.

Deine Edelsteine für mehr Selbstliebe und Selbstakzeptanz

Mondstein – Liebevolle Hingabe
Intuition, Yin-Energie, Natürlichkeit, Freude, Empathie
Amazonit – Pure Lebensfreude
Toleranz, Geduld, Leichtigkeit, Ausgeglichenheit, Lebensfreude
Rosenquarz – True Love
Liebe, Sensibilität, Harmonie, Aufgeschlossenheit
Chalcedon – Klare Worte
Authentizität, Ausgeglichenheit, Selbstvertrauen, Durchsetzungsvermögen, Rhetorik
Moosachat – Free yourself
Befreiung, Loslassen, Zuversicht, Inspiration

MONDSTEIN – Liebevolle Hingabe

Intuition, Yin-Energie, Natürlichkeit, Freude, Empathie

Der Mondstein ist der Stein für die Yin-Energie, für die Verbindung zu unserem wunderschönen leuchtenden Inneren. Er nimmt uns liebevoll an die Hand und weist uns den Weg nach Hause, zu uns selbst. Er verbindet dich mit deiner Intuition und lässt dich deine wunderbare weibliche und sanfte Seite in allen Farben umarmen. Er erinnert dich daran, alle deine Facetten zu erkennen, wertzuschätzen und zu zelebrieren.

Der Mondstein ist für viele Menschen der wichtigste Stein überhaupt. Denn die oft größte Herausforderung in der heutigen Gesellschaft ist es, aus dem Hamsterrad auszusteigen, sich bewusst Zeit für sich zu nehmen, in Verbindung mit sich zu gehen und diese zu hegen und zu pflegen.

In einer persönlichen Mala-Beratung vertraute mir eine Person traurig und verzweifelt an, dass

sie sich nichts mehr wünscht, als es zu schaffen, aus der Hektik ihres Lebens und all den To-do's im Außen auszusteigen und sich bewusst Zeit für sich zu nehmen. Zeit, die sie sich selbst schenkt, die sie auch mit sich selbst aushält und in der sie in die ganz bewusste Innenschau geht. Denn sie sagte mir, sie wüsste gar nicht mehr, wer sie überhaupt sei und was sie eigentlich möchte. Ein Ausdruck davon, wie sehr sie sich im Außen befindet, sich im Außen um ihre Familie, ihre Kinder und die Arbeit kümmert und für ihre Freunde da ist. Aber wo bleibt sie selbst mit ihren Bedürfnissen?

Mit dem Mondstein vereinbart sie täglich ein festes Ritual, ein Date mit sich selbst. Sie wird sich gemeinsam mit ihrer Mala etwas vornehmen, was kein Ziel hat, entsprechend kein »Resultat« hervorbringen wird. Denn es geht darum, einfach mal nur sein zu dürfen. Sie darf sich fragen, was sie im tiefsten Herzen mit Freude und Glück erfüllt und was sie sich, ganz fernab von allen Erwartungen im Außen, für sich wünscht. Der Mondstein ist dabei an ihrer Seite und erinnert sie jeden Tag liebevoll an ihr Date mit sich selbst und unterstützt sie, sich wohlwollend zu erforschen, um wieder zu ihrem Urzustand der Freude und des Einsseins mit sich selbst zu kommen. Es gibt keinen größeren Akt der Selbstliebe und Selbstfürsorge, den wir für uns tun können, als uns immer wieder Zeit für uns selbst zu nehmen, um uns mit uns selbst zu verbinden.

Auch für mich ist der Mondstein einer der wichtigsten Edelsteine, er ist fast täglich an meiner Seite. Und tatsächlich ist es der Stein, mit dem ich die meisten Mala- und Schmuckkreationen für meinem Shop gestaltet habe.

Er erinnert mich immer wieder daran, mich mit mir zu verbinden, meine Zufriedenheit nicht im Außen, sondern in mir selbst zu finden. Mir Zeit für mich zu nehmen, auf meine Bedürfnisse zu achten und ihnen Raum zu geben ist der größte Akt der Selbstliebe und Selbstfürsorge für mich.

AMAZONIT – Pure Lebensfreude

Toleranz, Geduld, Leichtigkeit, Ausgeglichenheit, Lebensfreude

Der Amazonit ist auch ein wichtiger Stein für die Selbstakzeptanz. Er hilft dir, deine strahlende Lebensfreude wiederzufinden. Er ist der Stein, der uns daran erinnert, uns mit Geduld und Toleranz zu begegnen. Er unterstützt uns, uns von Erwartungen, Druck und der (Selbst-)Kritik zu befreien,

um dadurch von der puren Leichtigkeit des Seins kosten zu können.

Der wunderbare Amazonit hat ebenfalls einen wichtigen Platz in der Mala meiner Klientin bekommen. Denn er unterstützt sie dabei, aus dem Modus des »Müssens« und des permanenten Drucks und der Erwartungen an sich selbst herauszukommen. Sie erzählte mir, wie schwer es ihr falle, mal etwas nicht zu 100 Prozent perfekt zu machen, etwas von ihrer Liste zu verschieben oder »Leerlauf« zu haben. Immer, wenn sie am Ende des Tages viel erledigt hat, kann sie sich selbst lieben und wertschätzen, aber immer dann, wenn etwas nicht perfekt gelaufen und sie in ihren Augen zu wenig geleistet hat, wertet sie sich ab, wird sehr hart gegen sich selbst. All das ist ein Ausdruck von fehlender Liebe zu uns selbst. Sich selbst zu lieben bedeutet, sich mit all seinen »Unzulänglichkeiten« zu lieben und zu akzeptieren und diese Liebe nicht an Dingen festzumachen, die wir geleistet haben. Der Amazonit erinnert sie daran, auch mal Fünfe gerade sein zu lassen, mehr im Moment und im Vertrauen zu sein, dass alles so passieren wird, wie es soll und auch mal, dass es genau gut so ist, wie es ist. Sich immer wieder zu fragen: Was ist es, das mich wirklich liebenswert macht. Sind es die Dinge, die ich leiste oder ist es mein Wesen, mit dem ich mich wohl- und leicht fühle? Womit möchte ich mein Leben füllen: Mit Leichtigkeit und Freude oder mit Strenge, Festigkeit und Abwertung?

Und auch für mich ist der Amazonit ein so wichtiger Edelstein. Wenn ich in Phasen meines Lebens nicht in der Liebe mit mir selbst bin, dann merke ich sofort, wie streng ich mit mir und allem, was ich tue, werde und versuche, mir über Leistung die Liebe zurückzubringen. Das ist es, was ich in meiner Kindheit gelernt habe und darüber darf ich mit dem Amazonit immer wieder reflektieren und erkennen und mich wieder in meinen Zustand der Leichtigkeit bringen.

Der Amazonit ist ein ganz wichtiger Stein, wenn es um die Selbstliebe geht. Er unterstützt uns liebevoll, geduldig und tolerant mit uns selbst zu sein, ob wir nun etwas schnell oder langsam, zu 100 Prozent oder nur zu 80 Prozent perfekt geschafft haben. Es geht darum, unser Leben und die Liebe zu genießen und unseren »Fehlern« mit einem spielerischen Lächeln zu begegnen. Wir dürfen mit dem Leben fließen – und wir dürfen vertrauen.

MONDSTEIN UND ROSENQUARZ

Die perfekte Selbstliebe-Kombination

Verbinde dich mit deinem Inneren, erkenne all deine Schönheit, öffne dein Herz und finde Mitgefühl für dich. Du bist wertvoll mit all deinen Facetten. Die Kombination aus dem sanften Rosenquarz und dem kraftvollen Mondstein hilft dir dabei, ganz bei dir zu sein und deine wunderbare Persönlichkeit zu entfalten.

ROSENQUARZ – True Love

Liebe, Sensibilität, Harmonie, Aufgeschlossenheit

Der Rosenquarz steht besonders für die Liebe und unser Herz, er berührt uns mit seinen ganz feinen Schwingungen an unserer Essenz. Er strahlt eine wunderschöne immer gleichbleibende Frequenz aus, die sich niemals verändert. Seine Botschaft an unser Herz und den tief in uns schlummernden, kleinen leuchtenden Samen lautet: »Ich gehe meinen Lebensweg aus Liebe zu mir selbst.« Es ist natürlich kein Satz, den er spricht, sondern eine Energie, ein Feld, das er ausstrahlt. Solange, bis dein leuchtender Kern von seinem Vertrauen, von seiner Liebe eingehüllt ist und sich traut, zu wachsen, größer und leuchtender zu werden und sich wieder zu zeigen.

Gemeinsam mit dem Rosenquarz dürfen die Wunden deines Herzens heilen und du wirst wieder ganz. Er erinnert dich immer wieder an deine Urfrequenz, an deinen Urzustand, den du bei deiner Geburt hattest. Es ist der Zustand der bedingungslosen Liebe zu dir und dem Leben. Er schenkt dir Vertrauen und Offenheit dir selbst gegenüber. Nimm dich selbst fest in den Arm und erlaube dir, dein Herz weit zu öffnen – besonders dir selbst gegenüber. Du darfst dir erlauben, dich selbst für alles, was du bist, und mit allen Kostbarkeiten, die du in dir trägst, zu zeigen und dich zu lieben.

Der Rosenquarz hält seinen Träger:innen den Raum, sich mit ihrem Herzen zu verbinden und immer wieder zu ihrer Urquelle der Liebe zurückzufinden, wenn sie einmal nicht für sie spürbar ist. Er erinnert sie daran, liebevoll, mitfühlend und ehrend mit sich selbst umzugehen. Wir sind so ein kostbares Geschenk!

CHALCEDON – Klare Worte

Authentizität, Ausgeglichenheit, Selbstvertrauen, Durchsetzungsvermögen, Rhetorik

Der Chalcedon ist der Sprecherstein und steht für die klaren Worte und unseren authentischen Ausdruck. Wenn wir die Liebe zu uns selbst nicht spüren können, fällt es uns häufig schwer, uns auszudrücken und unseren Mitmenschen wirklich mitzuteilen, was wir uns wünschen, was wir brauchen. Dann stellen wir unsere Bedürfnisse lieber hinten an, damit andere es gut haben und damit ihre Bedürfnisse erfüllt werden können, anstatt unsere eigenen. Das kann aus der Überzeugung heraus entstehen, nicht liebenswert oder gut genug zu sein, dass andere Menschen es mehr verdient haben als wir selbst oder unsere Bedürfnisse nicht wichtig sind. Wir denken, dass das, was wir zu sagen haben, nichts wert ist, dass es andere nicht hören wollen und es wahrscheinlich sowieso nur ein dummer Einfall ist und andere Menschen es viel besser wissen. Oder wir trauen uns nicht, zu sprechen, aus Angst, vom Außen abgewertet zu werden oder dass uns andere nicht mögen.

Auch wenn ich vieles für mich erkannt habe, ist es immer noch eine meiner größten Lernaufgaben, mutig für mich und meine Bedürfnisse einzustehen, indem ich klare Worte spreche. Besonders im Familienleben mit zwei kleinen Kindern fällt es mir oft schwer, mir Zeit für mich zu nehmen, mutig zu sagen, welche Bedürfnisse ich habe und sie einzufordern. Mein erster Impuls ist immer, es den anderen, in diesem Fall dem Rest der Familie, recht zu machen, zu schauen, dass es allen Menschen um mich herum gut geht und IHRE Bedürfnisse erfüllt sind – und erst danach komme ich (falls noch Zeit bleibt). Das führt oft zu Verdruss und zu einem inneren Vorwurf an andere, auch, wenn es ganz allein in meiner Verantwortung liegt. Deshalb ist der Chalcedon immer in erreichbarer Nähe, sodass ich ihn im Alltag schnell bei mir habe, um mich daran zu erinnern, klare Worte zu sprechen, mutig zu sein und mich ernst zu nehmen mit meinen Bedürfnissen.

Der Chalcedon ist für viele Menschen ein absoluter Selbstliebe- und Selbstfürsorgestein, denn mit ihm nehmen wir nicht nur die Liebe zu uns im Inneren wahr, sondern tragen unsere Bedürfnisse und Wünsche auch nach außen. Aus Liebe und Achtung zu uns Selbst nehmen wir uns ernst und folgen unseren Bedürfnissen.

MOOSACHAT – Free yourself

Befreiung, Loslassen, Zuversicht, Inspiration

Der Moosachat ist ein wunderbarer Stein, der uns beim Loslassen unterstützt. Er befreit uns von allem, was uns nicht mehr dient und hilft uns, die geistigen Ketten zu sprengen, die uns gefangen halten.

Kennst du es, wenn du dich mit Annahmen über dich selbst oder alten Glaubenssätzen über dich selbst abwertest und kleinhältst? Du fällst immer wieder in deine Muster zurück, um dir selbst zu beweisen, dass diese Annahmen über dich stimmen. So funktionieren wir Menschen, wir suchen immer und ständig nach Bestätigung, auch wenn es eine negative ist. Der Moosachat unterstützt dich dabei, diese Glaubenssätze liebevoll los- und gehen zu lassen.

So oft stecken wir in der Vergangenheit fest, kauen Erlebnisse immer wieder durch und geißeln uns für das, was wir getan oder gesagt haben. Ein erster Schritt zur Selbstliebe ist, anzunehmen, wer man ist und was bisher war. Wenn wir erkannt haben, was war, können wir akzeptieren und anerkennen, dass wir immer so gehandelt haben, wie es in dem Moment für uns möglich war. Und dann können wir uns verzeihen. Erst dann können wir diese Erlebnisse loslassen, sodass sie aufhören, ständig in unserem Kopf herumzuspuken. Vielleicht bist du aber auch an dem Punkt, andere für dein Unglück verantwortlich zu machen. Zum Beispiel deine Eltern, die dir nicht die Liebe geschenkt haben, die du gebraucht hättest. Oder deine Mitschüler:innen, die dich während der Schulzeit gehänselt und einen Mangel in dir ausgelöst haben. Mache dir bewusst, dass auch sie nur in ihren Möglichkeiten und wahrscheinlich aus ihrem eigenen Mangel, ihrer eigenen Unzufriedenheit und Verletztheit heraus gehandelt haben. Versuche, auch ihnen zu vergeben. Fange an, die Verantwortung für dich und deine Gefühle zu übernehmen.

Wenn du das Gefühl hast, dass es etwas in dir gibt, was du loslassen und dir oder anderen verzeihen möchtest, dann gehe zu Kapitel »Ich lasse los, was mir nicht mehr dient – Wegbegleiter und Rituale für innere Heilung, Vergebung und Neuanfang« und mache das wunderbare Ho'oponopono-Vergebungsritual.

Deine Edelsteinrituale für mehr Selbstliebe, Selbstakzeptanz und einen gestärkten Selbstwert

RITUAL
Dein Selbstliebe-Altar

Das brauchst du

- Rosenquarz
- Mondstein
- Amazonit
- Weitere Steine, die dir wichtig sind
- Fotos von dir aus deiner Vergangenheit, von Momenten der Freude, aber auch des Schmerzes
- Einen kleinen Spiegel
- Andere Gegenstände, Erinnerungsstücke
- Blumen, Deko-Gegenstände, Kerzen

Wer ist die wichtigste Person in deinem Leben? Die Person, mit der du die meiste Zeit verbringst: DU selbst. Denn du bist dein wunderbarer Anker im Leben und das darfst du wertschätzen. Für andere nehmen wir uns so viel Zeit und vergessen dabei oft uns selbst. Bedanke dich einmal bei dir und zeige dir, was für ein toller Mensch du bist: Nimm dir regelmäßig Zeit für dich und zelebriere deine wunderbare Persönlichkeit bei einem magischen Selbstliebe-Ritual mit deinen Begleitersteinen. Eines, bei dem du dich dir selbst widmest, dich wertschätzen lernst und dir Dankbarkeit für dein wunderbares Sein entgegenbringst. Ich zeige dir, wie es funktioniert und

welche Edelsteine dich ganz besonders dabei unterstützen können.

Nimm hier gern auch Gegenstände mit dazu, die dir etwas bedeuten und die dich an deine Ganzheit, deine Geschichte erinnern. Vielleicht hast du Bilder deiner Kindheit von Momenten, die mit Schmerz und Trauer verbunden sind. So würdigst, respektierst und ehrst du auch diese Erfahrungen und verurteilst dich nicht dafür, was passiert ist oder wie du dich gefühlt hast und nimmst sie liebevoll an. Suche aber auch Bilder aus, auf denen die Liebe und Verbundenheit zu dir selbst spürbar ist, auf denen du dir gut gefällst und dich schön findest.

Anleitung

Dein Altar kann ein kleines Tischchen sein, eine umgedrehte Kiste oder ein ausgebreitetes Tuch. Er kann so schlicht oder so aufwendig sein, wie es sich für dich richtig anfühlt, Hauptsache, dir gefällt er.

1. Schmücke deinen Altar mit Räucherwerk, Lieblingsblumen, Bildern, positiven Affirmationen oder Zitaten und natürlich deinen Wegbegleiter-Edelsteinen, die eine besondere Verbindung zu dir und deinem Herzen und zu unterschiedlichen Situationen und Momenten in deinem Leben haben. Alle Kristalle und Schmuckstücke sind wunderbar, die einen speziellen Wert für dich persönlich haben oder dich einfach besonders erfreuen.
2. Während du ihn schmückst, halte bei jeder Sache inne und tauche ein in das Gefühl zu dir, in die Dankbarkeit, in die Wertschätzung, in die Liebe dir gegenüber und all deinen wunderbaren Facetten. Mache dir all das bewusst, was du ganz besonders an dir liebst, was du vielleicht auch neu an dir entdecken kannst, was DICH ausmacht und verbinde es mit einem Stein oder einem Gegenstand.
3. Frage dich:
   - Welches sind meine besonderen, liebenswerten Eigenschaften?
   - Was sind meine besonderen Fähigkeiten und Talente?
   - Wofür machen mir andere Menschen Komplimente? Was mögen andere sehr an mir?
4. Nimm auch die Gegenstände, wie beispielsweise ein Bild von dir aus deiner Kindheit aus einer Situation oder Phase, in der du traurig und unglücklich warst und betrachte dich mit liebevollen, mitfühlenden und dankbaren Augen. Sage dem kleinen Kind, dass es alles so gut gemeistert hat, dass es gut durch diese schwere Zeit der Kindheit gegangen ist und dass du es siehst in seinem ganzen Schmerz und in seiner Trauer. Stelle dir gern weitere Bilder aus verschiedenen Lebensabschnitten auf und betrachte auch diese mit deinen liebenden, wohlwollenden Augen und sprich zu ihnen. Vielleicht hast du Bilder von einem wundervollen Ereignis, bei dem du

wertgeschätzt, gesehen und geliebt wurdest. Stelle auch dieses Bild hin.

5. Mache dir all diese leuchtenden Kostbarkeiten bewusst und auch all die negativen und schmerzhaften Erfahrungen, die du gemacht hast – nimm all das an. Lächle dir liebevoll zu, lege deine beiden Arme um dich herum, wiege dich sanft von rechts nach links und wertschätze und feiere dich in diesem Moment. Du bist wunderbar und ein kostbares Geschenk für diese Welt! Mache dir das unbedingt immer wieder bewusst.
6. Sprich laut oder leise für dich die Affirmation: »Ich bin geliebt, ich bin wunderbar, ich bin ein Geschenk für diese Welt«.
7. Nimm dir so viel wertvolle Zeit für dich, deinen Selbstliebe-Altar mit deinen Edelsteinen, wie du magst. Er erinnert dich daran, dir selbst Gutes zu tun und mehr Selbstliebe in dein Leben zu bringen.
8. Kehre immer wieder zurück zu deinem Altar, um dich hier bei einem Ritual mit dir, deinen Edelsteinen und der Liebe zu dir zu verbinden. Nimm gern immer wieder deine Gegenstände, Steine, Bilder in die Hand, und wende dich dir dadurch immer wieder liebevoll und wertschätzend zu. Ich empfehle dir, das Ritual mindestens dreimal pro Woche zu machen, so können sich deine neuen, positiven Gefühle über dich selbst in dir verankern.

RITUAL Herz-Meditation – Krieger:in der Liebe

Das brauchst du

- Rosenquarz
- Amazonit

Anleitung

1. Lege dich gemütlich hin, nimm deinen Rosenquarz in die linke Hand und deinen Amazonit in die rechte Hand und spüre in die Energien der Steine in deinen Händen hinein. Stelle dir ihre leuchtenden Farben vor, auch wenn du sie gerade nicht sehen kannst, wirken sie auf dich. Atme ganz ruhig und vertrauensvoll dabei ein und aus, schließe deine Augen.

2. Nimm noch einen tiefen Atemzug und spüre, wie du dich gerade selbst wahrnimmst, da wo du sitzt. Spüre zunächst in deinen Körper hinein: Wo fühlt er sich frei und leicht an, und wo kannst du Verspannungen oder Enge fühlen? Lege auf die Stelle, an der sich dein Körper besonders angespannt anfühlt, deinen Amazonit und atme in diese Stelle hinein. Lade mit jeder Einatmung Leichtigkeit ein und lasse mit jeder Ausatmung Schwere und Enge los. Der Amazonit unterstützt dich dabei, Verspannungen aufzulösen und eine tiefe und gleichmäßige Atmung zu integrieren. Dann spüre der Bewegung deines Atems nach, wie sich dein Brustkorb weitet und Platz schafft und wie du dich entspannst und loslässt, wenn du ausatmest. Mache dir bewusst, dass atmen leben bedeutet und dass Leben ein Ausdruck von höchster Liebe ist. Der Liebe von Vater Himmel und Mutter Erde, die zusammen die Schöpfung kreiert haben.
3. Lege deinen Rosenquarz auf dein Herzzentrum, die linke Hand liegt über ihm und darüber schützend deine Rechte.
4. Spüre in dich und in dein Herzzentrum hinein und mache dir bewusst, dass auch du ein Teil dieser Schöpfung und dieser Liebe bist, die Nahrung für alles ist, was wachsen und gedeihen möchte.
5. Lade in deine Meditation die Energie von Mutter Erde ein, die immer da ist und die dich immer begleitet. Sie kommt heute mit der Energie deines Rosenquarzes zu dir, dem Geschenk von Mutter Erde an dich. Sie erinnert dich daran, dass die Energie deines Herzens und der Liebe der wunderschönste und wertvollste Kompass ist, der dir deinen Lebensweg weist, auf dem du gehen und dich Schritt für Schritt entwickeln darfst zu dem, was du im tiefsten Inneren bist: eine strahlende, lichtvolle Sonne.
6. Spüre in deinen Rosenquarz hinein und danke ihm für seine Energie, in die er dich liebevoll einhüllt und dich hier und jetzt dabei unterstützt, die Verbindung zu deinem Herzen aufzunehmen.
7. Stelle dir vor, wie um dich herum ein wunderschönes, rosafarbenes Licht zu strahlen beginnt. Es strömt von deinem Rosenquarz über deinen linken Arm in deinen Körper hinein und von dort aus in jede Zelle deines Körpers. Diese lichtvolle, heilsame Energie fließt nun genau dorthin, wo sie in dir gebraucht wird. Alles, was nicht in der Liebe ist, löst sie auf und bringt sie in Bewegung und spüre hinein, wo genau besonders viel von dieser Energie gerade hinströmen möchte und erlaube es ihr, genau dorthin zu strömen, wo du Blockaden hast, die sich als körperlicher Schmerz, als Krankheit zeigen. Dort fließt sie hin und heilt, damit die Liebe wieder zurückfließen kann.

8. Mit jedem Einatmen lässt du rosafarbenes, heilsames Licht in dich und in dein ganzes Energiesystem hineinfließen, mit jedem Ausatmen entspannst du dich mehr.
9. Spüre den Rosenquarz in deiner Hand und sprich laut oder leise für dich: »Möge die Liebe sich ausbreiten und mich immer daran erinnern, dass ich ein geliebtes, wunderschönes Wesen bin«. Atme ein und aus, bedanke dich bei Mutter Erde und bei deinem Rosenquarz, danke dir selbst, dass du lernen darfst, alles, was in dir angelegt ist an Liebe, erkennen und leben zu dürfen.
10. Lege deinen Rosenquarz auf dein Herz, lege erst deine linke und dann deine rechte Hand über ihn und spüre in dein weites, weiches Herz hinein. Spüre die Kraft deines Herzens, die Energie, die leben, die strahlen, die leuchten will. Und sage hier zu dir selbst »Ich bin bereit, meinen Lebensweg aus Liebe zu mir selbst und zu meinem wunderschönen Leben zu gehen«.
11. Bedanke dich bei deinem Rosenquarz, dass er dich gehalten und getragen hat. Bedanke dich auch bei deinem Amazonit, dass er dir Leichtigkeit geschenkt hat.
12. Sitze noch, solange du magst, mit deinen Steinen und ihren Energien.

RITUAL
Abend-Ritual – All the feelings

Das brauchst du

- Rosenquarz

So selten wenden wir uns der Fülle in uns zu, sondern sehen immer eher das, was schlecht gelaufen ist und wo wir wieder einmal unzureichend waren. Deshalb ist es so schön und wertvoll, wenn wir uns jeden Abend einen bewussten Moment dafür nehmen, den Tag Revue passieren zu lassen und genau diese wunderschönen Momente des Tages in uns zu bewegen, ihnen eine große Bedeutung zu geben und sie wirklich zu fühlen.

So haben all die negativen Gedanken und Gefühle immer weniger Platz, sich in uns auszubreiten und die Liebe und Akzeptanz zu uns selbst zu überschatten.

Dieses Ritual kannst du am besten jeden Abend machen, aber auch gern immer zwischendurch im Alltag, indem du dir bewusst eine kurze Auszeit nur für dich nimmst.

Dabei ist es sehr wichtig, ganz bewusst zu atmen. Denn bewusst zu atmen, bedeutet nichts anderes als zu lieben. Das Kommen und Gehen des Atems ist die Grundschwingung des Lebens. Atmen verbindet und in dem Moment, indem du bewusst atmest, verbindest du dich mit deiner Vergangenheit, die vorbei ist. Jedes Einatmen ist eine Erinnerung an deinen ersten Atemzug nach deiner Geburt. So wie ein Seufzer, der ausdrückt, dass du bereit für dein wunderschönes Leben bist und laut und deutlich JA! sagst. Immer wenn du einatmest, erinnert sich dein System an diesen ersten kraftvollen Atemzug.

Das Letzte, was du im Leben tun wirst, ist auszuatmen und vertrauensvoll loszulassen. Deshalb sage auch in diesem Ritual bei jeder Einatmung innerlich JA! zu deinem wunderschönen Leben und der Liebe und bei jedem Ausatmen lässt du deine Vergangenheit in Frieden und Vertrauen los.

Immer wenn negative, limitierende und verurteilende Gefühle in dir aufkommen, wie »Ich kann das nicht.«, »Ich schaffe das nicht.«, »Ich bin dumm.«, »Niemand mag mich.«, »Ich bin allein.« usw., schiebe sie nicht weg, sondern nimm sie liebevoll in Empfang. Spüre genau, wie sie sich anfühlen. Diese Momente sind Herausforderungen und Tests deiner Selbstliebe. Du kannst dich entscheiden, ob du dich für die Annahme und das Hineinspüren entscheidest, oder ob du dich dagegen wendest.

Anleitung

1. Setze dich jeden Abend mit dem Rosenquarz an deinen Selbstliebeort/Altar. Nimm ihn in deine linke Hand, oder lege dich hin und lege deinen Stein auf dein Herzzentrum.
2. Schließe die Augen und verbinde dich mit deinem Rosenquarz und seiner rosafarbenen, warmen Energie.
3. Spüre in dich hinein und lasse deinen Tag Revue passieren:
   - Was war das Gute an meinem Tag?

- Wie bin ich heute mit mir selbst umgegangen?
- Welche Situationen gab es, in denen ich mir nahe und in einer intimen Beziehung mit mir selbst war?
- Was habe ich tatsächlich dazu beigetragen, dass ich mich wertschätzen, lieben und akzeptieren kann?
- Gab es Situationen, in denen ich Schuld, Scham, Selbstverurteilung gespürt habe?
- Wenn ja, wie bin ich damit umgegangen?

4. Wende dich besonders auch diesen Situationen zu und durchfühle sie. Spüre einmal, wie du es in Zukunft in diesen Situationen schaffen kannst, schneller aus den dich einengenden und selbstverurteilenden Gedanken hinauszutreten und die Liebe wieder fließen lassen kannst. Vielleicht nimmst du das nächste Mal einen Rosenquarz in deine Hand und verbindest dich mit seiner Herzensenergie, oder du trägst eine Rosenquarz-Mala um deinen Hals und am Herzen. Nimm dich selbst liebevoll in den Arm und bedanke dich bei dir selbst und bei deinem Rosenquarz, dass er dir den Raum gehalten und dich begleitet hat.
5. Notiere deine Erkenntnisse und Gefühle des Tages gern im Anschluss in dein Notizbuch/Journal und schaue immer mal wieder, wie sich deine Gefühle und Empfindungen dir gegenüber verändert haben.

RITUAL
Spieglein, Spieglein ...

Das brauchst du

- Mondstein
- Rosenquarz
- Einen Ganzkörperspiegel

Anleitung

Gestalte dir dieses wunderschönes Selbstliebe-Ritual mindestens 3x pro Woche, damit sich das Erfahrene in dein System integrieren kann. In dieser Zeit kann sich Neues etablieren, Altes kann ausgelöscht werden und an den Tagen, an denen du Pause machst, darf es sich setzen und verankern. Zelebriere dich heute wertschätzend und liebevoll, und ehre dich und deinen Körper.

1. Stelle dich vor deinen Spiegel und ziehe dich langsam und aufmerksam aus, bis du ganz nackt bist.
2. Dann nimm den Mondstein und den Rosenquarz in deine Hände und beginne, dich selbst zu betrachten, ganz liebevoll und ehrend.
3. Wandere mit deinen Augen über jeden Zentimeter deines Körpers, verweile gern, wenn du dieser Stelle mehr Aufmerksamkeit schenken möchtest oder du spürst, dass du es solltest.

4. Frage dich:
   - Wie gehe ich mit mir selbst um?
   - Mit welchem Blick betrachte ich mich und meinen Körper in diesem Moment?
   - Liebe und ehre ich mich und meinen Körper?
   - Wertschätze ich mich und meinen Körper?
5. Überlege, wie oft du dich mit einem abwertenden und kritischen Blick anschaust. Und dann schaue dich einmal bewusst mit wertschätzenden, liebenden und dankenden Augen an. Erinnere dich daran, was dein Körper alles gemeistert hat, was er alles für dich getan hat, was du auch alles schon mit ihm geschafft hast, wenn du zum Beispiel Kinder geboren, Krankheiten überwunden, sportliche Hochleistungen vollbracht hast. Was hat dein Körper bereits alles durchgestanden? Wie vielen Ansprüchen ist er schon gerecht geworden? Wie viele Anstrengungen hat er schon gemeistert? Wie viele Wunden geheilt? Natürlich hat das Spuren hinterlassen! Betrachte sie liebevoll, und mache dir bewusst, dass sie Zeugen von etwas Großartigem sind, was du und dein Körper geleistet haben. Dein Körper ist ein Wunder der Natur, es ist absolut magisch, wozu er in der Lage ist!
6. Sieh deinen wundervollen magischen Körper hier mit anderen, liebevollen Augen an, ehre ihn und bedanke dich bei ihm für seine großartigen Dienste, die er dir tagtäglich leistet.

RITUAL Affirmationen für dein offenes Herz

Für dein harmonisches Herzchakra möchte ich dir Affirmationen an die Hand geben, die du gut in die Arbeit mit deinem Wegbegleiter integrieren kannst.

Deine Affirmationen

- Ich öffne mein Herz, um Liebe zu geben und zu empfangen.
- Ich nehme mich selbst, so wie ich bin, liebevoll an.
- Ich gebe und empfange mit offenem Herzen.
- Ich bin in liebevoller Verbindung mit mir selbst.
- Ich handle aus Liebe und Mitgefühl.
- Ich liebe mich und meinen Körper bedingungslos.
- Ich liebe und werde geliebt.
- Ich bin es wert, geliebt zu werden.
- Ich bin offen für wahrhaftige Begegnungen.
- Ich erlaube mir, zu fühlen.

ERFAHRUNGSBERICHT: DANIELA BOCK

»WIE DIE EDELSTEINE MIR GEHOLFEN HABEN, ENDLICH MEINE WEIBLICHKEIT ZU FÜHLEN«

Schon seit vielen Jahren begleiten mich nun schon die Edelsteine. Meine ersten Steine waren der Rosenquarz und der schwarze Turmalin. Ich befand mich damals in einer Phase meines Lebens, in der es mir nicht so gut ging. Ich hatte starke Panikattacken, große Probleme mich selbst zu lieben und die Verbindung in und zu mir zu spüren. Die Edelsteine gaben mir zu dieser Zeit so viel Kraft. Ich spüre die besondere Verbindung zu Edelsteinen vor allem dadurch, dass sie warm werden, wenn ich sie in der Hand halte oder trage. Je nachdem, was ich gerade brauche, stelle ich mir vor, dass der Edelstein warm wird, weil er gerade Ängste, die in mir sind, aufnimmt oder, dass er warm wird, weil er mir gerade ganz viel Kraft und Liebe schenkt.

Meine Edelsteinsammlung wurde über die Jahre immer größer. Meine Freundinnen erfreuen sich bei jedem Besuch darüber, dass in jeder Ecke meiner Wohnung ein Edelstein ist.

Vor über einem Jahr begann eine sehr herausfordernde Zeit für mich. Ich hatte gerade eine Trennung hinter mir, musste mich, inklusive Umzug, noch mal komplett neu sortieren. Zudem erhielt ich die Diagnose »Lipödem«, die mir das Leben ziemlich erschwerte. Zu diesem Zeitpunkt befand ich mich noch in einem Job, von dem ich bereits seit Jahren wusste, dass er mich nicht erfüllte und im wahrsten Sinne krank machte. In dieser herausfordernden Zeit führte mich mein Weg zu Nora, ins wunderschöne Studio. Nachdem die Edelsteine mich schon einmal in einer schweren Lebensphase unterstützt haben, war für mich klar, dass ich mich nach »mehr« sehnte. Nach einem Wegbegleiter, der mein Anker in dieser Zeit werden sollte. Wir kreierten in einem wundervollen Beratungsgespräch meine erste Mala. Wir wählten die Edelsteine ganz speziell nach meinen Themen aus.

Der Achat sollte mein kleiner persönlicher Ganesha sein. Mein festes Fundament, die Stabilität, um wieder mehr Urvertrauen und Halt in mein Leben zu bringen. Der Mondstein sollte mich dabei unterstützen, meine Weiblichkeit mehr zu fühlen und zuzulassen. Meine Verbindung zu mir selbst wieder aufleben zu lassen, um wieder mehr im »Fluss« zu sein. Außerdem sollte der Mondstein mir Erleichterung bei meinem Lipödem schenken. Auf Höhe des Herzens bauten wir auf jeder Seite zwei Rosenquarz-Perlen ein, die mich an meine Selbstliebe erinnern und mein Herz öffnen sollten. Das Tigerauge im Nacken sollte mich dabei unterstützen, Mut zu haben, Entscheidungen zu treffen.

Nach dem Beratungsgespräch, aus dem ich meinen Wegbegleiter mitgenommen habe, hatte ich das Gefühl, wirklich meinen Anker bei mir zu haben, der mich optimal unterstützt. Ich meditierte zu dieser Zeit täglich mit meiner Mala und gab in jede Perle eine Affirmation mit hinein, die mich durch den Tag begleitete. Wenn es bei der Arbeit ganz schlimm wurde oder es mir generell schlecht ging, berührte ich meine Mala und erinnerte mich an meine Affirmation. Das gab mir unglaublich viel Kraft.

Meine Mala begleitete mich täglich und half mir, wieder in meine Kraft zu kommen. Ich spürte eine spirituelle

Verbundenheit zu den Edelsteinen, zum Universum und vor allem zu mir. Ich hatte eine so gute Zeit über mehrere Monate und lebte immer mehr mein wahres Ich. Ich fühlte mich, als sei ich auf der Überholspur. Alles wurde immer deutlicher. Ich spürte die Kraft in mir, meinen Job zu wechseln, wusste nur noch nicht genau, was ich beruflich genau machen wollte. Doch es zeigte sich immer deutlicher, so kam ich in eine Art »Flow«-Zustand. Nur eines blieb die ganze Zeit etwas auf der Strecke: meine Weiblichkeit, die Yin-Seite.

Mein Körper zeigte mir plötzlich drastisch, dass ich diese Seite zu lange ignoriert habe. Mein Leben hat sich von heute auf morgen radikal verändert: Ich erhielt die Diagnose Brustkrebs. Unter meiner linken Brustwarze wurde ein bösartiger Tumor entdeckt, der operativ entfernt und die Brust anschließend bestrahlt werden sollte. Diese Diagnose machte mit einem Mal für einen Moment alles zunichte, was ich mir die Monate zuvor aufgebaut hatte. Die Verbindung zu und in mir war erst einmal weg. Die ersten Tage verdrängte ich alles und entfloh der Realität, ich fuhr mit meinem Freund ans Meer. Nur meine Brust, die nach der Stanzbiopsie noch ganz lila und blau war, erinnerte mich jeden Tag wieder an die Situation. Kurz vor der Operation holte mich die Realität wieder ein. Ich bereitete mich mit Coaching, Osteopathie und Meditation vor. Erneut führte mich mein Weg ins Studio NAIONA, denn Nora hatte ein paar Edelsteine für mich herausgesucht, die mich auf meinem Weg unterstützen durften. Mit einem Bergkristall, Turmalin, Achat und Mondstein im Gepäck fühlte ich mich bestens ausgestattet für diese Reise.

Obwohl diese Diagnose im ersten Moment ein unbeschreiblich großer Schock war und mein Leben auf den Kopf stellte, begann ich auch schnell, zu sehen und zu verstehen, was für mich wirklich hinter dieser Diagnose steckte. In einem Coaching vor meiner Operation fragte ich meine Coachin, ob es normal ist, dass ich keine »Todesangst« habe. Dass der Brustkrebs für mich nicht der Endgegner, sondern eher ein Erwachen, eine Chance darstelle. Sie fragte mich daraufhin, was eigentlich »normal« sei. Eine Sache, eine Situation, eine Erkrankung habe die Bedeutung, die ich ihr selbst gebe. Also habe ich angefangen, anders hinzuschauen. Meine tiefe Verbundenheit zu Yoga und Reiki, meine Spiritualität, haben mir dabei enorm geholfen. Ich begann, die Themen dahinter zu erfragen. Genauer hinzusehen, was mein Körper mir sagen und zeigen wollte. Für mich war schnell klar, dass es kein Zufall war, dass der Tumor an der linken Brust wuchs. Die linke Seite ist die weibliche Seite, die Yin-Seite. Durch den Brustkrebs wurde mir deutlich aufgezeigt, dass ich mich nicht zu 100 Prozent selbst lebe. Dass ich noch zu sehr in der männlichen, in der Yang-Energie stecke. Ich hatte zu lange meinen eigenen individuellen weiblichen Weg vernachlässigt, ebenso meine Gefühle zur eigenen Weiblichkeit. Auch ein »Mutterthema« ging mit diesem sogenannten »Mammakarzinom« einher. Nicht etwa, dass es zwischen mir und meiner Mama Probleme in der Verbindung gab. Ganz im Gegenteil. Wir waren schon immer ganz besonders verbunden und sehr eng miteinander. Vielmehr ging es darum, dass ich meiner wundervollen starken Powermama noch viel mehr meine weiche und sensible Seite zeigen darf, ohne das Gefühl zu haben, ihr zur Last zu fallen.

Ich verstand diesen Weckruf immer mehr und begann, mein Leben zu verändern. Ich lebe meine Weiblichkeit inzwischen mehr aus, teile den Menschen in meinem Leben mit, wenn es mir nicht gut geht oder ich eine Pause brauche. Ich kommuniziere ganz anders mit meiner Familie, mit meinen Freundinnen und meinem Freund. Ich lasse meine sensible und weiche Seite zu. Ich lebe seit dieser Diagnose noch mehr im Hier und Jetzt und erfreue mich an den kleinen wunderschönen Dingen, jeden Tag. Ich höre noch viel deutlicher auf die Signale meines Körpers. Ich habe in meiner Genesungsphase meinen Job gekündigt und könnte nicht glücklicher sein, nun Teil des NAIONA-Teams zu sein. Ich darf zweimal in der Woche Yoga unterrichten und dadurch Frauen und auch Männer unterstützen, mehr Verbindung zu ihrer Weiblichkeit zu bekommen. In meinen Reiki-Behandlungen halte ich für Klient:innen den Raum, auf Chakrenebene loszulassen und wieder mehr ins Gleichgewicht zu kommen. Ich lebe mein Leben nach meinen Werten und bin glücklich darüber, die Operation und die Bestrahlung so gut hinter mich gebracht zu haben. Gesundheitlich geht es mir inzwischen richtig gut. Meine Brust verheilt gut, auch mein Lipödem bereitet mit heute kaum noch Probleme. Offiziell gilt man erst nach 5 Jahren als geheilt und krebsfrei. Ich fühle mich jedoch bereits heute – ein Jahr später – gesund und geheilt. Denn ich weiß, dass ich weiterhin so achtsam mit mir und meinem Körper umgehen werde. Die Symptome in meiner Brust hatte ich vor der Diagnose schon etwas länger beobachtet, doch zur Frauenärztin ging ich erst später. Heute bin ich mir sicher, dass ich zum richtigen Zeitpunkt Klarheit in das Ganze gebracht habe. Als ich spirituell und psychisch bereit dafür war, die Themen, die dahinterstehen, zu sehen, zu verstehen und anzugehen.

MEIN TÄGLICHER BEGLEITER SEIT DER DIAGNOSE IST DER MONDSTEIN. Er darf mich immer wieder daran erinnern, die wundervolle Weiblichkeit in mir zu fühlen, verbunden zu bleiben und mich der Welt so zu zeigen, wie ich bin. Mit allem, was dazugehört. Meiner wunderbaren sensiblen, feinfühligen Seite aber auch der starken, mutigen Seite, die mir dabei hilft, jede Herausforderung in meinem Leben anzugehen und zu meistern.

Daniela Bock ist Yogalehrerin mit dem Fokus auf sanften Slow Flows und Yin-Yoga, sie gibt Reiki-Behandlungen und ist ayurvedische Ernährungsberaterin. Seit einiger Zeit unterstützt sie mich im STUDIO NAIONA, knüpft mit Herzblut Malas und fertigt mit viel Liebe Schmuckschätze an.

Ich fließe mit dem Leben – Wegbegleiter & Rituale für Yin-Energie, Sexualität, Genuss und Freude

Im Einklang mit unserer Weiblichkeit und Männlichkeit leben

Alles in unserem Leben besteht aus Polaritäten und zwei Seiten, die wir als wunderbare Kräfte sowohl tief in uns selbst als auch im Außen wahrnehmen können: Es gibt die Helligkeit und Dunkelheit, den Tag und die Nacht, die Geburt und den Tod, das Gute und Schlechte, die Weiblichkeit und Männlichkeit, das Einatmen und Ausatmen, die Wärme und die Kälte. Natürlich gibt es noch viele weitere Beispiele. Und obwohl diese Polaritäten als Gesetzmäßigkeiten einander gegenüberstehen, bilden sie eine kraftvolle Einheit, der wir uns bewusst werden dürfen.

In jedem Menschen schlummern unabhängig vom Geschlecht die wunderbaren Kräfte von Yin und Yang, der »weiblichen« und »männlichen« Energie. Die Philosophie von Yin und Yang kommt aus der traditionellen chinesischen Medizin (TCM) und hat eine lange Tradition. Yin steht für die passive, nach innen gerichtete Energie und verkörpert das, was in unserer Gesellschaft als eher »weiblich« konnotiert wird. Yang ist hingegen eine aktive, impulsgebende Energie und wird traditionell als »männlich« bezeichnet. Wir können uns diese beiden in uns

wohnenden Kräfte als Einheit und innere Ehe vorstellen, die zwar einander entgegengesetzt wirken, sich dennoch ergänzen und nach tiefer Verbundenheit und Balance miteinander streben.

Yin-Kraft steht für	Yang-Kraft steht für
Weiblichkeit	Männlichkeit
Schöpferkraft	Vernunft
Mitgefühl	Klarheit
Intuition	Struktur
Urvertrauen	Kontrolle
Fühlen	Führung
Entspannen	Disziplin
Hingabe	Handeln
Loslassen	Entscheiden
Empfangen & Genießen	Umsetzen
Kreativität	Grenzen setzen
Ekstase	Präsenz
Flow	Raum halten
Heilen	Unterstützen

Es ist unglaublich wichtig, diese beiden in uns schlummernden Kräfte in Balance zu bringen, damit wir auf körperlicher, emotionaler und energetischer Ebene ein zufriedenes, gesundes und erfülltes Leben führen können. Erst durch diese wunderbare Einheit können wir unsere wahrhaftige Kraft und unser volles Potenzial entfalten und auch erfüllte Beziehungen mit uns selbst und anderen führen. Unsere innere Ehe von Yin und Yang ist die höchste Form der Selbstverwirklichung.

Doch manchmal passiert es, dass wir unabhängig von unserem Geschlecht eine der beiden Energien zu stark verkörpern und der anderen Seite kaum Aufmerksamkeit schenken, wodurch unser gesamtes System und unser Leben in ein Ungleichgewicht kommt. Du kannst dir eine Waage vorstellen, die durch zu viel Gewicht auf einer Seite nach unten gezogen wird. Dieses Ungleichgewicht kann sich sehr schnell auf unser emotionales und körperliches Wohlbefinden auswirken und ist oft die Ursache für viele Probleme unserer körperlichen und mentalen Gesundheit, unseren zwischenmenschlichen Beziehungen und unserem Job.

Es ist deswegen so wichtig, dass wir uns bewusst werden, welche energetischen Anteile und Qualitäten unserer maskulinen und femininen Seite gerade in unserem Leben die Oberhand haben und welche dieser Anteile wir aus einer Verletzung heraus verkörpern und vielleicht noch nicht integriert haben. Denn genauso wie das Licht, gibt es auch die Dunkelheit und somit auch die Schattenaspekte des Femininen und Maskulinen, die wir wahrnehmen und uns eingestehen dürfen, damit wir sie heilen, integrieren und transformieren können.

Vielleicht erkennst du dich in einigen dieser Anteile wieder und das ist völlig okay. Wir dürfen nicht vergessen, dass wir Menschen sind und zu unserer Menschlichkeit auch immer die Schatten des Lebens gehören. Es ist deswegen so wichtig

Schattenaspekte der Weiblichkeit	Schattenaspekte der Männlichkeit
Emotionale Abhängigkeit	Machtmissbrauch
Projizieren	Kontrollieren
Opfermodus	Vergleichen
Selbstsabotage	Konkurrenzdenken
Verlustangst	Versagensangst
Selbstzweifel	Grenzen überschreiten
Klein halten	Gewalt
Schuldgefühle	Egoismus
Schamgefühle	Recht haben wollen
Antriebslosigkeit	Ausnutzen
Bedürftigkeit	Distanzieren
Verlust der Authentizität	Mobben
Liebe im Außen suchen	Unentschlossenheit

und heilsam, sich die Schattenanteile ehrlich einzugestehen, sie nicht zu verdrängen und sich dafür nicht zu verurteilen. Denn erst durch die liebevolle Annahme und Vergebung können wir unsere Schatten integrieren und transformieren, um somit wieder in ein Gleichgewicht und die Verkörperung unserer »gesunden« Yin- und Yang-Anteile zu kommen.

Nimm dir gerne ein Notizbuch/Journal zur Hand und stelle dir folgende Fragen:

- Fällt es mir leichter meine weiblichen oder männlichen Anteile zu leben?
- Welche Yin- und Yang-Anteile lebe ich aus dem Schatten und der Verletzung heraus?
- Durch welche Erfahrungen und Glaubenssätze habe ich gelernt, das Weibliche oder das Männliche in mir abzulehnen?
- Wie zeigt sich meine verletzte männliche oder weibliche Energie auf körperlicher Ebene (vielleicht durch Krankheit, körperlichen oder seelischen Schmerz)?
- In welchen Bereichen meines Lebens wünsche ich mir mehr Yin oder mehr Yang (Partnerschaft, Familie, Freundschaft, Beruf, Sexualität, Gesundheit etc.)?
- Was kann ich konkret tun und was würde mir helfen, um wieder mehr in meiner Yin- oder Yang-Kraft zu sein?

Oft entsteht ein Ungleichgewicht aufgrund frühkindlicher Erfahrungen und Prägungen durch die Menschen, die uns in unserer Kindheit nahe standen (Eltern, Verwandte, Freunde, Erzieher:innen etc.). Dann treten auch die Schattenanteile unserer beiden Energien hervor, alte Verletzungen und Traumata brechen sich Bahn, auch weil wir in gesellschaftlichen und sozialen Strukturen aufwachsen, die uns aufzeigen und vorleben, dass bestimmte Qualitäten keinen Platz für uns haben.

Vielleicht haben uns unsere Mutter oder unser Vater Eigenschaften vorgelebt, die wir tief in uns ablehnen, sodass wir bestimmte Glaubenssätze und Muster entwickelt haben, die den Ausdruck unserer weiblichen und männlichen Qualitäten stark beeinflussen und prägen. Indem wir aber lernen, ehrlich hinzuschauen und uns selbst und unseren Eltern zu vergeben, können wir alte Glaubenssätze loslassen und ein neues Bewusstsein dafür schaffen, dass wir sowohl die Yin- als auch die Yang-Anteile in uns liebevoll annehmen und wieder in ein Gleichgewicht bringen dürfen.

Vorherrschende Yang-Energie und toxische Männlichkeit

Leider herrschen in unserer Gesellschaft immer noch klare Wertvorstellungen, Rollenbilder und Glaubenssätze darüber, was für Frauen und Män-

ner typisch ist und wie Weiblichkeit und Männlichkeit zum Ausdruck gebracht werden sollen.

- »Frauen sollen weich sein, Männer hingegen hart.«
- »Männer dürfen keine Gefühle zeigen und auch nicht weinen.«
- »Männer müssen stark sein und ihren Mann stehen.«
- »Indianer kennen keinen Schmerz.«

Das sind nur wenige Beispiele von Glaubenssätzen über Männlichkeit, die aber sehr deutlich machen, wie unsere Geschlechteridentitäten und Rollenbilder gesellschaftlich geprägt werden. Und diese Glaubenssätze sind so vorherrschend, dass sich viele Männer nicht erlauben, ihre weiche, empathische und verletzliche Seite zu zeigen und sich mit ihrer Gefühlswelt oder Spiritualität zu verbinden. Während von Frauen immer mehr erwartet wird, im hektischen, yang-lastigen Alltag volle Leistung zu erbringen und dem permanenten Druck Stand zu halten, wird kaum ein Mann dazu ermutigt, seine weiche Seite zu leben.

Für viele Männer ist der Erwartungsdruck oftmals sehr groß, dem stereotypen Männlichkeitsbild entsprechen zu müssen, das heißt den starken Mann zu spielen, der keine Gefühle zeigen darf. Das führt dazu, dass Männer zu stark in ihrer (verletzten) Yang-Energie sind und ein deutliches Ungleichgewicht ihrer femininen und maskulinen Qualitäten entsteht. Wenn diese verletzten Yang-Anteile über eine lange Zeit zu stark gelebt werden, können unbewusst gefährliche Verhaltensweisen toxischer Männlichkeit entstehen, die sich in Form von aggressivem, unterdrückendem und gewaltvollem Verhalten zeigen.

Damit einher geht die lähmende Angst vieler Männer, als schwach angesehen zu werden, wenn sie ihre Verletzlichkeit, Sensibilität und Weichheit zum Ausdruck bringen. Lieber unterdrücken oder verdrängen sie ihre Gefühle. Doch das nicht Ausleben der Yin-Qualitäten führt dann oft zu körperlichen und emotionalen, gesundheitlichen Problemen und auch zu Schwierigkeiten innerhalb der Beziehungen. Es geht nicht darum, dass Männer in irgendeiner Form »weiblicher« werden müssen, sondern dass sie menschlicher werden dürfen. Denn Männer sind keine Maschinen, die immer nur stark sein und funktionieren müssen. Es geht darum, dass auch Männer sich weich und verletzlich zeigen und ihre Yin-Energie zulassen. Sie dürfen Verantwortung abgeben, sanft sein und aufhören zu kämpfen – mit sich selbst und mit anderen. Und sie haben es verdient, der leisen Stimme ihrer Gefühle endlich Gehör zu verschaffen, Frieden und vielleicht sogar Freundschaft mit der Stimme zu schließen und ihre Gefühle in die Welt hinauszutragen. Denn völlig unabhängig von unserem

Geschlecht gehören alle Gefühle, die wir empfinden, zu uns Menschen. Und erst, wenn wir die volle Bandbreite an Gefühlen erleben können, können wir auch die Ganzheit unserer Menschlichkeit erfahren.

Und genau dabei können uns Wegbegleitersteine wunderbar unterstützen, uns mit unseren Gefühlen wieder zu verbinden und Akzeptanz und Halt zu finden, wenn wir uns von ihnen überrannt oder beherrscht fühlen. Sie schenken uns Geborgenheit, wenn wir sie am meisten brauchen. Sie sind immer für uns da. Und sie können dabei helfen, innere Blockaden oder tiefsitzende Glaubenssätze über Männlichkeit und Weiblichkeit, die sich meist über Jahre gefestigt haben, aufzulösen. Aus diesem Grund habe ich auch Malas speziell für Männer kreiert. Sie sind wunderbare, starke Begleiter, mit denen sich Männer gut identifizieren können. So können sie einen Fuß durch das Tor in die Welt der Edelsteine und Gefühle setzen und sich langsam, tiefer mit ihnen verbinden.

Ich wünsche mir, dass die Männer-Malas und die Kraft der Edelsteine in Zukunft noch viel mehr Männer dabei unterstützen und ermutigen kann, den natürlichen Zugang zu ihren Gefühlen wieder zu entdecken und ihre Yin-Energie in all ihren einzigartigen Facetten zu leben.

Unterdrückte Weiblichkeit, Lust, Intimität und Sexualität

So wie die Männer die weiblichen Anteile in sich unterdrücken, unterdrücken auch viele Frauen ihre Weiblichkeit in unserer Yang-dominierten Welt, dann wollen sie ständig funktionieren. Das ist das, was die Gesellschaft uns vorgibt und erwartet. Mittlerweile ist es normal und finanziell oft sogar notwendig, dass Frauen neben der Erziehung der Kinder auch noch in einem Vollzeitjob arbeiten. Schwäche darf oder kann nur noch selten gezeigt werden und Zeit, die eigenen weiblichen Anteile zu leben, das heißt, zu entspannen, zu empfangen oder zu fühlen, bleibt oft auf der Strecke.

Natürlich habe ich absolut nichts dagegen, dass Frauen arbeiten. Ich selbst habe ja mein eigenes Business, ich möchte hier nur aufzeigen, dass wir in diesem Alltag oftmals nicht mehr in unsere Weiblichkeit finden und diese mit den vorherrschenden männlichen Energien unterdrücken. Im anstrengenden, Yang-lastigen Alltag, fällt es vielen Frauen schwer, ihre Lust zu spüren oder sich den Raum zu schenken, sich bewusst mit ihrer Lust und Sexualität zu verbinden. Zudem verbieten wir uns oft selbst, Freude und Genuss zu empfinden. »Erst die Arbeit, dann das Vergnügen«, ist ein

bekanntes Sprichwort. Doch wenn wir ständig kontrollieren, immer leisten, bleibt oft wenig Zeit, sich der Freude und dem Genuss hinzugeben, denn zu tun ist ja irgendwie immer etwas.

Wenn wir über einen längeren Zeitraum zu stark in unserer Yang-Energie sind, passiert es schnell, dass wir in der Rolle der Gebenden verharren und nicht mehr auf unsere eigenen Bedürfnisse und Wünsche achten. Oft fällt es uns dann unglaublich schwer, die Kontrolle loszulassen und der eigenen Lust und Sinnlichkeit mit Hingabe zu begegnen.

Wir Frauen haben so oft das Gefühl, die Kontrolle übernehmen zu müssen. Wir arbeiten, kümmern uns um die Kinder, schmeißen nebenbei noch den Haushalt, organisieren die Familie oder die Beziehung. Das Bild, sich um alles kümmern zu müssen und für das Familienleben verantwortlich zu sein, steckt tief ins uns und wurde über Generationen weitergegeben. Auch wenn das heutige Rollenverständnis aufgebrochen und moderner wird und viele Männer sich mittlerweile auch ebenso im Haushalt und bei der Kindererziehung einbringen, leben diese Glaubenssätze noch immer in uns. Wir Frauen versuchen immer wieder, die Kontrolle zu übernehmen und uns die Verantwortung aufzubürden. Das überträgt sich oft auch auf unsere Sexualität und Partnerschaft.

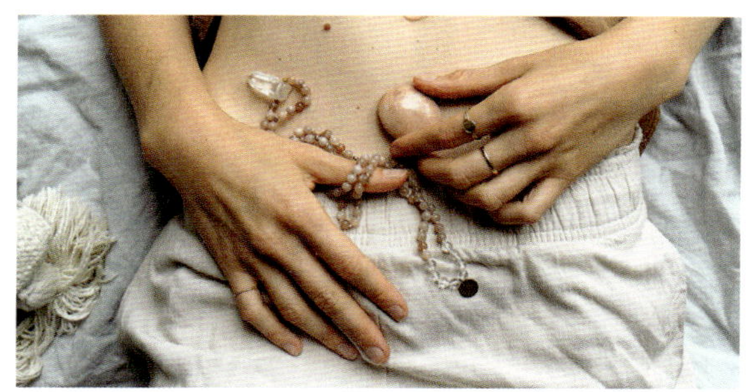

Denn unsere Yin-Energie ist genau diejenige, die wahrhaftig genießt und empfängt. Wir dürfen uns also erlauben, die Yin-Kraft in uns zu erwecken und unsere Sinnlichkeit in all ihren Facetten auszuleben. Wenn wir den Yin-Pol in uns stärken, strahlen wir wieder eine magnetische Anziehung auf unseren Partner aus. Du kannst dir das anhand eines Magneten vorstellen: Yin (–) und Yang (+) ziehen sich in ihren Polaritäten an. Wenn zwei Partner unabhängig von ihrem Geschlecht zu stark in der gleichen Yang-Energie sind, dann werden sie einander energetisch abstoßen. Das bedeutet, dass wir erst einmal wieder mehr in unsere Yin-Energie eintauchen dürfen und ein Gleichgewicht unserer beiden Kräfte herstellen müssen, damit wir auch im Außen die passende Kraft anziehen können.

Oft erwarten wir auch von unserem Gegenüber, dass wir sexuelle Erfüllung bekommen und machen unsere:n Partner:in dafür verantwortlich, ob wir selbst Lust empfinden. Wenn unsere Erwartungen von unserem Gegenüber jedoch nicht erfüllt werden, fühlen wir uns schnell frustriert, ungeliebt, zurückgewiesen und in unserem Selbstwert gekränkt. Doch wir dürfen lernen, für unsere eigene Lust Verantwortung zu übernehmen und sie unabhängig von unserem/unserer Partner:in auszuleben. Denn wenn wir erst in unsere Selbstermächtigung kommen und unsere Bedürfnisse nicht mehr an das Außen koppeln, werden wir auch mehr Selbstliebe und Erfüllung in uns selbst spüren. Wir stärken auf diese Weise unsere innere Ehe des Femininen und Maskulinen. Wir aktivieren selbstbestimmt unser inneres Yang, das sicher Raum hält, damit sich unser Yin in ihrer Lust hingeben und fallen lassen kann. Das Schöne ist, dass wir auf diese Weise auch im Außen und in unserer Beziehung eine deutliche Veränderung wahrnehmen können, da sich die energetischen Pole wieder anziehen.

Oft verspüren auch wir Frauen den Druck, immer funktionieren und alles im Griff haben zu müssen. Gerade im Alltag haben wir so hohe Erwartungen an uns selbst und große Angst davor, die Kontrolle einfach mal abzugeben. Dies blockiert jedoch unseren natürlichen femininen Flow und lässt uns gar nicht in unsere Weiblichkeit eintauchen.

Dazu kommt, dass in der Gesellschaft ein absurdes Bild von Sexualität verbreitet ist, in der der Frauenkörper sexualisiert wird. In Filmen, den Sozialen Netzwerken und Pornografie herrscht das Bild, dass Frauen immer Lust verspüren, immer bereit sind und immer zu funktionieren haben. All das kann uns und unsere Sexualität blockieren.

Die Natur und unser weiblicher Zyklus haben es nicht für uns vorgesehen, immer gleich funktionieren und leisten zu können – sowohl in Sachen Sexualität als auch im Alltag –, da wir als zyklische Wesen nicht immer die gleiche Energie und Kraft zur Verfügung haben. Um in unserer gesunden weiblichen Yin-Energie zu sein, dürfen wir erst einmal lernen und uns daran erinnern, wieder im Einklang mit unserem weiblichen Zyklus zu leben und uns genau die Zeit und Fürsorge zu schenken, die unserer Seele und unserem Körper guttut.

Deine Edelsteine für Genuss, Sexualität und Weiblichkeit

Mondstein – Liebevolle Hingabe
Intuition, Yin-Energie, Natürlichkeit, Freude, Empathie

Jaspis – Super Power
Energie, Mut, Willenskraft, Harmonie, Zufriedenheit

Citrin – Shine your Light
Lebensfreude, Offenheit, Entschlossenheit, Ausdruckskraft, Dankbarkeit

Moosachat – Free yourself
Befreiung, Loslassen, Zuversicht, Inspiration

DER MONDSTEIN – Liebevolle Hingabe

Intuition, Yin-Energie, Natürlichkeit, Freude, Empathie

Der Mondstein unterstützt uns dabei, uns mit unserem Inneren zu verbinden und wieder in unsere Yin-Energie und ins wahrhaftige Fühlen zu kommen. Oftmals sind wir mit unserer Aufmerksamkeit so abgelenkt von äußerlichen Einflüssen, dass wir unsere innere Gefühlswelt nicht mehr bewusst wahrnehmen und regelrecht abgeschnitten von unseren körperlichen und emotionalen Empfindungen sind. Der Mondstein ist ein wunderbarer Unterstützer, unseren Körper und seine Anzeichen wieder wahrzunehmen. Vor allem hilft er uns dabei, ein energetisches Ungleichgewicht zwischen unseren Yin- und Yang-Anteilen auszubalancieren. Wir können den Mondstein nutzen, um uns jeden Tag bewusst mit unserem Körper und unserer inneren Gefühlswelt zu verbinden und uns immer wieder die Fragen zu stellen: »Wie geht es mir heute eigentlich? Was fühle ich? Was brauche ich?« Auf diese Weise können wir wieder zu uns »nach Hause kommen« und die Verbindung zu uns selbst wiederfinden.

Der Mondstein ist der Stein für unsere Weiblichkeit. Er hilft uns dabei, anzunehmen, was ist und zu empfangen. Er steht auch für unsere schöpferische Natur, unseren Genuss, unsere Lebensfreude und Sexualität. Er ist der Begleiter-Stein für unser Sakralchakra, welches das Zentrum unserer Leidenschaft, Sexualität, Kreativität und Schöpferkraft ist.

Der Mondstein ist als Stein des Neuanfangs bekannt. Er erinnert uns daran, dass alles vergänglich und immer im Wandel ist. Somit verdeutlicht er vor allem uns Frauen, dass wir die zyklische Natur unserer inneren Jahreszeiten annehmen dürfen und uns nicht vor dem Umblättern der neuen Seite und dem potenziellen Beginn neuer Kapitel fürchten brauchen. Anstatt in Überwältigung zu versinken und Angst vor Veränderung zu haben, hilft der Mondstein durch seine natürlichen Heilkräfte den Wandel und die Veränderung unseres Körpers und unserer Emotionen liebevoll anzunehmen.

Er kann uns zum Beispiel helfen, unseren Hormonzyklus zu regulieren. Wenn wir durch die hormonellen Veränderungen innerhalb unseres Zyklus oder unseres Lebens verschiedene Energielevel und Symptome, wie Stimmungsschwankungen und Menstruationsbeschwerden haben, kann der

Mondstein wunderbar helfen, unseren Hormonhaushalt wieder auszubalancieren. Wir fühlen uns dann von unseren Emotionen nicht mehr so überwältigt und können auch eine Linderung unserer Menstruationsschmerzen wahrnehmen.

Auch beim Thema Kinderwunsch kann der Mondstein unterstützend wirken. Natürlich gibt es so viele und vor allem auch medizinische Gründe, warum Frauen Schwierigkeiten haben, schwanger zu werden. Der Mondstein ist aus diesem Grund kein Allheilmittel, dennoch kann er unterstützend wirken, da er uns mit unserer inneren Gefühlswelt und unserem Körper verbindet. Er lässt uns wirklich wahrnehmen und fühlen, was wir brauchen, um innerlich Ruhe und Balance zu finden, damit wir uns bereit fühlen, ein kleines Wunder auf dieser Erde zu empfangen, das sich wohl und geborgen in uns fühlen kann. Der Mondstein bringt uns in einen tieferen Kontakt mit unserem Körper und unseren Emotionen, sodass wir auf einmal körperlich und emotional Dinge wahrnehmen, die uns vorher verborgen waren.

Wenn du einen Mondstein besitzt, ist dir bestimmt auch sein wunderschöner schimmernder Glanz aufgefallen. Früher glaubten die Römer und Römerinnen, dass der perlmuttartige Glanz des Mondsteins ein Splitter des echten, starken Mondlichts sei. Die Römer glaubten, dass das Erscheinungsbild des Mondsteins sich mit den einzelnen Mondphasen verändere. Auch in Indien hat der Mondstein eine lange Geschichte und wird als Mittel zur Erlangung göttlicher Weisheit und hellseherischer Fähigkeiten genutzt. Er gilt dort als heiliger Stein und trägt den Hindi-Namen »chandrakant«, was so viel wie »vom Mond geliebt« bedeutet. Schon vor hunderten von Jahren haben sich Frauen intuitiv mit diesem Heilstein verbunden. Auch der Mond durchläuft einen Zyklus, der sich auf unseren weiblichen inneren Zyklus überträgt.

DER ROTE JASPIS – Super Power

Energie, Mut, Willenskraft, Harmonie, Zufriedenheit

Der Rote Jaspis beschert innere Harmonie, Zufriedenheit und Verständnis. Er verleiht Mut und Willenskraft und fördert die lebendige Leidenschaft. Die Griechen glaubten, er verleihe Frauen innere Harmonie und eine harmonievolle Schwangerschaft. Die Ägypter trugen Jaspis-Amulette und nutzten diesen wunderbaren Energiestein zur Steigerung der Sexualität.

Tatsächlich sagt man ihm nach, dass er die Hormone in Wallungen bringt und die Libido anregt. Wenn deine Sexualität eingeschlafen ist, hilft der Jaspis dir, dein inneres Feuer brennen zu lassen und deine ungezügelte Leidenschaft (wieder) zu entfachen. Mit ihm wird es heiß! Der Jaspis erweckt deine natürlichen Triebe und deine animalische Seite und schenkt dir den Mut, sie herauskommen zu lassen und sie ungezügelt zu zeigen.

Traust du dich nicht, deine Leidenschaft und Sexualität nach außen zu tragen, schenkt der Japsis dir Mut, den Schritt zu wagen.

Kombination: Citrin und Moosachat

MOOSACHAT – Free yourself

Befreiung, Loslassen, Zuversicht, Inspiration

CITRIN – Shine your Light

Lebensfreude, Offenheit, Entschlossenheit, Ausdruckskraft, Dankbarkeit

Gerade in Sachen Sexualität sind wir oft gehemmt und oft trauen wir uns nicht, die eigene Weiblichkeit und Sexualität zu zeigen. Wir haben gelernt, unseren Körper zu verhüllen. Weibliche Brüste gelten im Gegensatz zur starken, männlichen Brust als etwas Unanständiges. Während Männer ihre Sexualität oft ungehemmt ausleben und als »Womanizer« oder »Frauenheld« gefeiert werden, wird Frauen bereits im Mädchenalter suggeriert, immer niedlich und artig zu sein. Bei vielen Frauen führt das dazu, dass sie ihre Sexualität unterdrücken, sich vielleicht sogar für ihre sexuellen Bedürfnisse und ihr Verlangen schämen.

Der Moosachat hilft dir all die geistigen Ketten zu sprengen und dich von Limitierungen, die du und deine Glaubenssätze dir setzen, zu befreien. Wenn du mehr darüber erfahren möchtest, lies das Kapitel »Ich lasse los, was mir nicht mehr dient«. Der Moosachat hilft dir, Verklemmungen, Blockaden und Hemmungen in Bezug auf deine Lust und Sexualität loszulassen und zuversichtlich zu bleiben.

Der Citrin hilft dir, dein helles Licht von innen nach außen strahlen zu lassen, mit voller Ausdruckskraft in die Welt hinauszugehen, entschlossen deine weiblichen Facetten und deine sexuelle Seite zu zeigen und dich für sie zu feiern. Er zeigt dir, dass du Lebensfreude empfinden darfst. Dazu gehört, deine Weiblichkeit anzuerkennen und deine Lust auszuleben. Sexualität ist nichts, wofür du dich schämen musst, sondern etwas, das dir Freude bereiten darf und wofür du dankbar sein kannst!

RITUAL für Frauen Die wunderbare Mondin in mir

Schenke dir im Alltag bewusst Zeit, dich in einem Ritual mit deinem Mondstein und deiner Gebärmutter zu verbinden. Das kann jeden Morgen sein, indem du dir bewusst Raum für dich nimmst, um zur Ruhe zu kommen, dich mit dir selbst zu verbinden, in deine Yin-Energie zu tauchen und nach innen zu spüren, was gerade präsent ist.

Wenn es dir schwerfällt, dich mit deinem Zyklus zu verbinden oder du nicht wirklich weißt, wie du deine Zyklusphasen wahrnehmen kannst und wo du dich gerade zyklisch befindest, dann kann das Journaling, die Praxis des Aufschreibens deiner Gedanken, Gefühle und Beobachtungen dir wunderbar helfen, in diese Verbindung zu kommen. Nimm dir hierfür wirklich jeden Tag am Morgen Zeit, selbst wenn es nur ein paar Minuten sind.

Das brauchst du

- Mondstein/deine Mondstein-Mala
- Dein Notizbuch/Journal oder Zettel, einen Stift

Anleitung

1. Suche dir einen schönen Ort, an dem du in Ruhe dein Ritual praktizieren kannst, zum Beispiel dein Bett. Lege dich hin und mache es dir gemütlich.
2. Lass den Mondstein dabei dein Begleiter sein, der dich an die Hand nimmt und dich in dein Inneres führt und dir hilft, dich dort mit all deinen Sinnen zu verbinden. Leg ihn gerne auf den Unterleib und deine Hand auf ihn. Die andere Hand kannst du auf deinem Brustraum oder direkt auf deinem Herzen platzieren. Schließe die Augen. Lasse deinen Körper ganz schwer werden und tief in die Unterlage hineinsinken.
3. Verbinde dich jetzt mit deinem Schoßraum und deinem Mondstein, der auf ihm ruht.
4. Fühle in deinen Unterleib hinein. Wie fühlt er sich an? Stelle dir deine Geschlechtsorgane vor in deinem Schoß. Wie deine Gebärmutter aussieht, deine Vagina, deine Eierstöcke, deine Vulvalippen und dein Venushügel. Atme tief in die Nase ein und tief in deinen Schoß aus. Stelle so eine Verbindung zu deiner Gebärmutter her.
5. Stelle dir nun vor, wie du unter einem wunderbaren Sternenhimmel liegst. Der magische

Mond schwebt direkt über dir und strahlt sein helles, goldenes Licht auf dich hinab. Stelle dir vor, wie sein Licht immer heller wird und ganz warm auf dich hinunterstrahlt. Sein Licht breitet sich weiter aus. Stelle dir nun vor, wie ein warmer Lichtstrahl von ihm direkt zu deinem Mondstein strahlt. Der Mondstein nimmt das Licht auf und gibt es direkt an deinen Schoßraum und deine Gebärmutter, deine innere Mondin, weiter. Spüre das Licht, die Kraft des Mondes, die er an dich und deine Gebärmutter abgibt und fühle, wie es ist, diese Kraft zu empfangen. Fühle auch, wie dein Mondstein diese Kraft verstärkt, wie verbunden du mit ihm bist und lasse dich hier im Moment richtig fallen.

6. Bleibe gerne noch einige Augenblicke so verbunden mit dem wunderbaren Mondlicht, deiner inneren Mondin, liegen. Atme ein paar Mal tief durch und öffne dann sanft wieder die Augen. Kehre mit dem Bewusstsein zurück an den Ort, an dem du liegst.
7. Nimm gern ein Journal dazu und notiere dir, was du in dieser Nachinnenkehr erlebt und gespürt hast. Lasse es zu deinem persönlichen Begleiter werden, dem du dich mit allem anvertrauen kannst. Beantworte die folgen den Fragen:

- Wie geht es mir heute?
- Wie fühle ich mich gerade?
- Was kann ich in welcher Körperregion spüren?
- Wie viel Energie habe ich heute?
- Wie fühlt sich mein Unterleib an? Wie fühlen sich meine Brüste an?
- Was hat sich während der Visualisierung in meinem Unterleib bemerkbar gemacht? Wärme, ein Kribbeln, ein Ziehen, ein Drücken? War das Gefühl angenehm?
- Spüre ich eine Veränderung nach dem Ritual?
- Wenn du das Ritual täglich machst: Spüre ich eine Veränderung zu gestern?

8. Du kannst das Erspürte anschließend auch aufschreiben und daraus schließen, was du an diesem Tag für dich tun kannst, damit es dir gut geht. Vielleicht spürst du, dass du eigentlich Ruhe und Rückzug brauchst. Und selbst wenn es uns natürlich nicht immer möglich ist, die Arbeit abzusagen, dürfen wir uns trotzdem Oasen der Ruhe während des Tages schaffen, an denen wir uns genau das schenken, was wir brauchen.
9. Durch das tägliche Nachinnenspüren und Aufschreiben, kann unser Journal zu einem Zyklustagebuch werden, das uns jeden Tag unterstützt in die Verbindung mit unseren Zyklusphasen zu kommen. Wir lernen unseren Körper und unseren Zyklus auf diese Weise besser kennen und verstehen und gehen somit auch liebevoller und nachsichtiger mit uns um.

RITUAL
Affirmationen – Lebe deine Weiblichkeit

Für die Aktivierung unserer Weiblichkeit können wir in Verbindung mit dem Mondstein auch kraftvolle Affirmationen sprechen, um somit mehr in die Verkörperung der in uns schlummernden weiblichen Urkraft zu kommen.

Das brauchst du

- Mondstein/deine Mondstein-Mala

Lege eine Hand auf dein Herz, eine Hand auf deinen Unterleib und wiederhole die Affirmationen:

- Ich lebe meine Weiblichkeit.
- Meine Bedürfnisse sind wichtig.
- Ich verbinde mich mit meiner Leidenschaft.
- Ich darf genießen.
- Ich erlaube mir Freude.
- Ich erlaube mir Lust.
- Meine Sinnlichkeit darf sich entfalten.
- Meine Bedürfnisse sind wichtig.
- Ich darf Kontrolle abgeben und vertrauen.
- Ich erlaube mir, Spaß zu empfinden.
- Ich gebe Kontrolle ab.

Dies sind Beispiele. Du kannst sehr gerne auch deine eigenen persönlichen Affirmationen wählen.

RITUAL
Ich tanze für mich/Dance like nobody is watching

Wir können uns wunderbar über das Tanzen mit unserer Sinnlichkeit und Lust verbinden, da wir auf diese schöne, intime Weise aus dem Verstand in unseren Körper zurückkommen. Je mehr wir in die Verbindung und in das bewusste Spüren unseres Körpers und unserer Atmung kommen, desto mehr können wir Energien freisetzen und somit auch Genuss und Freude spüren.

Das brauchst du

- Mondstein, Citrin (jeweils einen oder mehrere)
- Deine Playlist mit deinen Lieblingssongs- oder Mantren und eine Musikbox

Anleitung

- Schalte deine Playlist an.
- Wenn es sich für dich besser anfühlt, schließe die Vorhänge, sodass du einen ganz intimen Raum für dich alleine schaffen kannst.
- Wenn du mehrere Mondsteine und Citrine hast, lege einen Kreis aus den Steinen um dich herum; ansonsten platziere deinen Mondstein und deinen Citrin vor dir, oder nimm sie jeweils in eine Hand.
- Fange an zu tanzen, beginne mit kleinen Bewegungen, die du immer größer werden lässt.

Weitere Mondstein-Rituale, die dich wieder in deine Yin-Kraft bringen

- Erlaube deinem Verstand, die Kontrolle abzugeben und dich einfach von deinem Körper intuitiv führen zu lassen. Gib dich voll und ganz der Musik hin.
- Es spielt keine Rolle, wie du tanzt und wie du dabei aussiehst, sondern es geht vielmehr darum, dem Körper den Raum zu schenken, seinen eigenen sinnlichen Ausdruck zu finden.
- Du kannst hierfür die Augen schließen, ganz gezielt in deinen Beckenraum hineinspüren und tief ein- und ausatmen, die Hüften sinnlich kreisen lassen und die Bewegung intuitiv fließen lassen. Dies ist eine sehr kraftvolle Übung, um deine Sinnlichkeit zu entdecken. Sie wird noch mehr verstärkt, wenn du vor einem Spiegel stehst und dich beim Tanzen beobachtest und dir dabei liebevoll in die Augen blickst. Du darfst dich beim Tanzen gerne umarmen, mit deinen Händen über deinen Körper streichen. Alles ist erlaubt, was sich gut anfühlt.
- Erlaube dir, alles zu fühlen und liebevoll anzunehmen, was eventuell an Emotionen hochkommt. Auf diese Weise entsteht eine tiefe Verbindung, Sinnlichkeit und Intimität zu dir selbst.
- Tanze solange, wie du möchtest und wie es sich gut anfühlt.

- Kehre in die Ruhe und Stille ein: Lege dich einfach mal für 15 Minuten auf dein Sofa, ohne etwas zu tun. Wenn du hast, setze gerne Noise-Cancelling-Kopfhörer und eine Schlafmaske auf, um deine Sinne von außen nach innen kehren zu lassen. Du kannst dabei deinen Mondstein festhalten oder ihn auf dich legen.
- Yin-Yoga, lege gerne deinen Mondstein auf deine Yogamatte oder trage ein Mondstein-Schmuckstück.
- Ein erdender Spaziergang in der Natur mit deinem Mondstein in der Hosentasche.
- Lebe dich kreativ aus und lasse dich von deinem Mondstein begleiten.
- Iss ganz genussvoll, langsam und bewusst ein paar süße Früchte oder deine Lieblings-Süßigkeit, du kannst dabei deinen Mondstein in einer Hand halten.
- Nimm ein heißes Bad mit deinem Mondstein. Lege ihn auf dich oder halte ihn in der Hand.
- Mache eine liebevolle Mondstein-Massage.
- Mache eine Kuscheleinheit mit dir selbst, oder befriedige dich selbst, du kannst dabei gerne deinen Mondstein in deiner passiven Hand festhalten, ihn auf den Unterleib legen oder ein Yoni-Ei aus Mondstein nutzen.

Ich öffne mein Herz für die Liebe – Wegbegleiter für wahrhaftige Liebe & erfüllte Beziehungen

Liebe ist die stärkste Kraft im Leben. Deine Edelsteine lieben dich bedingungslos, sie sind immer für dich da. Diese Fähigkeit geben sie an dich weiter und unterstützen dein Herz dabei, sich zu öffnen, Mauern abzubauen um die wunderschöne, wahrhaftige Liebe empfangen und in die Welt hinaustragen zu können.

In allen Bereichen unseres Alltags führen wir Beziehungen: Zu unseren Eltern, zur Familie, Freund:innen, Kolleg:innen, Nachbarn, flüchtigen Bekannten und auch fremden Menschen. Im Leben können wir Beziehungen nicht aus dem Weg gehen. Umso wichtiger ist es, dass wir gesunde und erfüllte Beziehungen leben und lieben können. In diesem Kapitel werde ich hauptsächlich auf Liebesbeziehungen eingehen, denn es sind meines Erachtens die Beziehungen, die uns am meisten fordern, die am meisten wehtun können, aber auch die größte Freude und die größten Glücksgefühle in uns hervorrufen. Alles, was du in diesem Kapitel erfährst, darfst du aber ebenso auf deine anderen Beziehungen anwenden, und die Steine, die ich dir in diesem Kapitel an die Hand gebe, kannst du ebenso bei den Begegnungen mit allen Menschen in deinem Leben einsetzen.

Eine erfüllte Partnerschaft – in guten wie in schlechten Zeiten

Eine erfüllte Partnerschaft zu leben, ist für die meisten Menschen eines der schönsten Dinge der Welt, die wir erleben dürfen. Gemeinsam mit einem Menschen Hand in Hand den Lebensweg zu gehen, sich mit offenen Herzen zu begegnen, zu sehen und zu lieben – in allen Höhen und Tiefen des Lebens, mit allen »Fehlern und Makeln«, die wir haben.

Für mich bedeutet es, eine erfüllte Partnerschaft zu leben, einen Menschen an meiner Seite zu haben, den ich liebe, mit dem ich in einem Boot sitzen möchte, zu dem ich halte, mit dem ich meine Lebenswünsche teile, mit dem ich mich gemeinsam weiterentwickeln kann, der mich in dem unterstützt, was mir wichtig ist, und in dem ich mich widerspiegele. Ein Partner, der meine schönsten Sonnenseiten und Stärken noch mehr zum Strahlen bringt und mich in meinen ganzen Kostbarkeiten sieht und ehrt, in dem ich aber auch meine Punkte spiegeln kann, die noch Heilung bedürfen.

DIE LIEBE ALS URKRAFT

Die Liebe ist unsere Urkraft, unsere wunderschönste Essenz, die höchste Frequenz, in der wir für uns, für andere und miteinander sein können. Die Liebe verbindet, schafft Vertrauen und versetzt Berge. Die Liebe kennt kein Ego, sondern pures Mitgefühl und Wohlwollen.

Die Liebe ist das, was bleibt, wenn alles drumherum im Chaos versinkt. Und genau deshalb ist es so wichtig, sich in einer Partnerschaft immer wieder ganz bewusst um dieses kostbare Geschenk zu kümmern und ihr Raum zur Entfaltung zu geben.

So romantisch die Vorstellung einer erfüllten Partnerschaft ist, so kompliziert und herausfordernd kann oft die Realität aussehen. Denn in einer Partnerschaft kommen zwei ganz individuelle Menschen zusammen, jeder mit seiner Vergangenheit, mit seinen Erfahrungen, oft schwer wie Wackersteine im Rucksack, mit den Spuren und Verletzungen, die diese Erfahrungen in ihm hinterlassen haben. Mit Glaubenssätzen über sich selbst, oder darüber, wie der Herzensmensch zu sein hat, was er zu tun hat und auf welche Art und Weise er uns Erfüllung verschaffen soll.

Wir dürfen also immer wieder zu uns zurückkehren und in die innere Arbeit gehen, um nicht all das, was zu uns selbst gehört, dem anderen überzustülpen und ihn für unseren Schmerz oder unsere Wut verantwortlich zu machen. (siehe dazu das Kapitel »In liebevoller Verbindung mit mir selbst«)

WARUM UNSERE PARTNER:INNEN UNSERE HELLSTEN UND DUNKELSTEN SEITEN HERVORBRINGEN

Ich habe seit einigen Jahren einen wunderbaren Mann an meiner Seite, den ich über alles liebe, mit dem ich zwei wundervolle Kinder zusammen habe, den ich schätze und ehre für all das, was er ist. Wir versuchen uns in dem, was uns wichtig ist, stets zu unterstützen und geben uns den Freiraum, den jede:r für sich braucht. Er ist mein Fels in der Brandung, fängt mich immer auf, wenn mein Fundament wackelt, mit ihm kann ich stundenlang über jedes Thema philosophieren, wir lachen und weinen zusammen.

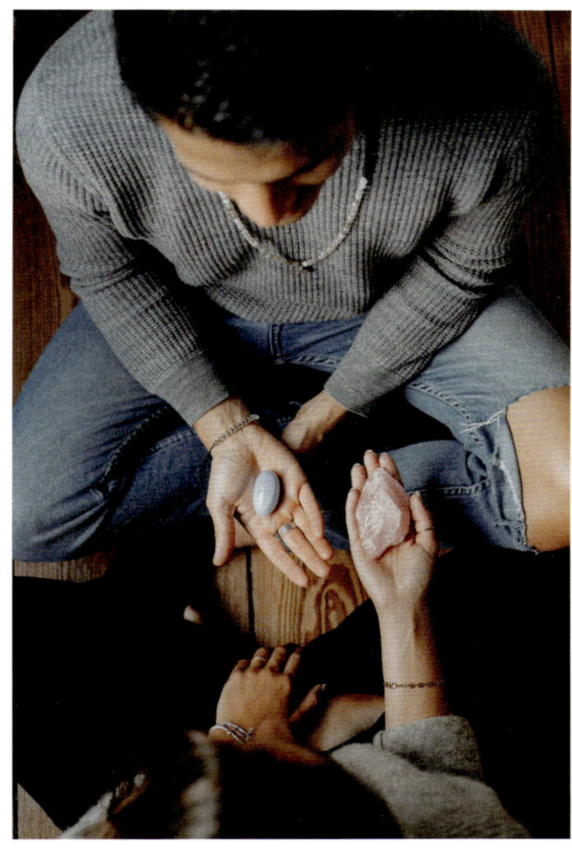

Und doch ist er der Mensch, der mich am allermeisten zur Weißglut treibt und mit dem ich im Alltag so richtig aneinander rasseln kann, wenn wir mit uns und unserer Liebe nicht achtsam umgehen.

Denn er kennt mich inzwischen so genau, dass er mir knallhart das spiegelt, was ich am allerwenigsten sehen möchte. Das tut er nicht aus Boshaftigkeit, sondern aus Liebe. Und genau daran darf ich lernen und wachsen. Und ebenso spiegele ich ihm seine dunklen Flecken, zu denen er Licht schicken darf.

Unsere Seelenpartner:innen helfen uns dabei, unsere Schwächen zu erkennen und in Stärken zu verwandeln, zu wachsen und so die wertvollste und wunderbarste Version unserer Selbst zu leben. Oft können wir dies mitten in der Situation nicht sehen, und es braucht Zeit, zu erkennen, dass so viel Potenzial in der Unterschiedlichkeit zweier Menschen liegen kann. Wir können natürlich immer dem anderen die Schuld geben, wenn wir wieder einmal mit einer altbekannten Sache aneinander geraten, und es ablehnen, der eigentlichen Ursache auf den

Grund zu gehen. Oder aber wir können beginnen, zu reflektieren, was uns diese Situation über uns selbst aufzeigen möchte. Genau da liegt das große Potenzial, denn wir bekommen die Möglichkeit, zu erkennen, wo unsere Schattenseiten liegen und können sie auflösen und damit immer mehr Freiheit für uns in unserem Leben und in unseren Beziehungen schaffen. Dafür müssen wir die Offenheit und Bereitschaft mitbringen, hinschauen zu wollen. Ich bin der Überzeugung, dass wir immer den Menschen an die Seite bekommen, der unsere dunklen Seiten triggert, der alte Verletzungen ins uns hervorholt und somit hilft, Heilung in uns anzustoßen.

WENN DU DICH UM IHN KÜMMERST, WÄCHST DER GARTEN DER LIEBE ZU EINEM WUNDERBAREN PARADIES

Eine erfüllte Beziehung zu führen, bedeutet Arbeit. Denn wie ein wunderschöner blühender Blumengarten, möchte eine Beziehung gehegt, gepflegt, liebevoll gewässert und von Zeit zu Zeit von Unkraut befreit werden. So unterschiedlich wir Menschen sind, so viele verschiedene Wege gibt es natürlich, Beziehungen zu führen und so unterschiedlich können wiederum die gemeinsamen Werte sein. Die allermeisten erfüllten Beziehungen stehen auf sieben essenziellen Säulen, die immer erhalten bleiben und auf ihre Stabilität überprüft werden sollten.

Deine Edelsteine für erfüllte Liebesbeziehungen

Chalcedon – Klare Worte
Authentizität, Ausgeglichenheit, Selbstvertrauen, Durchsetzungsvermögen, Rhetorik

Rosenquarz – True Love
Liebe, Sensibilität, Harmonie, Aufgeschlossenheit

Amazonit – Pure Lebensfreude
Toleranz, Geduld, Leichtigkeit, Ausgeglichenheit, Lebensfreude

CHALCEDON – Klare Worte

Authentizität, Ausgeglichenheit, Selbstvertrauen, Durchsetzungsvermögen, Rhetorik

»Mir schnürt sich die Kehle zu« oder »Die Worte bleiben mir im Halse stecken« – das sind Sprichworte, in denen so viel Wahrheit liegt. Eine der größten Herausforderungen in Beziehungen ist

eine klare Aussprache von Bedürfnissen und Wünschen, denn unsere tiefsten Ängste und Überzeugungen halten uns oft davon ab und lassen uns verstummen. Der Chalcedon ist unser Unterstützer, wenn es um unsere klaren Worte geht, um unseren authentischen Ausdruck zu finden und uns zu trauen, all das auszusprechen und mitzuteilen, was wir in uns fühlen.

Der wundervolle blaue Chalcedon ist der kraftvollste Edelstein für unsere klaren Worte und unseren authentischen Ausdruck und wird seit jeher als Sprecherstein oder Rednerstein bezeichnet. Schon viele große Redner der Geschichte legten sich einen Chalcedon vor ihren großen Reden in den Mund, um im Anschluss ganz klar und deutlich präsentieren zu können, was sie im Inneren für Kostbarkeiten vorbereitet haben. Der Chalcedon wirkt aktivierend auf unser Halschakra, das Vishuddha Chakra (Sanskrit: reinigen, Reinheit). Und genau dafür steht dieses Chakra: Das Wort- und Wahrheitsbewusstsein, das auf dieser Ebene repräsentiert wird, wirkt reinigend auf das Bewusstsein und lässt innere Klarheit entstehen.

Auch im Thema Ehrlichkeit ist der Chalcedon ein wichtiger Unterstützer, denn mit ihm öffnen wir sanft unser Halschakra, den Durchgang, der frei sein muss, damit unsere Wahrheit nach außen gelangen kann und wir offen und ehrlich miteinander kommunizieren können.

Der Chalcedon als Erinnerer für meine klaren Worte

Für mich war es früher, und es ist auch heute noch manchmal ein sehr herausforderndes Thema, klare Worte zu sprechen und liebevoll mit meinem Mann zu kommunizieren, wenn ich im Ärger bin. Ich bin sehr froh, den Chalcedon als Erinnerer an meine klaren Worte an meiner Seite zu haben. Immer, wenn ich drohe, etwas herunterzuschlucken oder härter als nötig zu sprechen, schließe ich für einen Moment die Augen, fasse an meinen Chalcedon, atme tief ein und aus, erinnere mich an meinen Wunsch der liebevollen und klaren Kommunikation, öffne die Augen und beginne noch einmal von vorne. Manchmal ist es mein runder Chalcedons-Stein in meiner Hosentasche und manchmal meine Chalcedon-Mala, die ich um meinen Hals trage und somit die Perlen direkt an meinem Halschakra spüre. Diese kleine Übung hilft mir sehr, mich zu erinnern und mit jedem Mal mehr in mein eigenes System einfließen zu lassen, bis es mein normaler Zustand sein wird, der aus mir herauskommt.

Besonders im vollen Familienalltag darf ich mich immer wieder daran erinnern, nicht in den direkten Vorwurf zu gehen und meine Worte unüberlegt und aus dem Affekt heraus, loszulassen oder so lange meine Bedürfnisse zurückzuhalten, bis die Worte irgendwann wie eine Riesenexplosion herausgeschossen kommen.

Liebevolle aber klare Worte zu finden ist oft eine der schwersten und zeitgleich wichtigsten Aufgaben in einer Beziehung.

Zu einer liebevollen Kommunikation gehört nicht nur die eine Seite, die mutig ist und ihre Bedürfnisse und Wünsche klar und deutlich äußert, sondern ebenfalls ein Gegenüber, welches mit einem offenen Herzen zuhört. Es passiert so schnell, und ich kenne es sehr gut, dass unser Herzensmensch etwas äußert und wir es sofort als Angriff auf uns selbst annehmen und in den Gegenangriff gehen. Wir hören mit unserem Ego zu, das sofort getriggert wird, vielleicht werden alte Wunden aus der Vergangenheit aufgerissen und wir beziehen es sofort auf uns und werten die Worte unseres Gegenübers als Anschuldigung oder Vorwurf. Und das, obwohl unser Herzensmensch gerade von sich selbst und seinen Bedürfnissen, Sorgen, Wünschen spricht und hofft, dass wir ihn in seinem Anliegen sehen und hören. Mit unserem offenen Herzen und nicht mit unserem verletzten Ego.

Wir alle wollen gesehen und verstanden werden, und es ist unsere Aufgabe in einer Beziehung, dem anderen Raum dafür zu schenken. Ich selbst habe genau darin die größte Herausforderung, in der Liebe zu bleiben und Bedürfnisse, die mein Mann mir mitteilt, nicht sofort an mir abprallen zu lassen, Mauern zu bauen und mit den schärfsten Geschützen zurückzuschießen. Es sind meine Wunden aus der Vergangenheit, die mir das Signal geben, mich sofort schützen zu müssen. So können wir uns nicht Herz an Herz treffen, um wirklich tief und wahrhaftig miteinander kommunizieren.

ROSENQUARZ – True Love

Liebe, Sensibilität, Harmonie, Aufgeschlossenheit

Was macht uns als menschliche und fühlende Wesen aus? All die Dimensionen der Liebe sind so ein wichtiger Teil davon, der mit Selbstliebe beginnt und sich fortführt in Offenheit, Mitgefühl und Toleranz unseren Mitmenschen in Beziehungen gegenüber.

Ein offenes Herz zu haben und dem anderen in Mitgefühl und Liebe zu begegnen, ist das Wichtigste in einer Beziehung. Wahrhaftige Liebe, die keine Grenzen setzt und in der unser Ego keinen Platz findet. Man sagt, der Rosenquarz sei von Amor, dem Gott der Liebe, auf die Erde gebracht worden, damit er uns Menschen Liebe schenke.

Unser Herz ist für uns alle ein sensibler Punkt, der sich bei Verletzungen zusammenziehen und verschließen kann. Umso wichtiger ist es, dieses wunderschöne, kraftvolle Herz immer wieder bewusst zu öffnen und in das Vertrauen zurückzufinden.

Der Rosenquarz aktiviert unser Herzchakra, unser Anahata Chakra, und unterstützt uns dabei, unser Herz offenzuhalten, seine Wunden zu heilen um immer wieder in die hochschwingende Frequenz der Liebe, der Einheit und der Verbindung zurückzufinden. Eine so schwere Aufgabe, denn wir alle sind von so vielen Erfahrungen geprägt, die uns und unsere Fähigkeit pur und bedingungslos zu lieben, beeinflussen.

Da sind häufig Verletzungen aus unserer Vergangenheit, aus vorherigen Beziehungen, Verletzungen durch unsere Eltern, die uns vielleicht nicht die Liebe geben konnten, die wir gebraucht hätten, die tiefe Spuren in unserem wunderschönen Herzen hinterlassen und die dazu geführt haben, dass es eine Schutzmauer gebaut hat. Manchmal fragen wir uns, wie wir es mit all diesen Erfahrungen überhaupt jemals wieder schaffen können, zu lieben, zu vertrauen und uns einem Menschen voll und ganz zu öffnen?

Wir dürfen uns mit dem Rosenquarz immer wieder daran erinnern, dass das Leben noch so viele wunderschöne Dinge für uns bereithält, so viel Liebe, Glück und Erfüllung und dass wir diese Wunder nur bemerken können, wenn wir die Mauer einreißen und die Liebe zulassen. Nur dann kann sie uns erreichen, und wir können diese auch wieder zurück in die Welt hinaussenden. Dies gilt für alle Menschen, die sich einen Herzensmenschen an ihrer Seite wünschen, aber ebenso für bereits bestehende Beziehungen, in denen sich ein oder beide Partner nicht richtig öffnen, um voll und ganz lieben zu können.

Das Herz zu heilen, bedeutet, all die Glaubenssätze und Muster anzuschauen und aufzulösen, in denen wir gefangen sind und die uns davon abhalten, wirkliche Nähe herzustellen und somit eine erfüllte Beziehung zu führen (»Es ist nicht sicher für mich, mich zu öffnen«, »Ich werde sowieso nur wieder verletzt«, »Ich bin nicht liebenswert«, »Ich muss mich immer schützen und auf der Hut sein«, ...). Meist bestehen diese Muster und Glaubenssätze seit unserer Kindheit und funktionieren wie Schutzstrategien, die sich wie ein Programm durch unser ganzes Leben ziehen. Unterbewusst handeln wir immer nach uns bekannten Mustern, suchen uns Partner:innen, die zu diesen Mustern passen und uns in unseren Annahmen über uns und die Liebe bestätigen. Doch es lohnt sich, diese zu hinterfragen und aufzulösen, da sie uns oft in unserem selbstbestimmten Erwachsenenleben nicht mehr dienen und unser Herz blockieren.

Mir hat es in meiner Kindheit an nichts gemangelt, meine drei Geschwister und ich hatten alles, was wir uns wünschen konnten. Doch die Beziehung meiner Eltern war sehr schwierig, immer wieder trennten sie sich, es gab große Dramen zu Hause, dann kamen sie wieder zusammen und kurz darauf begann alles von vorne. Wir Kinder bekamen alles mit und erlebten eine Ehe voller Streit, Konflikt und Ablehnung füreinander, in der keine Liebe, keine Akzeptanz und kein Mitgefühl vorhanden war. Dieses Bild hat sich uns eingeprägt. Ein Bild davon, wie eine Ehe aussieht und sich anfühlt.

Seit meiner Kindheit habe ich vergeblich versucht, die Liebe meines Vaters zu bekommen, die ich gebraucht und mir gewünscht hätte. Diese Erfahrung sowie einige andere schmerzhafte Erfahrungen mit Männern in der Vergangenheit haben dazu geführt, dass sich mein Herz verschloss und ich das Vertrauen in Männer und ihr Wohlwollen mir gegenüber verlor. Immer wieder habe ich mir den gleichen »Typ Mann« gesucht und immer wieder wurde ich verletzt, weil sie mir nicht die Liebe geben konnten, die ich brauchte. Immer wieder reproduzierte ich so die Beziehung meiner Eltern und die Beziehung meines Vaters zu mir. Doch ich habe es geschafft, dieses Muster zu durchbrechen.

Seit einigen Jahren nun schon habe ich einen wunderbaren Mann an meiner Seite, der genau das Gegenteil meines Vaters und meiner früheren Partner verkörpert, der liebevoll und fürsorglich ist, der mich kennenlernen möchte mit allem, was zu mir gehört, der mich auch und gerade für meine »Macken« liebt. All das war lange Zeit so ungewohnt für mich, dass ich voller Misstrauen war und immer auf der Hut. So konnte keine tiefe Verbindung entstehen, denn ich war nur mit halbem Herzen dabei.

Wenn mein Mann merkt, dass ich mich wieder einmal innerlich entferne, sagt er: »Komm, lass uns wieder in ein Boot setzen, das ist viel schöner, als wenn jeder in seinem eigenen Boot durchs Leben paddelt.« Mein altes Programm schaltet sich trotz allem ab und zu ein und will mein Verhalten bestimmen, doch gemeinsam mit meinem Mann habe ich gelernt, mich zu reflektieren und zu merken, dass mein altes Muster zum Vorschein kommt und habe Strategien entwickelt, damit es mich nicht zu sehr blockiert.

In Situationen, in denen mein Herz wieder voller Misstrauen ist, arbeite ich mit dem Rosenquarz, dem Stein für die Liebe und einem offenen Herzen. Ich lege ihn auf mein Herz und spüre in seine wundervollen Energien hinein, verbinde mich mit der Liebe in mir und trage ihn im Alltag bei mir. Auch zuhause bei uns hat er fast in jedem Raum in unterschiedlichen Formen seinen Platz.

Wenn auch du spürst, dass noch einige Glaubenssätze in dir aufgelöst werden möchten,

bevor du dein Herz ganz deinem Herzensmenschen gegenüber öffnen kannst, dann empfehle ich dir, dich zuerst mit dem Kapitel »Ich lasse los, was mir nicht mehr dient« zu beschäftigen.

Und dass wir unser Herz verschließen, muss nicht immer tiefgehende Ursachen haben. Manchmal stecken wir einfach so sehr im hektischen Alltag, arbeiten unsere To Do's ab und hetzen von einem Termin zum anderen, sodass kaum noch Raum für die Liebe bleibt und wir uns voneinander entfernen. Der Rosenquarz kann ein wunderbarer Begleiter für eure Zweisamkeit sein und euch daran erinnern, euch die Zeit und den Raum zu geben, die es braucht, um eure Herzen verbunden zu halten.

Wenn du eurer Intimität wieder etwas mehr Aufschwung verschaffen möchtest, dann lege einen Rosenquarz in euer Schlafzimmer. Er wird euch dabei unterstützen, eure Liebesenergie wieder spürbar zu machen. Trage einen Rosenquarz bei dir, um dich gemeinsam mit ihm immer an das Gefühl der Liebe, des Vertrauens und der Verbundenheit mit deinem Herzensmenschen zu erinnern. Besonders dann, wenn es in herausfordernden Alltagssituationen oder in Krisenzeiten eurer Partnerschaft nicht für dich spürbar ist. Der Rosenquarz wird dich daran erinnern und gemeinsam mit ihm kannst du dich in das Gefühl zurückversetzen, dass du in Momenten der Nähe spüren konntest.

AMAZONIT – Pure Lebensfreude

Toleranz, Geduld, Leichtigkeit, Ausgeglichenheit, Lebensfreude

Der türkisfarbene Amazonit leuchtet in wunderschönen Facetten und kann ein sehr wichtiger Begleiter und Unterstützer in Partnerschaften sein. Er unterstützt uns dabei, geduldig und tolerant zu sein, nicht nur mit uns und unseren, oft sehr hohen, Ansprüchen an uns selbst, sondern ebenso mit all den »Macken« und »Eigenheiten« unseres Herzensmenschen. Der Amazonit erinnert uns daran, von unseren festen und oft starren Vorstellungen, wie unser Partner oder unsere Partnerin zu sein hat, loszulassen. Denn wir alle sind so unterschiedlich in dem, wie wir die Dinge angehen und in dem Tempo, in dem wir etwas tun oder auch was uns wichtig und eher unwichtig ist.

Wenn wir sehr hohe Ansprüche an uns selbst haben, sehr perfektionistisch mit unserem eigenen Handeln sind und oft hart mit uns selbst ins Gericht gehen, dann stülpen wir diese Erwartungen

auch häufig unserem Herzensmenschen über und meinen, er oder sie müsse dieselben Standards für sich haben.

Diese Konflikte kenne ich nur zu gut, denn ich selbst habe schon immer sehr hohe Ansprüche an mich, mein Leben und mein Handeln gehabt. Ich bin sehr ungeduldig mit mir und den Dingen und mir fällt es sehr, sehr schwer, anderen Menschen, insbesondere meinem Mann, geduldig dabei zuzuschauen, wie langsam er manchmal ist, wie wenig ihn die Unordnung zu Hause stört oder wie wenig wichtig er bestimmte Dinge nimmt, die ich schon längst erledigt hätte.

Mein ausgeprägter Jungfrauen-Perfektionismus ist in unserer Ehe häufig der Grund, weshalb der Haussegen schiefhängt. Der Alltag mit unseren beiden Kindern und meinem Business ist oft sehr herausfordernd und wir geraten schnell im Affekt aneinander. Jeder von uns hat seine eigene Art und Weise, Dinge zu tun, seine ganz eigene Geschwindigkeit, seine Ansichten, seine Erfahrungen und Glaubenssätze im Rucksack, die uns voneinander unterscheiden. Ich gehe hart mit mir ins Gericht und stülpe meinem Mann immer wieder den perfektionistischen Anspruch, den ich an mich selbst habe, über. Er auf der anderen Seite kommt viel langsamer in die Umsetzung, alles muss hundert Mal durchdacht und dann noch einmal verschoben werden. Da ist meine Geduld oft längst zu Ende.

Wir können die anderen nicht ändern, es ist auch nicht unsere Aufgabe. Wir dürfen aber auf uns selbst schauen, denn das Unangenehme und zugleich Schöne ist, dass immer alles bei uns selbst beginnt. Überlege also einmal, wo du dich mehr entspannen und den Druck bei dir selbst herausnehmen könntest, warum dich bestimmte Verhaltensweisen triggern, was das über dich aussagt und wo du dir mehr erlauben könntest, dich nicht für jede Sache, die du nur zu 98 Prozent perfekt erledigt ist, abzuwerten! Gehe auch gern noch einmal zu dem Kapitel »In liebevoller Verbindung mit mir selbst«.

Gemeinsam mit dem Amazonit darf ich mich immer wieder daran erinnern, auch mal Fünfe gerade sein zu lassen und meinem Mann mit liebevoller Geduld und Toleranz zu begegnen und darauf zu vertrauen, dass seine Art Dinge zu tun nur anders, aber keinesfalls schlechter ist.

Auf dem Weg von der Bahn nach Hause fahre ich meist mit dem Rad durch den Wald und setze mich dort noch einen Moment mit meinem Amazonit hin, erde mich, atme durch und erinnere mich vorsorglich daran, nicht so streng zu sein. Weder mit mir, noch mit meinem Mann, der ist, wie er ist, mit seinem ganz eigenen Tempo, seinen ganz eigenen Möglichkeiten. Je mehr ich mich ärgere und ihn verurteile, desto mehr verschließe ich mein Herz und desto weniger wird sich etwas ändern.

Ich hole mir die Leichtigkeit, die Toleranz und die Geduld zurück ins Herz und kann so viel offener und leichter nach Hause fahren und alles annehmen, was ist. Wenn wir es nämlich schaffen, mit uns selbst toleranter und geduldiger zu sein, dann können wir es auch unserem Herzensmenschen zugestehen, ihn so sein lassen und akzeptieren, wie er nun mal ist und uns auf all die Dinge konzentrieren, die er ganz wunderbar macht. Der Amazonit kann dich dabei so gut unterstützen, denn er bringt die Leichtigkeit in die Partnerschaft, die Geduld und die Toleranz dem anderen gegenüber, dadurch lässt er uns wieder das Gefühl der Lebensfreude verspüren.

Trage deine Mala im Alltag immer bei dir und sie wird dich dabei unterstützen, deinen Impulsen von Ärger oder Unverständnis zuvorzukommen und dich zu erden, bevor du ihnen nachgehst und ihnen im Außen Luft verschaffst. Immer dann, wenn eine starke Emotion hochbrodelt, berühre deine Mala, schließe kurz die Augen, atme tief ein und aus, erde und beruhige dich innerlich. Aus diesem Zustand der Klarheit, des Mitgefühls und der Liebe ist es dir dann wieder möglich, deine Wünsche und Bedürfnisse zu formulieren und einen unnötigen Streit zu verhindern

Ich denke, es ist eins der wichtigsten Dinge, die wir in einer Partnerschaft lernen und uns immer wieder daran erinnern dürfen: geduldig und tolerant mit unserem Herzensmenschen zu sein, denn er ist so wie er ist und wir sollten vielmehr all die wundervollen gemeinsamen Dinge genießen. Sein und sein lassen. Wir selbst möchten ja auch so sein dürfen, wie wir sind. Und wie langweilig wäre es, wenn unser:e Partner:in genauso wäre wie wir selbst?

Edelsteinrituale für erfüllte Beziehungen

GEMEINSAME EDELSTEINRITUALE ZU ZWEIT

Um die Liebe immer wieder zu feiern, zu entfachen, damit sie uns auch in den dunkelsten und herausforderndsten Zeiten unserer Beziehung trägt, ist es so wunderschön und heilsam, sich ganz bewusst gemeinsame Zeit zu schaffen. Denn Zeit ist das wunderschönste und kostbarste Geschenk, das wir uns machen können. Zeit, die nur euch gehört, in der ihr euch ganz intensiv mit euch beschäftigt, euch zuhört, euch mit euren Herzen seht und euch wieder daran erinnert, was euch zusammengeführt hat und was eure Liebe ausmacht.

Ich habe euch in diesem Kapitel einige der wunderschönen Rituale aufgeschrieben, die mein Mann und ich so gern gemeinsam machen.

RITUAL Zwiegespräch – Liebevolle Kommunikation in der Partnerschaft

Kennst du das: Egal, worum es geht, die Gespräche mit deinem Herzensmenschen scheinen in die falsche Richtung zu laufen oder enden sogar im Streit? Ich möchte gern eine ganz besondere Technik mit dir teilen, wie ihr mit Hilfe zweier wunderbarer Edelsteine zu einer tiefen, liebevollen Kommunikation kommt.

Wir alle kennen solche Momente in Liebesbeziehungen: Der Alltag rauscht in rasanter Geschwindigkeit vorbei, du und dein:e Partner:in eilen durch das Leben, und jeder steckt mit dem Kopf im jeweils eigenen Film. Manchmal haben wir das Gefühl, wir wissen gar nicht mehr so recht, was in der anderen Person vorgeht. Vielleicht entstehen dadurch sogar Missverständnisse oder Konflikte. Wie können wir dem entgegenwirken? Mit einem offenen Herzen und klaren Worten!

Die meisten Beziehungen (ganz gleich welche) zerbrechen daran, dass nicht mehr miteinander kommuniziert wird, wir überhaupt nicht mehr wissen, was in dem Gegenüber vor sich geht, was ihn beschäftigt, was ihn bewegt, was er braucht. Wir sprechen weder aus, was wir uns wünschen,

noch begegnen wir dem anderen mit einem offenen, mitfühlenden Herzen für seine Worte. Wir alle wollen gesehen und verstanden werden. Besonders in der Partnerschaft ist es so wichtig, einen Raum für wertschätzende Kommunikation und liebevollen Austausch zu schaffen. Wir dürfen uns ganz bewusst Zeit nehmen, um unsere Beziehung und ihre Kommunikation zu pflegen. Dafür hat der Arzt und Psychoanalytiker Michael Lukas Moeller die wunderschöne und kraftvolle Technik des Zwiegesprächs entwickelt. In Kurzform: Die erste Person redet für 15 Minuten am Stück und teilt alles, was ihr auf dem Herzen liegt. Die andere Person hört zu, ohne dabei etwas zu sagen. Danach wechseln die Rollen.

Ich habe zwei kraftvolle Edelsteine gewählt, die die Qualität des offenen und mitfühlenden Herzens auf der einen Seite und die des freien und authentischen Sprechens auf der anderen Seite unterstützen. Der **Chalcedon** steht für klare Worte und hilft uns, uns auszudrücken und unsere Bedürfnisse zu äußern. Der **Rosenquarz** ist ein wundervoller Wegbegleiter für ein offenes Herz und das liebevolle, wohlwollende Zuhören.

Das braucht ihr

- Regelmäßig Zeit (z. B. 1 Std./Woche) und die Bereitschaft, eure Gedanken und Gefühle ehrlich zu teilen, sowie mit offenem Herzen zuzuhören.
- Einen Chalcedon und einen Rosenquarz

Anleitung

1. Euer Date: Verabredet euch zu einem festen, gerne zu einem regelmäßigen Zeitpunkt. Ihr benötigt mindestens 30 Minuten, sodass jeder von euch eine Runde von 15 Minuten Redezeit hat. Für einen regelmäßigen Austausch sind zwei Treffen in der Woche für 60 bis 90 Minuten super. Gestaltet euch eine entspannte Atmosphäre, und macht es euch richtig bequem. Sorgt dafür, dass ihr ungestört seid und schaltet eure Telefone aus. Wenn es euch zunächst schwerfällt, offen miteinander zu sprechen, könnt ihr euch Rücken an Rücken setzen, oft ist es einfacher, offen und ehrlich zu kommunizieren, wenn du deinem Gegenüber nicht in die Augen schaust.
2. Sprechen: Die Person, die mit dem Erzählen beginnt, hält den Chalcedon in der Hand und hat nun 15 Minuten Zeit, um zu sprechen. Stellt euch selbst gern die Frage, wie: »Was bewegt oder beschäftigt mich jetzt gerade?«. Du darfst all deine Gefühle, deine Wünsche und Bedürfnisse äußern, erzählen was dich bewegt und beschäftigt. Bleibe dabei ganz bei dir und deiner eigenen Erfahrungswelt, es geht nicht darum, der anderen Person Vorwürfe zu machen oder zu weiteren, anderen Menschen abzuschweifen.
3. Zuhören: Dein Gegenüber darf den Rosenquarz zur Unterstützung in der Hand halten. Seine/ihre Aufgabe ist es, mit einem offenen

Herzen zuzuhören – es werden zwischendurch keine Fragen gestellt, Ratschläge erteilt oder die eigene Meinung geäußert. Versuche auch zu vermeiden, innerlich schon eine Antwort vorzuformulieren, um in die Verteidigung zu gehen oder zum Gegenangriff zu rüsten. Schenke den Worten deines Gegenübers die volle Aufmerksamkeit.

4. Wechsel: Nach 15 Minuten tauscht ihr die Rollen und die Steine. Es kann bei einer Runde bleiben, oder ihr nehmt euch pro Person zwei oder dreimal 15 Minuten Redezeit, je nachdem, wie ihr es für euch braucht. Wichtig ist es, dass die Person, die nun dran ist mit Sprechen, nicht direkt auf das Gesagte des Gegenübers eingeht, damit nicht doch versehentlich die typische »Anklage-Verteidigungs-Situation« entsteht. Bleibt immer bei euch und eurer Gefühlswelt (»Ich habe das Gefühl ... es fühlt sich für mich an...ich habe das so wahrgenommen...mich beschäftigt gerade ... .das hat mich aufgewühlt ... «)
5. Abschluss: Beendet euer Zwiegespräch, indem ihr euch beide bei eurem Gegenüber für seine/ihre Offenheit und das aufmerksame Zuhören bedankt.

Ich wünsche euch viel Freude, Erkenntnis und liebevolle Einsicht bei eurem Zwiegespräch!

RITUAL Edelsteinmassage – Der Zauber der Berührung

Sich gegenseitig zu massieren, zählt für mich zu einem der schönsten Dinge des Lebens. Besonders in einer Partnerschaft ist es ein wundervolles Ritual, sich gegenseitig liebevolle Aufmerksamkeit zu schenken, die Körper zu erforschen, mit Hingabe und Liebe dem Herzensmenschen etwas Gutes zu tun – auf physischer, mentaler und Liebesebene – und auf der anderen Seite, sich voll und ganz hinzugeben, zu vertrauen und zu genießen.

Massieren bedeutet berühren (aus dem Arabischen: »massa« = berühren). Berührung ist etwas, nach dem wir uns alle sehnen und von dem wir häufig, auch in einer Partnerschaft, zu wenig bekommen. Wir scheinen immer zu viel zu tun und keine Zeit zu haben, uns wirklich dem anderen zu widmen, oder wir wissen nicht recht, wie wir uns auf körperlicher Ebene begegnen und Verbindung schaffen können, ohne gleich in einen sexuellen Kontakt zu kommen.

Natürlich können wir Menschen mit unseren Worten und Gesten berühren, aber der Kontakt mit der Haut ist noch einmal etwas ganz Besonderes und wirkt auf vielen Ebenen.

Mein Mann und ich gestalten uns so oft Massage-Rituale und massieren uns gegenseitig, mal ist er dran, an einem anderen Abend dann ich. So machen wir uns gegenseitig das größte Geschenk, indem wir uns unsere Zeit, Aufmerksamkeit und Hingabe schenken und uns wirklich dem anderen widmen. Dabei kommt es nicht darauf an, wie gut oder professionell jemand massieren kann, sondern mit welcher Hingabe und der Absicht, Gutes zu tun und Wohlbefinden und Heilung zu kreieren, er oder sie den Körper berührt. Berührung schafft Verbindung, Vertrauen, Mitgefühl, Verständnis und öffnet unser Herz uns selbst und unserem Herzensmenschen gegenüber.

In der Vergangenheit haben wir oft mit unterschiedlichen natürlichen Ölen und Cremes experimentiert. Mein Mann probiert gern verschiedene Massagetechniken aus, z. B. Thai-Massage, Fußreflexzonenmassage und Chakrenmassage. Verschiedene Edelsteine in die gegenseitigen Massagen zu integrieren, ist auch deshalb besonders schön, da sie mit ihren wundervollen Energien noch zusätzlich unterstützen.

Je nachdem, wie wir die Steine anwenden, können sie auf verschiedenen Ebenen auf uns wirken: Körperlich, feinstofflich, seelisch oder geistig. Denn, indem wir unseren Körper, unsere physische Hülle, berühren, bewirken wir so viel auf emotionaler Ebene.

Ich liebe es, mit dem Rosenquarz zu massieren, da er in einer runden, glatten Form ein wunderbarer Massagestein ist und zeitgleich mit seinen feinen Schwingungen zusätzlich unsere Herzen öffnet und uns auch zueinander ins Gefühl bringt. Der Stein der Liebe und des Herzens verbessert die Empfindsamkeit, unser Körpergefühl und fördert die Gewebsdurchblutung. Werden wir von unserem Herzensmenschen mit einem Rosenquarz massiert, können wir uns oft so sehr öffnen, dass uns in uns schlummernde Bedürfnisse bewusstwerden und wir einen viel klareren Zugang zu unserem Herzen bekommen. Je nachdem, wie genau wir mit ihm massieren, kann er mal entspannend und mal anregend wirken.

Das braucht ihr

- Rosenquarz (Form: rund, Kugel, Herz)
- Bergkristall (Form: egal)
- Naturbelassenes, biologisches Körperöl
- Handtuch
- Decke, um ggf. Körperstellen warmzuhalten

Anleitung

1. Gestaltet euch einen ruhigen und schönen Ort für euer Ritual. Ihr könnt das Handtuch einfach auf eurem Bett platzieren oder auf den Boden legen. Es muss keine Massageliege sein! Entzündet Kerzen, macht euch schöne Musik an, z. B. herzöffnende Mantramusik oder Naturklänge und sorgt dafür, dass es euch auch unbekleidet warm genug ist.
2. Dein Herzensmensch, den du heute massieren wirst, legt sich hin, entweder auf den Bauch oder Rücken und macht es sich gemütlich. Decke ihn gern noch einen Augenblick zu.
3. Bevor die Massage beginnt, solltest du einen Schutz für euch beide kreieren, mit der Absicht, dass alles, was zu deinem Herzensmenschen gehört, dort bleibt und alles, was zu dir gehört, ebenfalls bei dir bleibt. Denn bei einer Massage wirken nicht nur die Hände, auch die Gedanken, Empfindungen und Gefühle können übertragen werden. Nimm dafür gern deinen Bergkristall in deine Hände, schließe für einen Moment die Augen, und stelle dir einen Lichtmantel vor, den der Bergkristall mit seinen

schützenden Energien um euch beide legt, damit alle Energien bleiben, wo sie sind und nur die hohen, reinen Schwingungen übertragen werden.
4. Nimm nun den Rosenquarz in deine Hände, schließe die Augen, spüre, wie er sich mit Wärme auflädt und seine Schwingungen deut-

lich in deinen Handinnenflächen spürbar werden, wie sie pulsieren. Lade ihn zeitgleich mit deiner höchsten Intention der Liebe und der Hingabe für diese Massage auf.

5. Nun bereitet euch beide auf dieses anstehende Liebes-Ritual vor. Lasst eure Gedanken zur Ruhe kommen, macht euch eure Aufgabe bewusst: Du bist voll und ganz für deinen Herzensmenschen da, hast die Intention ihm Gutes zu tun und Wohlbefinden zu bescheren und mit allen Sinnen und deiner ganzen Aufmerksamkeit bei ihm zu sein. Und dein Herzensmensch hat die Intention sich zu öffnen, weich und empfänglich zu sein für das anstehende Geschenk, das du ihm bereitest.
6. Um dich vollkommen einzustimmen, kannst du für einige Augenblicke gemeinsam mit deinem Herzenmenschen atmen. So verbindet ihr euch miteinander und begebt euch auf das gleiche Energielevel.
7. Wenn dein Rosenquarz warm ist, dann verteile etwas Öl auf dem Körper und beginne ganz intuitiv, den Stein über die Haut deines Partners oder deiner Partnerin gleiten zu lassen. Es gibt kein Richtig oder Falsch. Du kannst kreisen, sanft oder kräftiger klopfen, den Stein vibrieren lassen, drücken, streichen, kneten, ziehen, auch das Gesicht und den Kopf darfst du sanft massieren. Das Wichtigste dabei ist, dass du aufmerksam bist und die Reaktionen der/des Massierten wahrnimmst und liebevoll auf die Bedürfnisse und Wünsche eingehst. Schaue nur, dass du empfindliche Körperstellen, wie beispielsweise die Wirbelsäule, aussparst und nicht zu fest auf Knochen und Gelenke drückst (wie generell bei der Massage). Probiere auch gern aus, mit deinem Körpergewicht zu arbeiten. So kannst du jeden Zentimeter deines Herzensmenschen entdecken und liebevolle Aufmerksamkeit schenken. Der Rosenquarz wirkt mit seinen feinen Schwingungen der Liebe auf euch und schenkt euch eine wunderbare, intime Begegnung der Berührungen.
   Wenn du die Massage abgeschlossen hast, bedanke dich beim Rosenquarz für seine Unterstützung bei diesem Akt der Zuwendung und lasse deinen Herzensmenschen noch eine Weile in Stille und gut eingehüllt in einer Decke ruhen.
8. Mache nun einen bewussten Rücktausch der übernommenen Energien, indem du den Bergkristall in die Hand nimmst und darum bittest, dass alle übernommenen Energien an den Ursprung zurückkehren.
9. Reinige den Bergkristall und den Rosenquarz unter fließendem Wasser. So entfernst du das Öl und zeitgleich alle unerwünschten Energien, die er möglicherweise in sich gespeichert hat. Lege danach beide Steine für ein paar Stunden auf eine Amethyststufe. Eine vollständige Anleitung für die Reinigung deiner Steinschätze findest du in Kapitel »Pflege deiner Schätze«.

RITUAL
Für Singles und Menschen, die sich einen Herzensmenschen an die Seite wünschen

Wie finde ich meinen Seelenmenschen? Warum gehen meine Beziehungen immer wieder in die Brüche? – Diese Fragen stellen sich viele Menschen, die ungewollt alleine leben. Ich führe viele Beratungsgespräche mit Menschen, die schon länger Single sind und sich sehnlichst eine erfüllte Beziehung wünschen. Einen Menschen an ihrer Seite, der ihr Seelenpartner, ihr Herzensmensch sein kann, mit dem sie Hand in Hand durch ihr Leben gehen können und der sie so sieht und liebt, wie sie sind.

Am liebsten hätten wir in Zeiten als Single einen Liebeszauberstein, den wir einfach nur bei uns tragen müssen und schon wird uns der perfekte Seelenpartner serviert. Aber so einfach ist es leider nicht, und ein Stein allein kann uns durch seine bloße Anwesenheit diesen Dienst leider auch nicht tun.

Wie es immer so ist im Leben, fängt alles bei uns selbst an und bei der inneren Arbeit, können wir tatsächlich ganz wunderbar mit bestimmten Steinen zusammenarbeiten und uns von ihnen unterstützen lassen. Denn bevor wir ins Außen gehen, müssen wir uns im Inneren erkunden.

Ich habe für mich erkannt, als ich für dieses Buch zurück in meine sehr unglückliche und unerfüllte Vergangenheit meiner Liebesbeziehungen gereist bin, dass ich zuallererst mich selbst kennenlernen musste, bevor ich meinen Mann, meinen Seelenpartner, treffen konnte.

Denn nur, wenn wir selbst wissen, wer wir sind, was uns einzigartig macht, was unsere Wünsche, Träume und unsere Werte im Leben sind, aber auch welche Verletzungen wir erfahren haben und welche Muster wir haben, können wir vom Innen ins Außen gehen und genau nach den Partner:innen »suchen«, die zu uns passen und die wir uns wünschen.

Oder besser gesagt: Indem wir ganz authentisch wir selbst sind und uns unserem Selbst bewusst sind, werden wir genau das anziehen, was zu uns passt. Nämlich unsere Seelenmenschen, die uns im wahren Kern erkennen, sehen und lieben. Ohne all die unbewussten oder bewussten Fassaden, die wir vielleicht vorher dachten, aufsetzen zu müssen – ganz pur wir selbst.

Wie am Anfang dieses Kapitels bereits erwähnt, folgen wir Mustern, die aus unserer Kindheit stammen und die wir ständig unterbewusst

reproduzieren. Und so suchen wir uns immer wieder Partner:innen, die diese Muster bedienen, die uns in Situationen versetzen, die uns bereits bekannt sind, die wir früher mit unseren Eltern erlebt haben, die uns in unserem Erwachsenen-Ich jedoch nicht mehr dienlich sind, da wir nicht mehr auf diese Muster und unsere Eltern, die der Auslöser für diese Muster waren, angewiesen sind.

Ein Beispiel: Früher habe mich sehr viel im Außen bewegt und mich mit materiellen Dingen befriedigt. Ich habe damit versucht, die Liebe zu kompensieren, die ich damals nicht bekommen habe. Ich habe teure Reisen gemacht, hatte die beste Technik, perfekte Laufschuhe etc. und so habe ich dementsprechend genau die Männer angezogen, die dies ebenfalls als cool und wichtig empfunden haben. Das da unter dieser äußeren Fassade viele andere Wünsche schlummerten, habe ich leise geahnt, aber ihnen keinen Raum gegeben. Ich fürchtete, dann nicht mehr respektiert und geliebt zu werden. So habe ich Menschen angezogen, die mich für mein Äußeres geliebt und wertgeschätzt haben, jedoch nicht für meine inneren Wünsche und Bedürfnisse.

Nach und nach habe ich mich auf meinen spirituellen Weg zu mir gemacht und immer mehr erkannt, wie wichtig mir die spirituelle Arbeit ist, meine Rituale, meine Offenheit für all das, was für viele Menschen ungreifbar ist. Je mehr ich mich da hineinbegeben habe, desto mehr konnte ich merken, wie sich mein Umfeld und somit auch die Männer in meinem Umfeld verändert haben. Je mehr ich mich selbst kennenlernte, desto mehr wusste ich auch, was ich brauche und was mich erfüllt. Und umso klarer wurde mir, wen ich in mein Leben lassen möchte und wen nicht.

Wenn ich zurückblicke auf die Zeit, in der meine Beziehungen unerfüllt waren, in die Brüche gegangen sind, wie allein ich mich fühlte, kann ich heute erkennen, dass der Grund dafür war, dass ich mich selbst noch nicht richtig kannte. Ich wusste nicht, wer ich bin, was ich eigentlich vom Leben will, wie ich es leben will, und was mir wichtig ist. Wie kann dann ein anderer Mensch zu mir passen, wenn ich gar nicht weiß, wer ich eigentlich bin?

Wenn auch du dir eine erfüllte Partnerschaft wünschst, schon viel im Außen gesucht hast und »gescheitert« bist, empfehle ich dir von Herzen, erst einmal die Richtung zu wechseln und dich mit dir selbst zu beschäftigen, dich kennenzulernen.

Dafür kannst du dir zwei wundervolle Steine zu Hilfe holen: den **Rosenquarz**, Stein für die Liebe und das Herz, und den **Mondstein**, der Stein für die Verbindung zu unserem Innersten, für unsere Intuition und unsere natürliche Freude. Der Mondstein nimmt dich mit in dein Innerstes, zeigt dir den Weg »nach Hause« zu deinem wahren Ich und unterstützt dich liebevoll dabei, dich mit all deinem inneren Reichtum kennenzulernen. Der Rosenquarz unterstützt dich dabei, dein Herz zu öffnen, um alle Gefühle und Emotionen zulassen zu können, die sich dir auf deiner Reise zu dir selbst zeigen. Sie sind wichtige Hinweise darauf, was für dich und dein Leben wichtig ist und auch, wo du noch hinschauen und heilen darfst (gehe dafür auch gern zum Kapitel »Ich lasse los, was mir nicht mehr dient«).

Sich selbst kennenzulernen, bedeutet auch, alte Überzeugungen und Muster zu erkennen, die heute nicht mehr zu dir gehören, deiner Intuition zuzuhören und mit ihr ins Vertrauen zu gehen. Denn wenn du wirklich und wahrhaftig deinen Seelenpartner finden und eine erfüllte Beziehung führen möchtest, dann musst du radikal ehrlich mit dir selbst und deinen Bedürfnissen sein. Ansonsten wirst du immer einen faulen Kompromiss eingehen und unerfüllt bleiben.

RITUAL
Entdecke dich und deine Bedürfnisse

Ich wünschte manchmal, ich hätte dieses Ritual schon früher kreiert, es hätte mir und anderen so viel Traurigkeit und Verzweiflung erspart. Umso glücklicher macht es mich, dass ich es dir heute an die Hand geben kann, um dich auf deinem Weg zu einer erfüllten Beziehung zu unterstützen.

Das brauchst du

- Mondstein
- Rosenquarz
- Dein Notizbuch/Journal oder Zettel
- Einen Stift

Anleitung

1. Nimm den Mondstein in eine Hand, den Rosenquarz in die andere. Schließe dann die Augen, erde dich (du darfst sitzen oder liegen, ganz wie du magst), und atme tief und ruhig ein und aus. Der Rosenquarz hilft dir, dein Herz offenzuhalten und alles zu fühlen, was kommt. Der Mondstein ist dein Reisebegleiter, der dich mit in dein Innerstes nimmt.
2. Nun stelle dir vor, dass du deine Fühler wie eine Schnecke einziehst und in dein wunderschönes Schneckenhaus kriechst. Schaue dich darin um, nimm alles wahr, was hier ist.

3. Stelle dir folgende Fragen:
   - Was ist mir wichtig im Leben?
   - Wie möchte ich leben?
   - Was habe ich für Träume?
   - Was habe ich für Werte?
   - Welche Eigenschaften sollte mein Partner haben?
   - Was ist mir wichtig in einer Beziehung?
   - Was möchte ich unbedingt mit meinem Seelenpartner teilen?

   Es kann sein, dass du Erkenntnisse bekommst, die zunächst schmerzen, die eventuell dein Gerüst, deine Fassade, die du über Jahre aufgebaut hast, erschüttert: Lasse die Erkenntnisse und den damit verbundenen Schmerz zu, spüre deinen Rosenquarz und fühle ganz bewusst in ihn hinein. Bedanke dich für diese Erkenntnisse, denn sie führen dich ein Stück näher zu dir selbst.
4. Wenn du dir all diese Fragen beantwortet und sie in deinem Herzen gefühlt hast, öffne deine Augen und schreibe deine Erkenntnisse in dein Notizheft/Journal.
5. Mache dieses Ritual regelmäßig und notiere jedes Mal alles. Nimm auch gern deine beiden Begleitersteine und dein Journal in deinen Alltag mit, denn so manche Erkenntnis über uns selbst ereilt uns zwischen Tür und Angel, also wenn wir es nicht erwarten. Je häufiger du dieses Ritual machst, je mehr wirst du über dich lernen, erkennen, und je klarer wird sich herauskristallisieren, was dir wichtig ist. Automatisch wirst du Menschen anziehen, die mit dir in Resonanz gehen, denn deine Signale werden immer klarer werden und du wirst immer authentischer du selbst sein. Nicht nur im Inneren, sondern auch im Außen.

Ich glaube an die Liebe auf den ersten Blick, wenn zwei Menschen aufeinandertreffen und die Schwingungen der Liebe sich sofort zu einem wunderschönes Band verwebt. Aber ebenfalls glaube ich daran, dass wir uns manchmal zwei- oder dreimal begegnen dürfen, um unsere wahren Herzen zu erkennen. Also halte deine Augen und dein Herz offen für deine Mitmenschen, hinterfrage deine Muster und versuche, den Verstand auszuschalten und deinem Herzen zu folgen.

Jeder Mensch hat es verdient, geliebt und wertgeschätzt zu werden. Ich wünsche mir sehr für dich, dass auch du deinen Herzensmenschen findest, der dich in deiner Ganzheit sieht, der deine schönsten Sonnenseiten, aber auch deine Schattenseiten in dir hervorholt und ihr gegenseitig die wunderbarste Version eurer Seele in euch wecken könnt.

ERFAHRUNGSBERICHT: LARS WENDT

MEINE RETTUNGSLEINE BEI STARKER STRÖMUNG

Kennst du das Gefühl der Ohnmacht? Warum auch immer landest du in einer scheinbar ausweglosen Situation, die dich emotional und mental so einnimmt, dass du dich hilflos und alleine fühlst. Wenn ich auf mein Leben zurückblicke, dann hat es sich sehr oft so angefühlt, als wolle das Leben mich testen.

Ich war gerade zwölf Jahre alt, als der Trennungsprozess meiner Eltern begann, der jahrelang anhielt. Erst sieben Jahre später saß ich mit meinen Eltern in einem etwas heruntergekommenen Büro vor dem Notar, um zu bezeugen, wie die Scheidungspapiere unterschrieben werden. Aber dieses Gefühl der Ohnmacht begleitete mich noch weiter. Ein Jahr bevor der Scheidungsprozess ein Ende hatte, bekam meine Mutter eine Krebsdiagnose. Meine Mutter war selbst Ärztin und mit der Hilflosigkeit, die sich in ihren Augen breitmachte, machte sich noch etwas anderes in meinem Leben breit: die konstante Angst, meine Mutter zu verlieren. Mit 27 Jahren verlor ich meine Mama und damit meine beste Freundin und gleichzeitig auch meine Hoffnung.

Als meine Welt über mir zusammenbrach, rang ich mich dazu durch, mir Hilfe von einem Therapeuten zu holen. Dieses immer stärker werdende Gefühl der Ohnmacht machte mir aber ein besonderes Geschenk: Ich begann, mich für ganz neue Möglichkeiten zu öffnen. Ich probierte Dinge aus, über die ich vor einigen Jahren gelächelt hätte. Ich nahm an spirituellen Workshops teil, lernte mehr über Schamanismus, Energiearbeit, Aufstellungen, Hypnose, Sound Healing, Human Design und auch über Edelsteine. Plötzlich hatte ich Tools an der Hand, die mir halfen, mich nicht mehr ausgeliefert zu fühlen, sondern tatsächlich Verantwortung für mein Leben zu übernehmen. Ich teile diese Tools für mich in zwei Kategorien ein: In unserem Leben kann es sehr oft passieren, dass ich in einen wilden Fluss falle, der mich durchspült, mitreißt und aus der Balance bringt. Und es gibt Tools, mit denen ich im Nachhinein reflektieren und analysieren kann, warum ich immer wieder in diesen Fluss falle. Es gibt aber auch Tools, die mich in dem Moment, während ich dort im Wasser strampele, unterstützen, mich wieder aus dem Fluss zuziehen.

Seit einigen Jahren trage ich so gut wie jeden Tag Edelsteine in Form einer Mala um meinen Hals. Es gibt Momente, da vergesse ich, dass ich sie bei mir habe und genau das fasziniert mich an der Arbeit mit Malas. Oftmals entscheide ich mich nicht aktiv, mit Edelsteinen zu arbeiten. Es passiert vielmehr unbewusst, wenn mir eine Situation den Boden unter den Füßen wegzieht. Meine Gefühle überrollen mich, ich fühle mich hilflos, und dann spüre ich die Edelsteine in meinem Nacken. Auch wenn ich gerade das Gefühl habe, komplett die Kontrolle zu verlieren, schaffe ich es, eine Hand in den Nacken zu legen, mit meinen Fingerspitzen über die Steine zu fahren und mich für ein paar Sekunden mit mir selbst zu verbinden. Meine Mala ist wie eine Rettungsleine, die ich dabei habe und mir Sicherheit in unsicheren Momenten gibt. Trotz der kraftvollen Strömung des Flusses, kann ich mich an ihr festhalten, mich mit mir selbst verbinden und langsam zur Ruhe kommen. Ich höre auf zu kämpfen und kann mich wieder ordnen.

In den Jahren nach dem Tod meiner Mutter sind viele unterschiedliche Themen tief aus meinem Inneren an die Oberfläche getrieben. Stück für Stück haben sich die Ängste und Glaubenssätze aus meiner Kindheit gezeigt – oft genau dann, wenn ich am wenigsten damit gerechnet habe. Auf dem Weg meiner inneren Arbeit habe ich versucht, diese Themen konkret zu benennen, ihnen einen Namen zu geben und zu schauen, wie ich mich selbst dabei unterstützen kann. Ich habe mir wieder neue passende Edelsteine als Wegbegleiter für meine Herausforderungen ausgesucht. Dabei ist mir aufgefallen, dass die Kraft der Edelsteine so facettenreich ist, wie die Etappen meines Lebens. Ich habe mich durch einige Schichten durchgearbeitet und immer neue Steine als Anker gefunden.

Als Erstes half mir der Schneeflockenobsidian, mich meinen Gefühlen und Blockaden zu stellen. Aufgrund der Ohnmacht, die so lange Teil meines Lebens war, habe ich meine Gefühle irgendwann auf »stumm« geschaltet. Ich stelle mir die Arbeit mit den eigenen Themen oft so vor, dass ich mich langsam in meine eigene Tiefe sinken lasse. Um mich herum wird es dunkler, kälter und weit über mir sehe ich das Licht an der Oberfläche schimmern. Es braucht viel Mut, sich weiter hinabsinken zu lassen, weil ich nie weiß, was ich dort versenkt habe und was wieder zum Vorschein kommt. Der Schneeflockenobsidian hat mich dabei geleitet. Er gab mir Schutz und zeigte mir gleichzeitig, dass ich gar keinen Schutz brauchte. Alles, was ich finden werde, bin nur ich selbst.

Aber dann fand ich auch den Schmerz, die Trauer und ganz viel Wut wieder. Gefühle, die ich die Jahre zuvor betäubt und abgestumpft habe. Ich kam nicht nur aus der Balance, sondern spürte, wie sich mein Herz verschloss. Mit den Gefühlen, die ich zurück in mein Leben holte, kreierte ich plötzlich noch mehr Situationen, die diese Gefühle auslösten. Ich wusste nicht, wie ich damit umgehen sollte und wechselte die Steine. Mit dem Mondstein holte ich mir Balance und Ruhe in mein Leben zurück und der Rosenquarz half mir, in herausfordernden und schmerzvollen Situationen mein Herz offenzuhalten. Immer wenn sich mein Herz wie eine Schnecke zurück in ihr Haus verkriechen wollte, berührte ich den Rosenquarz und mein Herz, um innerlich offenzubleiben. Vor allem in Konfliktsituationen war dieses Ritual von großer Bedeutung für mich.

Nachdem ich es nun mehr und mehr geschafft hatte, mit einem offenen Herzen meine Themen anzuschauen, spürte ich, dass mir die Kraft und Klarheit fehlte, meine Innenwelt mit anderen Menschen zu teilen und meine Gedanken und Gefühle auszudrücken. Dabei helfen mir bis jetzt vor allem der Chalcedon und der Citrin. Ich möchte ein Leben voller Klarheit, Liebe, Kraft und Offenheit führen, gerade weil ich erlebt habe, dass es nicht selbstverständlich ist. Mittlerweile mache ich die schöne Erfahrung, dass mir die Edelsteine nicht nur als Rettungsleine im Fluss des Lebens helfen, sondern durch den mutigen Umgang mit meinen Herausforderungen auch die Intensität und Frequenz meiner Lebensthemen abgenommen haben.

Lars Wendt ist Spiritual Filmmaker und Videograf. Zusammen mit seiner Freundin Julie hat er schon Filme für das STUDIO NAIONA gezaubert. Und gemeinsam mit ihm habe ich die Malas für Männer kreiert, die er selbst so gerne trägt. Lars leitet zudem Gong-Meditationen an und gibt Retreats für Männer, die ihre Yin-Energie (wieder)entdecken wollen.

Ich erkenne die kleinen und großen Wunder in meinem Leben – Wegbegleiter & Rituale für Dankbarkeit und Fülle

Wir alle sehnen uns nach einem erfüllten Leben und wollen (endlich) glücklich sein. Ich hatte eine Zeit in meinem Leben, in der ich nicht bei mir war. In der ich meinen Fokus viel mehr auf die dunklen als die hellen Seiten gerichtet habe, in der ich nicht glücklich und erfüllt war. In der ich mir sehnlich wünschte, dass endlich die gute Fee mit ihrem Zauberstab vorbeigeflogen kommt und mich glücklich zaubert. Oder dass der Prinz auf seinem weißen Pferd vorbereitet und mich aus meinem unglücklichen Dornröschenschlaf wachküsst.

Doch je mehr ich mich spirituell weiterentwickelt und mit meinen Steinen gearbeitet habe, verstand ich sprichwörtlich, dass ich mein eigenes Glück selbst in der Hand habe und einzig und allein ich selbst verantwortlich dafür bin, mich glücklich zu machen. Dass das kein anderer Mensch, keine materielle Sache und kein Ort für mich übernehmen kann. Ich habe verstanden, dass das Glück und die Fülle schon da sind, dass ich nur hinschauen und sie erkennen muss. Eine lange Zeit war ich nicht in der Lage, dieses wunderschöne Licht in meinem Leben zu bemerken.

Du bist Schöpfer:in deines Lebens

Du bist verantwortlich für den Mangel in deinem Leben und du selbst hast es in der Hand Fülle einzuladen, und dir das Leben deiner Träume zu kreieren. Manche Menschen denken, das Leben sei gegen sie. Natürlich gibt es die Situationen, die uns den Boden unter den Füßen wegziehen, in denen wir die Dinge nicht in der Hand haben, doch es gibt so vieles, was wir beeinflussen können:

Du musst nicht Ewigkeiten in dem Job bleiben, der dich überfordert und stresst, aber gutes Geld bringt. Du musst dich nicht mit Menschen umgeben, die dir nicht guttun. Und du musst nicht die unbequemen High Heels anziehen, um für andere attraktiv zu sein.

In so vielen Bereichen unseres Lebens dürfen wir wählen, die Straße überqueren und zur sonnigen Seite wechseln. Frage dich einmal, was deine Werte sind, welche Erwartungen du an dich selbst hast. Und dann frage dich, ob das damit übereinstimmt, wie du denkst und handelst. Frage dich, was dich glücklich macht und was du dafür tust, um glücklich zu sein.

Wir ziehen das an, was wir an das Universum senden. Denn die gleichen Energien verbinden sich miteinander.

Im Hier und Jetzt glücklich sein

In unserem hektischen und wuseligen Alltag laufen wir so oft mit Scheuklappen durch das Leben, den Fokus auf das, was als Nächstes ansteht, worum wir uns kümmern müssen.

Oftmals bleibt dabei die Fülle in unserem Leben auf der Strecke, und wir übersehen, welchen Wundern und Kostbarkeiten wir in unserem Leben tagtäglich begegnen. Ich habe bereits so viele Beratungsgespräche mit Menschen geführt, in deren Leben alles gut läuft. Sie haben einen guten Job, eine tolle Familie, Hobbies. Doch was ihnen fehlt, ist es, glücklich zu sein. Sie sind oft nicht im Hier und Jetzt, sondern bewegen sich mit ihrem Geist ständig in der Vergangenheit oder in der Zukunft. »Wäre ich nur wieder jünger«, »bald habe ich wieder Urlaub, da werde ich glücklich sein«, »hätte ich es damals anders gemacht, wäre ich heute sicherlich erfolgreicher«.

Höher, schneller und weiter. Wir denken, wir werden endlich glücklich sein, wenn wir den neuen Job oder die neue große Wohnung haben, wenn wir mehr Geld verdienen, die große Liebe finden oder das Projekt vollendet haben. Ich habe erfahren, dass die Wahrheit eine andere ist: Die Dinge im Außen, die in der Vergangenheit oder

Die kindliche Freude am Leben

Immer wenn ich meine kleinen Zwerge beobachte, bin ich jedes Mal aufs Neue fasziniert: Kinder sind immer im Hier und Jetzt, sie spielen voller Freude, Leichtigkeit und Neugier auf das Leben. Sie schauen meist auf das Positive, »das geht nicht« gibt es in ihrer Welt nicht, nur von außen. Sie wollen alles lernen, alles anfassen, fühlen, erfahren. Wir Erwachsenen haben diese Sehnsucht nach dem Neuen oft verloren und sind festgefahren im Gewohnten.

Zukunft liegen, werden uns nie glücklich machen, wenn wir nicht anfangen, im Moment zu sein und uns auf das besinnen, was gerade ist.

Vielleicht kennst du das Gefühl, wenn du dir einen langersehnten Traum erfüllen konntest, aber dennoch keine tiefe Freude darüber empfinden kannst. Es sind vielmehr die kleinen Schritte und Wunder, die uns erfüllen und aus denen wir schöpfen können, als unsere großen Erfolge. Jede einzelne Sekunde, jede einzelne Minute, jede einzelne Stunde und jeden einzelnen Tag – du darfst dich immer wieder auf den Moment besinnen, und du wirst die meiste Zeit spüren: »Ja, es ist alles gut so, wie es jetzt gerade in diesem Moment ist.«

Unsere Kinder finden so schnell etwas, mit dem sie sich beschäftigen und an dem sie Freude finden. Es sind meist Kleinigkeiten: Sie bauen sich eine ganze magische Welt nur mit ihrer Fantasie auf und plötzlich wird das Fell zum Schafspelz, die gemusterte Decke zum Campingplatz für ihre Autos. Sie basteln sich Figuren aus allen möglichen Dingen, wie Toilettenpapierrollen, die wir achtlos in den Müll schmeißen. Sie stellen sich in ihrer Fantasie die wildesten Sachen, die edelsten Kostüme und Rollen vor; sie spielen Fee, Ritter und Königsfamilie. Sie erschaffen aus nahezu nichts so viel und gehen darin so sehr auf. Sie versinken in dem, was sie gerade tun, sodass sie die Welt um sie herum komplett vergessen und nicht mehr wahrnehmen können.

Die kleinen Wunder des Lebens dankbar wahrnehmen

Manche sehen nur das Gesamtkunstwerk einer Mala. Doch betrachten wir sie einmal ganz genau, entdecken wir das Funkeln und die Schönheit jeder einzelnen Perle. Jede der 108 Perlen trägt dazu bei, dass am Ende ein wunderschöner Wegbegleiter entsteht.

Wann hast du das letzte Mal etwas getan, womit du so im Flow warst? Kinder sind oft viel verbundener mit sich als wir Erwachsenen, ohne all die Sorgen, Ängste und Nöte, die uns immer wieder zurück in die Vergangenheit bringen oder sorgenvoll in die Zukunft blicken lassen und unsere Freude und Fülle überschatten. Kinder erkennen die Fülle im Moment, können darin versinken und voller Spaß und Freude mit ihrem wahren Kern in Verbindung gehen. Natürlich tun sie das ganz unbewusst.

Das ist eine Erinnerung an uns, dass die Fülle von Anfang an in uns ist. Wir dürfen uns an sie zurückerinnern, sie erkennen und uns ihr hingeben. Wir dürfen wieder anfangen, zu spielen, kreativ zu sein, die Grenzen auszuweiten, unsere Limitierungen aufzulösen und unseren Fokus auf die Fülle in den Dingen zurückbringen.

Wir dürfen unsere Augen offenhalten für all die kleinen Momente, die wir auf dem Weg zum Großen erleben. All diese kleinen Momente und Wunder sind es, die unser Leben zu einem erfüllten und wunderbaren Gesamtkunstwerk machen.

Wir werden nicht dankbar, wenn wir glücklich sind, sondern wir werden glücklich, wenn wir dankbar sind. Und wenn du einmal achtsam dich und deine Umgebung wahrnimmst, in den Moment eintauchst, wirst du viel finden, wofür du dankbar sein kannst. Du darfst die Scheuklappen abnehmen und ganz bewusst auf die Schönheit und Fülle in deinem Leben blicken.

Und du darfst die Wunder erkennen, die in dir liegen. Du bist ein Geschenk für diese Welt.

DAFÜR KANNST DU DANKBAR SEIN:

- Für dich und deine wunderbare Persönlichkeit
- Die Menschen in deinem Leben: deine Familie, dein:e Partner:in, deine Freunde, Kolleg:innen, vielleicht auch Haustiere, die dir treue Begleiter sind
- Für das Leben
- Für deine Gesundheit, dein sicheres Zuhause, deinen gefüllten Kühlschrank, eine warme Dusche
- Für Freiheit und Frieden
- Deine Edelsteine
- Die Natur und die wunderbaren Dinge, die dort zu finden sind
- Zeit für dich zu haben
- Wunderbare Momente
- Situationen, aus denen du lernen konntest
- Deine Schöpfer:innenkraft
- Möglichkeiten und die Wahl zu haben
- Kleine Dinge, die den Alltag einfacher machen

Und dir fallen sicher noch viel mehr Dinge ein, für die dankbar bist, wenn du dein Herz öffnest!

IST DEIN GLAS HALBVOLL ODER HALBLEER?

Unser Gehirn ist darauf programmiert, das Negative zu sehen, um ständig optimieren zu können. Vielleicht kennst du das: Du hast einen wunderschönen Tag, alles läuft rund, und dann passiert es: Dein Auto hat einen Platten, eine Verabredung sagt dir spontan ab, oder das Getränk kippt um und läuft über wichtige Unterlagen. Und genau diese wenigen Minuten bleiben hängen, obwohl die anderen Stunden deines Tages wunderschön waren. Sobald wir schlechte Laune bekommen, denken wir: »Jetzt ist der ganze Tag gelaufen.« Das war für uns Menschen früher unglaublich wichtig, um zu überleben. So haben wir Gefahren erkannt und auch heute kann uns der Automatismus unseres Gehirns in Notsituationen dienen.

Wir dürfen ihn deshalb austricksen und uns ganz bewusst immer wieder auf das fokussieren, was positiv ist. Und du darfst dir klarmachen, dass dieser eine Augenblick, der gerade schiefläuft nichts darüber aussagt, wie dein Leben insgesamt verläuft. Dass der verschüttete Kaffee am Morgen nichts mit dem Rest des Tages zu tun hat. Ein ungünstiger Moment bedeutet nicht, dass der ganze Tag verpatzt ist. Und ein schlechter Tag bedeutet nicht gleich ein schlechtes Leben …

TOXIC POSITIVITY – »GOOD VIBES ONLY«

In unserer Gesellschaft wird uns suggeriert, dass wir nur gut sind, wenn wir glücklich sind. Es fängt schon dabei an, dass wir meistens vor anderen verbergen wollen, wenn es uns nicht gut geht und eine Notlüge erfinden, wenn wir gefragt werden, wie es uns geht.

Zum Glücklichsein gehört jedoch immer auch die Gegenseite dazu: Yin und Yang, schwarz und weiß, Tag und Nacht – ohne das Eine gäbe es das Andere nicht. Und so ist es auch mit dem Glück. Stelle dir vor, du wüsstest gar nicht, was es bedeutet, traurig oder unerfüllt zu sein. Könntest du deine Freude dann überhaupt spüren? Depressive Menschen spüren oft eine tiefe Leere in sich. Viele von ihnen sagen, das fühle sich schlimmer an, als traurig zu sein. Sie spüren weder Freude noch Traurigkeit, sind so antriebslos, dass sie sich teilweise fragen, warum sie überhaupt auf der Welt sind.

Was ich damit sagen möchte: Unangenehme Gefühle sind wichtig und gehören zum Leben dazu – genau wie all die wunderbaren angenehmen Gefühle. Es ist das Auf und Ab, der Fluss des Lebens. Es ist so wichtig, sich auch mit den unangenehmen Emotionen auseinanderzusetzen, sie zu akzeptieren und sie da sein zu lassen. Sie zu fühlen. Zur Fülle gehört genau das dazu. Denn erst, wenn wir die unangenehmen Gefühle wirklich annehmen und fühlen, können wir sie wieder loslassen, um die angenehmen Gefühle einzuladen. Denn je mehr wir scheinbar »negative« Gefühle verdrängen, desto stärker und geballter kommen sie zu uns zurück. (Erfahre in Kapitel »Ich lasse los, was mir nicht dient« mehr über das Loslassen und Vergeben.)

Wichtig ist zu erkennen, dass alle Gefühle kommen und gehen. Alles hat ein Ende. So wie unsere Freude manchmal nur einen Augenblick anhält, geht auch der Schmerz, die Angst oder Trauer wieder vorbei. Ich finde diese Erkenntnis sehr hilfreich, um zu vertrauen, dass auch alles wieder gut wird. Wir dürfen bei allem einen Ausgleich finden und in unsere Gefühlsbalance kommen.

MIT ERFÜLLTEM HERZEN GEBEN

Liebe ist unendlich und wird zu dir zurückkommen, wenn du sie in der Welt verbreitest. Während meiner Ausbildung zur Yogalehrerin habe ich die vier Yogawege kennengelernt, die zur Erleuchtung führen sollen.

Einer dieser Wege ist Karma Yoga. Karma Yoga ist der Weg des Gebens und des selbstlosen Handelns. Mir selbst war es schon immer eine große Freude, Menschen zu unterstützen und ihnen beiseite zu stehen. Die Liebe, die ich dabei in die Welt sende, kehrt mit geballter Kraft wieder zu mir zurück. Wenn wir unsere Liebe rausschicken, wird sie nicht weniger, sondern mehr. Liebe ist nicht endlich, sie ist nicht limitiert.

Für mich gehört zu einem glücklichen und erfüllten Leben deshalb dazu, mein Herz für meine Mitmenschen offenzuhalten und ich spüre, wie dadurch die Fülle zu mir zurückkommt. Ich habe für mich intuitiv eine Berufung gewählt, bei der ich genau das tun kann.

Deine Edelsteine für mehr Fülle und Dankbarkeit im Leben

Citrin – Shine your Light
Lebensfreude, Offenheit, Entschlossenheit, Ausdruckskraft, Dankbarkeit
Labradorit – Create your Magic
Fantasie, Kreativität
Rosenquarz – True Love
Liebe, Sensibilität, Aufgeschlossenheit, Harmonie,

CITRIN – Shine your Light

Lebensfreude, Offenheit, Entschlossenheit, Ausdruckskraft, Dankbarkeit

Ein Wegbegleiter für dich, der dich jeden Tag an dein strahlendes Licht und all die wunderbaren Dinge in deinem Leben erinnert. Der allen Kummer und Stress vertreibt und dich das pure Gefühl von Lebensfreude und von Neugier auf alles, was dein großartiges Leben für dich bereithält, verspüren lässt. Mit ihm an deiner Seite gehst du mit deiner natürlichen Lebensfreude, Offenheit, Entschlossenheit und Ausdruckskraft durchs Leben.

Oft laufen wir in einem immer gleichen Trott durch Tage, Wochen, Monate oder manchmal auch Jahre und befinden uns in einer Art »Betriebsblindheit« für so viele wundervolle Dinge, die uns jeden Tag begegnen und die wir erleben können. Oder wir denken: »Wenn erst dies eintritt oder ich jenes habe, dann kann ich glücklich sein … «

Dankbarkeit zu üben, und zwar regelmäßig, ist so wichtig und kann unsere Sicht und unser Lebensgefühl einmal komplett umkrempeln und uns aus dem ständigen Mangelzustand in ein wunderbares Gefühl der Fülle anheben. Wenn wir uns daran erinnern, dass wir schon jetzt von einem unendlichen Reichtum umgeben sind, erkennen wir unser großes, inneres Glück. Der Citrin ist der Stein, der für diese Fülle und Lebensfreude steht und mit seinen ganz feinen Schwingungen auf uns wirkt. Er wird auch der Sonnen- oder Lebensstein genannt und mit ihm an unserer Seite dürfen wir jedem Tag mit dem neugierigen, offenen, lebensfrohen Blick eines Kindes begegnen. Dann kann die kleinste, unscheinbarste Sache ein riesengroßes Wunder sein!

Beim Anblick des Citrins stelle ich mir gerne eine Blume vor, die jeden Morgen beim ersten

Sonnenstrahl ihre Blütenblätter aufklappt, sich reckt und streckt und versucht, alles in sich aufzusaugen und dankbar in ihrer ganzen Pracht jeden einzelnen Tag erlebt.

LABRADORIT – Create your Magic

Kreativität, Fantasie

Der Labradorit nimmt dich mit ins Abenteuerland und beflügelt deine Fantasie. Er steigert deine Kreativität und mit ihm schaffst du es, dich an so viele wunderschöne Situationen zu erinnern. Er nimmt dich an die Hand und lässt dich in dein Inneres eintauchen, zu dem Ort, an dem du deine Ziele und guten Absichten erkennst. Er verbindet deine wunderbare magische Fantasie mit der Realität.

Dieser Edelstein ist besonders schillernd und facettenreich. Wenn du ihn ins Licht hältst und ihn hin- und herbewegst, entdeckst du immer mehr sein Schillern und die wunderbaren Farben, die in ihm verborgen liegen. Der Labradorit unterstützt dich dabei, all deine versteckten Fantasien, großartigen Ideen und Visionen an die Oberfläche zu bringen und ihnen die gewisse Magie einzuhauchen, die uns manchmal im tristen Alltag zu fehlen scheint. Er schenkt uns eine ganz besondere Energie, weil er tief in unser Herz und unsere Seele eintaucht und dort abgespeicherte Erlebnisse und Gefühle aufspürt und zum Vorschein bringt. So können wir uns zurückerinnern, negative Bilder auflösen und neue Schlüsse ziehen. Dies muss keinesfalls dramatisch sein, denn er bringt ebenfalls auf wunderbare Weise all deine kostbaren Talente und Fähigkeiten, längst vergessene Absichten und Ziele an die Oberfläche und macht sie für dich sicht- und fühlbar.

Du beginnst, eine kindliche Begeisterung zu entwickeln und deine Ideen sprudeln nur so aus dir heraus. Wichtig: Deine bunte Fantasie ist dabei fest mit der Realität verbunden. Mit dem Labradorit an deiner Seite öffnest du die Tür zu deiner Begeisterungsfähigkeit und deinem unbändigen Ideenreichtum. Er steigert deine Kreativität und hilft dir daraus, Freude und Begeisterung zu schöpfen. Mit jedem Herzschlag wachsen deine einzigartige Persönlichkeit und deine Selbstachtung und bringen dich in deine wahre Größe. Du beginnst von innen heraus zu strahlen, ebenso wie es der wunderschöne Labradorit mit seinen vielen schillernden Facetten tut. Lass es sprudeln und fließen. Kreiere deine eigene wunderbare Magie!

ROSENQUARZ – True Love

Liebe, Sensibilität, Harmonie, Aufgeschlossenheit

Der Rosenquarz ist die Brücke von unserem Verstand zu unseren Gefühlen. Er balanciert Körper, Geist und Seele aus und bringt uns in Kontakt mit unseren eigenen Herzensgefühlen. Der Rosenquarz unterstützt uns dabei, in diese pure, wunderschöne Verbindung zu unserem eigenen Herzen zurückzufinden. Erlaube deinem Herzen, voller Vertrauen mutig und frei ins Fühlen einzutauchen. Mit dem Rosenquarz schaffst du eine tiefe Verbindung zu deinen Gefühlen und begegnest allen von ihnen – egal, ob sie dir im ersten Moment unangenehm erscheinen mögen – mit viel Mut und Offenheit.

Der Rosenquarz unterstützt dich dabei, sie liebevoll anzunehmen, zu fühlen und zu verarbeiten. Mit deinem offenen Herzen darfst du zurück in deinen natürlichen Zustand der Liebe eintauchen. Ich wünsche dir viel Freude bei all den Abenteuern und Wundern, die sich aus deinem Gefühl heraus entfalten. Wir dürfen uns und unser Leben umarmen, sodass wir uns selbst voller Freude in unserer Ganzheit erfahren.

Du darfst dein Herz offenhalten für die Fülle um dich herum, für die lieben Menschen in deinem Leben und du darfst die Liebe mit einem offenen Herzen empfangen und in die Welt hinaussenden.

Edelsteinrituale für mehr Fülle und Dankbarkeit

RITUAL
Dankbarkeit am Morgen und Abend

Das brauchst du
- Citrin
- Dein Notizbuch/Journal oder Zettel
- Einen Stift
- Ggf. Räucherwerk

Dieses Dankbarkeitsritual ist wundervoll, um unseren Fokus auf die guten Dinge des Lebens zu lenken und uns ein Gefühl der Zufriedenheit in unserem gesamten Dasein zu schenken. Besonders am Abend ist Dankbarkeit unglaublich wertvoll, denn sie hilft uns, Frieden mit dem Tag zu schließen. Und wenn wir den Tag mit Dankbarkeit beginnen, starten wir mit einem positiven Fokus, besserer Laune und innerem Frieden. Dankbarkeit ist eine ganz simple und gleichzeitig unglaublich kraftvolle Praxis

.

Anleitung »Morgen-Dankbarkeit«:
- Nimm dir gerne direkt nach dem Aufwachen deinen Citrin und setze dich im Bett auf. Verbinde dich mit deinem Stein und lasse sein strahlendes Leuchten auf dich wirken.
- Atme ein paar Mal durch, und dann denke an den dir bevorstehenden Tag: Was wird dich erwarten?

Nimm dir nun dein Notizbuch/Journal und schreibe mindestens fünf Dinge oder Momente auf, auf die du dich heute freust.

Anleitung »Abend-Dankbarkeit«:
- Räuchere gerne abends dein Schlafzimmer, setze dich in dein Bett. Decke dich zu, mache es dir ganz gemütlich und schaffe dir einen ruhigen und entspannten Moment.
- Nimm dir deinen Citrin in die Hand und betrachte sein Leuchten. Verbinde dich mit ihm, schließe dafür gerne einen Moment die Augen, und atme ein paar Mal tief in den Bauch.

Nimm dir dein Notizbuch oder ein Stück Papier und schreibe fünf Dinge oder Momente auf, für die du an diesem Tag dankbar bist. Falls dir noch mehr Wundervolles einfällt, dann darfst du natürlich auch gerne mehr notieren.

Lasse diese kleine Praxis zur Routine werden, indem du sie möglichst jeden Morgen und jeden Abend integrierst. Du wirst schnell bemerken, wie sich die positive Wirkung der Dankbarkeit auf dein Leben auswirkt.

Mehr Routinen für einen ruhigen Abend und eine friedvolle Nacht findest du im Kapitel »Ich bin sicher«

RITUAL
108 kleine Wunder

Wie viele kleine Wunder erfüllen dein Leben? Du wirst ganz bestimmt viele finden, wenn du dich auf sie besinnst. Ich mache diese Übung auch gerne alleine oder mit meinem Sohn, zu zweit finden wir die 108 Wunder in unserem Leben.

Das brauchst du

- Citrin/Citrin-Mala
- Evtl. dein Notizbuch/Journal oder Zettel
- Einen Stift

Anleitung

- Nimm dir deine Mala, und mache es dir gemütlich. Du kannst dieses Ritual auch wunderbar morgens oder abends im Bett machen.
- Atme ein paar Mal tief durch, und verbinde dich mit deinem Wegbegleiter. Komme im Hier und Jetzt an, und fühle in diesen Moment hinein, einfach hier zu liegen oder zu sitzen und die Kraft deiner Mala zu spüren. Fühle deinen Herzschlag und deine Atmung, lege gerne eine Hand auf deinen Bauch und eine Hand auf dein Herz – dein Körper hilft dir, dich auf den Moment zu besinnen.
- Wenn du soweit bist, nimm deine Mala in deine führende Hand. Fange an, wie bei der Mala-Meditation (Anleitung in Kapitel »Wie du Edelsteine und Malas für deine spirituelle Entwicklung nutzt.«)

- Lasse die Perlen über deinen Mittelfinger gleiten.
- Halte bei jeder Perle inne und denke an ein kleines Wunder in deinem Leben. Wie weit kommst du? Schaffst du es bis zur hundertachten Perle? Du wirst überrascht sein, wie viel dir einfällt, wofür du dankbar sein kannst. Große und kleine Dinge.

Besonders kraftvoll ist das Ritual, wenn du jedes Wunder aufschreibst.

RITUAL (Mala-)Meditation mit positiven Affirmationen und Mantren

Für deine Fülle und Dankbarkeit möchte ich dir Affirmationen an die Hand geben, die du leicht in die Arbeit mit deinem Wegbegleiter integrieren kannst.

Deine Affirmationen für Dankbarkeit

- Danke.
- Ich bin dankbar.
- Ich bin unendlich dankbar für alles, was ich habe.
- Ich danke dem Universum für jeden Tag und jeden Moment.
- Ich bin voller Dankbarkeit und Wertschätzung.
- Ich bin dankbar für jeden Herzschlag und für jeden Atemzug.
- Ich bin dankbar für die wunderbaren Menschen in meinem Leben.
- Ich danke mir.

Deine Affirmationen für Fülle

- Ich bin glücklich.
- Ich lade die Fülle in mein Leben ein.
- Ich öffne mein Herz für alle glücklichen Momente meines Lebens.
- Ich sehe die sonnigen Seiten des Lebens.

Ich lasse los, was mir nicht mehr dient – Wegbegleiter & Rituale für die innere Heilung, Vergebung und Neuanfang

In vielen Beratungen spreche ich mit Menschen, über das, was sie davon abhält, ihr volles Potenzial zu entfalten und für ihre Wünsche und Träume loszugehen. So unterschiedlich die Lebensthemen oft sind, so eint uns doch, dass wir alle unsere Themen mit uns herumtragen. Wir Menschen sind nicht perfekt, wir sind keine Roboter, die durch einen Knopfdruck tagtäglich mit der gleichen Leistung ihre Arbeit verrichten. Unser Leben verläuft nicht nach einem vorbestimmten Plan, wir wurden nicht programmiert und tun nur das, was unser Programm uns vorgibt.

Ein Rucksack voller Wackersteine

Wir alle tragen einen Rucksack auf unserem Rücken mit uns herum, der häufig schwer mit Steinen beladen ist. Es sind keine funkelnden Edelsteine, die uns mit ihren Kräften unterstützen und uns den Rücken freihalten oder beflügeln. Es sind oft kleinere oder größere Wackersteine, die lastend auf unseren Schultern liegen und es uns manchmal sogar unmöglich machen, auf unserem Weg voranzugehen.

»UNTIL YOU MAKE THE UNCONSCIOUS CONSCIOUS, IT WILL DIRECT YOUR LIFE AND YOU WILL CALL IT FATE.«

CARL GUSTAV JUNG

Es sind die Ziegelsteine, die uns im Laufe unseres Lebens den Weg versperrt haben, die wir auf uns genommen haben und die nun schwer in unserem Rucksack liegen. Es sind belastende Erinnerungen, verdrängte Gefühle und Emotionen oder tiefliegende Verletzungen, die wir erfahren haben. Je nachdem, was wir in unserem Leben erlebt haben, wie resilient wird sind, wie unser Umgang mit schwierigen Erlebnissen ist, welche genetische Veranlagung und welche Persönlichkeit wir haben, wiegen die Steine größer oder kleiner.

Manchmal tragen wir so große Steine mit uns herum, dass wir vollkommen erschöpft in depressive Verstimmungen versinken, nicht mehr fähig sind aufzustehen, und es uns unmöglich ist, unser Leben zu bestreiten. Vielleicht hast du auch Erfahrungen in deinem Leben gemacht, die schwer auf deinem Rücken lasten, die vielleicht sogar traumatisch für dich waren und immer noch Auswirkungen auf dein heutiges Leben haben. Ich möchte an dieser Stelle erwähnen, dass manche Traumata so tief sitzen können, dass es ganz wichtig ist, uns professionelle Hilfe zu suchen. Die spirituelle Arbeit mit Edelsteinen kann dich unterstützen, sie ersetzt jedoch nicht die Arbeit eines professionellen Psychologen oder eine Therapie.

Nicht immer sind es so tiefsitzende Traumata, die uns blockieren, manchmal sind es Erlebnisse oder Glaubenssätze aus der Kindheit und Jugend. Annahmen, die wir über uns haben, oder Alltagsgeschehnisse, die uns lange beschäftigen und uns nachhängen: Erfahrungen aus Kindertagen, eine Trennung, eine belastende Arbeitssituation, Konflikte mit Freunden oder der Familie. All diese Erfahrungen bilden die Realität, dein Bild über dich und dein Leben. Sie legen sich wie ein Schatten über dich und dein Herz und folgen dir auf Schritt und Tritt. Ganz egal, wohin du gehst, du wirst mit diesen Steinen im Gepäck nicht auf die Sonnenseite gelangen. Der Schatten verschließt dein Herz und verhindert, dass es für seine Wünsche, Leidenschaften und Mitmenschen schlagen kann. Es lohnt sich also einmal zu prüfen, ob deine Realität wirklich zu dir gehört, oder ob du und dein Herz von deinen Erfahrungen überschattet sind.

Warum wir nicht loslassen können oder wollen

Oftmals lassen wir aus Angst und Gewohnheit nicht los. Gewohnheiten geben uns das Gefühl von Sicherheit, sie geben uns Kontrolle. Unser Gehirn kennt und liebt die Gewohnheit, es muss sich nicht mehr anstrengen, in dem es Neues aufnimmt.

Loslassen wird oft mit Verlust gleichgesetzt. Und Verlust ist meist unangenehm. So viele Menschen leiden unter Verlustängsten und halten lieber an dem Gewohnten fest, anstatt sich dem Schmerz, der mit Verlust einhergeht, zu stellen. Doch oftmals sind es gerade die schwierigen, schmerzhaften Erlebnisse, die das Potenzial zum Wachstum erst möglich machen.

Ich habe einige Jahre an einem Job festgehalten, der gar nicht zu mir passte, der mich eingeengt und meine Kraft gesaugt hat. Ich war nicht glücklich, doch bis ich etwas geändert und mein Glück selbst in die Hand genommen habe, musste die Not sehr groß werden. Ich hatte körperliche Beschwerden und habe mich selbst dafür beschuldigt. Erst als es ganz schlimm war, habe ich erkannt, dass ich etwas an meiner Situation ändern muss, dass ich das Leben, das ich geführt habe und all die Erwartungen, die ich mir selbst auferlegt hatte, loslassen musste.

Die Erkenntnis war schmerzhaft, ich musste viele Ängste überwinden und es war ein wahnsinnig anstrengender Prozess für mich, doch als ich erst einmal losgelassen hatte, ist so viel Raum für so viel wunderbares in meinem Leben entstanden. Hätte ich mich damals nicht von so

vielen Glaubenssätzen gelöst, wäre ich immer noch die unglückliche Nora mit einem Job, der sie nicht erfüllt, in einem Leben, das nicht zu ihr gehört.

Und so viele Menschen trauen sich nicht zu kündigen, aus Angst vor Unsicherheit, vor Ablehnung oder Kritik. Oft sind es auch die Erwartungen anderer. Wir denken, wir müssten ihre Erwartungen und ein ganz bestimmtes Bild erfüllen. Doch wir dürfen uns fragen, ob wir uns dieses Bild, das sich die anderen wünschen, selbst auferlegt haben, und ob es überhaupt zu uns und unserer Persönlichkeit passt. Und wenn dem nicht so ist: Lasse es los! Denn es ist dein Leben, und du hast es verdient, es nach deinen Vorstellungen zu gestalten und nicht, wie es andere gerne hätten.

Ich höre auch immer wieder von Menschen, die in unerfüllten Beziehungen feststecken, dass sie so viel Angst vor dem Alleinsein und den unangenehmen Emotionen einer Trennung haben, dass sie jahrelang unglücklich mit einem Partner oder einer Partnerin zusammenleben, der nicht (mehr) zu ihnen passt, auch das kenne ich nur zu gut. Es gibt manchmal die Momente im Leben, in denen wir uns an einem anderen Punkt als unser Partner befinden. Vielleicht hast du dich weiterentwickelt und bist im Gegensatz zu deinem Partner oder deiner Partnerin in eine neue Phase deines Lebens übergegangen. Und es ist ganz natürlich, dass es

dir Angst macht, dich zu trennen, besonders dann, wenn die Beziehung schon jahrelang besteht.

So viele Menschen stecken auch in toxischen Beziehungen fest, die ihnen einfach nicht guttun und viel mehr Mangel als Fülle auslösen. Doch sich zu trennen, erscheint vielen unmöglich. Was ist, wenn ich einen Fehler mache, was ist, wenn ich nie wieder einen neuen Partner finde? Natürlich kann es wichtig sein, zuerst an der Beziehung zu arbeiten, bevor wir sie einfach aufgeben. Doch wenn du schon so viel getan hast, und es trotzdem nicht gut ist, darfst du dir Gedanken darüber machen.

Wie möchtest du dein Leben leben? In Zweifel und Traurigkeit oder in Freude und Erfüllung?

Verdrängtes wird dich früher oder später einholen

Die Last des Rucksacks ist oft so schwer und die Sorgen und Ängste so groß, dass wir sie verdrängen, um sie nicht fühlen zu müssen. Sich mit ihnen zu beschäftigen und sich ihnen zu stellen, erscheint uns oft so schmerzhaft, so unangenehm, dass wir sie lieber beiseiteschieben. Wir reden uns ein, dass es gar nicht so schlimm ist, dass wir uns einfach mehr anstrengen müssen, oder es schon irgendwie von alleine gut wird.

Doch alles, was wir verdrängen, staut sich auf und kommt irgendwann mit geballter Kraft an die Oberfläche zurück. Wie ein Ball, den wir unter Wasser drücken, der sich seinen Weg an die Oberfläche zurück bahnen will, uns irgendwann doch aus der Hand gleitet und zurück an die Wasseroberfläche schießt. Je stärker wir den Ball unter Wasser drücken, mit umso gewaltigerer Kraft sucht er sich wieder seinen Weg an die Wasseroberfläche. Das Verdrängte will raus, es will angeschaut werden, es will AUFMERKSAMKEIT bekommen!

Es ist daher so wichtig, sich seine Blockaden anzuschauen und aufzulösen. Und je früher wir das tun, umso eher können wir unsere geistigen Ketten sprengen, um in Freiheit und Leichtigkeit zu leben.

Lasse los, damit du die Hände frei hast

Es geht nicht darum, zu vergessen oder zu verdrängen, sondern den eigenen inneren Frieden mit dem Thema, dem Menschen oder dem Ereignis zu finden. Die Erfahrungen und der Schmerz, den du erlebt hast, gehören zu dir. Sie haben dich mit all deinen anderen Erfahrungen zu dem Menschen gemacht, der du heute bist. Und so wie du bist, bist du wunderbar!

Wenn wir loslassen, nehmen wir an, dass wir aus dem Schatten der Vergangenheit in das Licht der Gegenwart zurücktreten. Wir kommen zurück in die Verantwortung über unser Leben.

Anstatt in der Vergangenheit festzuhängen, ständig darüber zu grübeln, was gewesen wäre, wenn (...), können wir uns wieder auf das Hier und Jetzt besinnen und unseren Weg bestreiten. Unser Herz kann die schwere Last abgeben und wird wieder frei. Frei, um sich zu öffnen, damit du dein volles Potenzial entfalten kannst und mit Leichtigkeit und Freude durch dein Leben gehst. Du darfst dein schweres Gepäck voller Wackersteine ablegen, dann hast du die Hände frei für alles, was du in deinem Leben anpacken möchtest, was du erreichen möchtest und was die

Fülle zu dir bringt. Denke daran, dieses Leben hält so viel Wunderbares für dich bereit, also mache immer wieder Platz dafür und lasse los!

Ich denke beim Prozess des Loslassens gerne an die Natur. Wir alle sind als Menschen Teil der Natur. Die Natur ist immer in Harmonie, sie gleicht sich aus und scheidet nicht mehr Dienliches aus. So werfen die Bäume und Pflanzen im Herbst alte Blätter ab, um Platz für neue Knospen, neues Leben im Frühling zu schaffen. Der Regen verdrängt die Sonne, denn er ist notwendig dafür, dass das Grün sprießen und neues Leben entstehen kann. Diese Beispiele der Natur zeigen uns auf wunderschöne Art und Weise, dass im Leben nichts Bestand hat und alles vergänglich ist. Und so kann etwas ganz Wunderbares entstehen.

Wie lasse ich los: Vier Schritte

Loslassen ist ein Prozess, der seine Zeit braucht, je nachdem, wie tief die Blockade in uns verankert ist. Wie bereits erwähnt, rate ich dir sehr, dir therapeutische Hilfe zu suchen, wenn du ein Trauma erfahren hast oder eine psychische Krankheit, wie eine Depression, durchmachst.

Loslassen bedeutet, die Vergangenheit so anzunehmen wie sie ist, mit ihr abzuschließen, Frieden zu finden und nach vorne zu schauen.

SCHRITT 1: ERKENNE, WAS DICH BLOCKIERT

Manche Menschen wissen gar nicht, warum sie blockiert sind, welche Erfahrungen noch immer in ihnen stecken und sie gefangen halten. Ein erster Schritt zum Loslassen ist daher die Erkenntnis. Erforsche, was es ist, das dich blockiert. Woher kommen die Glaubenssätze, die deine Realität über dich bilden? Warum kannst du ein bestimmtes Ereignis nicht vergessen? Warum kommen bestimmte Ängste, Sorgen oder Zweifel immer wieder in dir hoch? Welchen Ursprung haben sie? Verbinde dich einmal mit dir und analysiere. Gehe in die Vergangenheit zurück, bis in die früheste Kindheit. Vielleicht sprichst du auch mit deinen Eltern darüber und fragst sie nach Erlebnissen, die du gemacht hast. Denn nur wenn du weißt, was dich blockiert, kannst du es angehen. Kenne deinen Feind, dann kannst du ihn besiegen und vielleicht sogar zu deinem Freund machen.

SCHRITT 2: AKZEPTIERE, WAS IST

Akzeptiere, dass du nicht mehr ändern kannst, was passiert ist. Akzeptiere auch den Zustand, in

dem du dich nun aufgrund all dieser Geschehnisse befindest. Akzeptiere, dass es dir nicht dienlich ist, weiter an dem Erlebten festzuhalten.

SCHRITT 3: TRIFF DIE ENTSCHEIDUNG, BEWUSST LOSZULASSEN

Mache dir bewusst, welche Folgen es für dich und dein Leben hätte, wenn du immer so weiter machst. Führe dir vor Augen, welche positiven Konsequenzen es haben wird, wenn du endlich anfängst, loszulassen. Erinnere dich daran, dass du der oder die Schöpfer:in deines eigenen Lebens bist und selbst in der Hand hast, wie es weitergeht. Und dann entscheide dich bewusst dafür, loslassen zu wollen. Sage einmal laut zu dir selbst: »JA, ich lasse los!«

SCHRITT 4: ENTWICKLE MITGEFÜHL UND VERZEIHE

Bringe dir selbst und anderen Menschen Mitgefühl und Verständnis entgegen. Wir können uns selbst, anderen Menschen, Situationen oder dem Leben an sich vergeben.

Vielleicht ergibt es für dich zunächst keinen Sinn, anderen zu vergeben. Denn warum sollten wir Menschen vergeben, die uns etwas Schlimmes angetan, uns verletzt oder gekränkt haben? Tu es nicht für sie, sondern für dich! Verzeihe ihnen aus Liebe zu dir.

Wenn uns etwas angetan wurde, sei es, dass wir hintergangen, tief verletzt oder gekränkt wurden, wünschen wir uns eine Art Wiedergutmachung oder zumindest eine Entschuldigung. Doch wenn wir darauf warten, lassen wir die Verantwortung bei unserem Gegenüber, anstatt die Verantwortung für unser eigenes Glück zu übernehmen. Wir bleiben allein mit unseren negativen Emotionen wie Wut, Trauer, Angst, Rachegedanken, Enttäuschung oder Ablehnung. Unsere Emotionen und Gedanken wirken wiederum auf unseren Körper.

Wir kommen ins Grübeln, können nicht schlafen, die Wut steckt uns sprichwörtlich im Magen, wir werden vielleicht sogar krank, die negative Abwärtsspirale beginnt. Mit so einer Reaktion bestrafen wir uns im Endeffekt selbst und unser Gegenüber bekommt von unserem Groll wahrscheinlich noch nicht einmal etwas davon mit.

Beim Verzeihen reagieren wir mit einer positiven Reaktion anstatt mit Vergeltung. Verzeihen ist kein Zeichen von Schwäche, ganz im Gegenteil. Es bedeutet jede Menge Überwindung und ist ein Akt der Liebe sich selbst gegenüber.

Versuche, zu verstehen

Versuche, zu verstehen, warum dein Gegenüber so gehandelt hat. Vielleicht kannst du dich sogar in ihn hineinversetzen und mitfühlen. Hättest du ähnlich gehandelt, wenn du an seiner Stelle gewesen wärst? Auch wenn nicht: Du musst das Verhalten anderer nicht gutheißen. Ganz klar gibt es schlimme Taten, die wir einfach nicht verstehen können, weil sie so entsetzlich und unbegreiflich sind.

Und zu verzeihen, kann erst einmal heftigen Widerstand in dir auslösen. Die Arbeit mit positiven Affirmationen und Edelsteinen kann dich dabei unterstützen, dein Mindset zu verwandeln. Mache dir bewusst, dass der- oder diejenige, die dich so tief verletzt hat nur im eigenen Möglichkeitsrahmen gehandelt hat. Und dass die Person so gut gehandelt hat, wie es ihm oder ihr möglich war. Meistens tun Menschen anderen etwas an, weil sie selbst einen so großen Mangel verspüren und aus diesem Mangel heraus handeln. Vielleicht sind sie sogar (psychisch) krank und konnten einfach keine bessere Entscheidung treffen.

Vielleicht wirfst du deinen Eltern vor, dass sie dir als Kind nicht die Liebe zeigen konnten, die du damals gebraucht hättest oder dass sie dich unter Druck gesetzt haben. Mach dir einmal bewusst, dass deine Eltern wahrscheinlich selbst nie gelernt haben zu lieben und wie ihre Eltern sie damals behandelt haben. Das ist besonders in der Nachkriegsgeneration häufig ein großes Thema.

Mir hat es sehr geholfen, zu verstehen, dass mein Vater, von dem ich mir so sehr gewünscht hätte, akzeptiert zu werden, wie ich bin, ohne dass die Liebe an Leistung geknüpft wurde, einfach nie von seinen Eltern gelernt hatte, seine bedingungslose Liebe auszudrücken. Ich bin nicht mehr wütend oder traurig, stattdessen ist da heute ein tiefes Mitgefühl für meinen Vater und seine Situation.

Die Yogaphilosophie besagt, dass wir alle Eins und miteinander verbunden sind. Jede Handlung hat Auswirkungen auf unsere Umwelt. Und somit sind wir, wenn wir einen Schuldigen benennen wollen, alle Schuld. Wir als Gesellschaft formen die Individuen, und die Individuen formen die Gesellschaft.

Sich selbst verzeihen

Haderst du mit deinen eigenen Taten, Worten oder Gedanken? Schuldgefühle und Scham sich selbst gegenüber können so mächtig sein. Vielen

fällt es noch schwerer, sich selbst zu verzeihen und Frieden mit sich zu finden als mit anderen Menschen. Gehe zum Kapitel »In liebevoller Verbindung mit mir selbst«. Dort geht es darum, sich tief mit sich selbst zu verbinden, Mitgefühl und Verständnis für sich aufzubringen. Gestehe dir ein, dass du ein Mensch wie jeder andere bist, dass du Fehler machen darfst und dass du es verdient hast, dir selbst für alles in deinem Leben zu verzeihen. Fokussiere dich nicht nur auf das, was du falsch gemacht hast, sondern sehe dich als vollständigen Menschen mit all deinen Facetten. Du hast so viel Wunderbares an dir, und du hast es nicht verdient, dass du immer nur mit dem Negativfilter auf dich blickst und deine Fehler fokussierst. So wie du eine:n Freund:in trösten würdest, wenn er oder sie etwas »falsch gemacht« hat, darfst du dich auch selbst in den Arm nehmen und trösten.

Verzeihen ist der kraftvollste und heilsamste Akt, den wir vollziehen können, um loszulassen, die Verantwortung zu übernehmen und endlich frei zu sein. Für mich ist Vergebung ein ganz zentrales Thema unserer Zeit, das uns helfen kann, in der Gesellschaft wieder näher zusammenzurücken.

WAS WIR LOSLASSEN KÖNNEN

- Alte Glaubenssätze und Überzeugungen über uns
- Innere Blockaden und Traumata
- Emotionen (Angst, Trauer oder Schuldgefühle)
- (Selbst-)Kritik
- Erinnerungen und Erfahrungen
- Kränkungen und Verletzungen
- Immer wiederkehrende negative Gedanken
- Menschen, die uns nicht guttun oder toxische Beziehungen
- Verluste von Menschen durch Trennung oder Tod
- Einen nicht erfüllenden Job
- Schlechte Angewohnheiten
- Süchte
- Gegenstände
- Misserfolge und Projekte, die nicht gut laufen

Bei der Beschreibung des **Vergebungsrituals Ho'oponopono** (Seite 190) gehe ich noch mal näher auf einige dieser Punkte ein.

Deine Edelsteine für innere Heilung

Schneeflockenobsidian – Deep Healing
Transformation, Freiheit, Heilung, Selbstreflexion

Moosachat – Free yourself
Befreiung, Loslassen, Zuversicht, Inspiration

Rosenquarz – True Love
Liebe, Sensibilität, Aufgeschlossenheit, Harmonie

Bergkristall – Das Licht in dir
Erkenntnis, Wandel, Entwicklung, Klarheit, Achtsamkeit

Citrin – Shine your Light
Lebensfreude, Offenheit, Entschlossenheit, Ausdruckskraft, Dankbarkeit

SCHNEEFLOCKENOBSIDIAN – Deep Healing

Transformation, Freiheit, Heilung, Selbstreflexion

Der Schneeflockenobsidian ist der Heiler unter den Steinen, wenn es um alte Traumata und Blockaden geht. Er leitet uns hinab in unser Inneres und weicht nicht von unserer Seite, wenn das, was zum Vorschein kommt, verarbeitet und integriert werden darf. Mit ihm können wir alte Verhaltensmuster und Schutzmechanismen aufdecken und an die Oberfläche holen. Ich weiß aus vielen Beratungen und meiner eigenen Lebensgeschichte, dass es unglaublich schmerzhaft sein

kann, das Innere zu beleuchten und die Schattenseiten der Seele genauer zu betrachten. Wir spüren, dass irgendetwas aus der Vergangenheit in unseren Tiefen schlummert und es zu sehr schmerzt, hinzuschauen.

Wir alle machen unschöne, schmerzhafte Erfahrungen in unserem Leben, die uns beeinflussen und verändern. Doch meistens sind wir in der Lage, »Überbleibsel« in Form von Glaubenssätzen und Überzeugungen über uns und das Leben anzuschauen, mit ihnen zu arbeiten und aufzulösen. Doch manche Dinge, die uns im Leben widerfahren, sind so furchtbar, dass wir intuitiv keinen anderen Ausweg wissen, als sie schnellstmöglich wegzusperren und somit aus unserem Leben zu verbannen, um den Schmerz nicht mehr fühlen zu müssen. Diese Art der Erfahrung wird Trauma genannt, der Begriff kommt aus dem Griechischen und bedeutet »Wunde«. Dabei geht es um Wunden, die unserer Seele zugefügt wurden. Kein Wunder, dass sie so sehr schmerzen und uns gefangen halten. Und dass es manchmal gar nicht so leicht ist, sie anzuschauen und zu »umarmen«.

Der Schneeflockenobsidian ist ein wunderbarer Begleiterstein und Heiler, um diese alten Traumata und Blockaden aufzudecken. Den Mut aufzubringen, das Erlebte an die Oberfläche zu holen und mit ihm all den Schmerz in unser Herz zu lassen, ist der erste und auch schmerzvollste Schritt hin zur Heilung. Der Schneeflockenobsidian nimmt uns liebevoll an die Hand und schenkt uns den Mut, unsere Kellertreppe zu unserem lange weggesperrten Erlebten hinabzusteigen, es nach oben in unser Herz zu holen und es anzuschauen. Er weicht nicht von unserer Seite, wenn das, was zum Vorschein kommt, verarbeitet und integriert werden darf.

Ich habe schon so viele Menschen in Gesprächen begleitet, die mit dem wunderschönen und besonderen Schneeflockenobsidian an ihrer Seite den Mut gefasst und sich ihrem Unterbewusstsein zugewandt haben. Wenn wir frei und selbstbestimmt durch unser Leben gehen möchten, ist es so wichtig, dass wir Licht in alle Kammern bringen, um nicht unser Leben lang damit beschäftigt zu sein, den bösen Wolf, der in unseren Tiefen lauert, nicht zu wecken.

MOOSACHAT – Free yourself

Loslassen, Befreiung, Neuanfang, Inspiration

Der Moosachat ist ein wunderbarer Unterstützer um Altes, »Nicht mehr Dienliches« loszulassen, denn er hilft uns dabei, Anhaftungen zu lösen.

Er ist der Anschlussstein, mit dem wir wunderbar arbeiten können, nachdem wir unsere tiefsitzenden Traumata mit dem Schneeflockenobsidian an die Oberfläche geholt haben und uns ihrer bewusst sind. Mit dem Moosachat gehen wir den nächsten Schritt, und lassen das, was wir für uns erkannt haben, gehen. Der Moosachat ist der kraftvollste Stein für das Thema »Loslassen«. Er unterstützt uns dabei, diese Themen, die unter der Wasseroberfläche lauern, anzuschauen, anzunehmen und loszulassen. Das bedeutet, uns diesen Schmerz noch einmal in unser Herz zu holen, zu fühlen, um ihn dann in Frieden gehen zu lassen.

Der wunderschöne Moosachat wird auch »Stein der Befreiung« genannt. Er befreit uns von tiefen Ängsten und Druck und gibt uns die Kraft, uns von Belastungen und Verbindungen aus unserer Vergangenheit zu lösen, die nicht auf Basis von Selbstbestimmung und Liebe beruhen. Dadurch können wir unsere eigenen geistigen Ketten sprengen und leichten Schrittes selbstbestimmt in unsere Zukunft gehen.

Wenn wir den Stein mit seiner moosartigen Struktur betrachten, fühlen wir uns sofort an die Natur erinnert. Ebenso wie sie im Herbst Altes, nicht mehr Dienliches aussortiert und abwirft, um im Frühjahr Neues, Fruchtbares entstehen zu lassen, können wir mit diesem Stein zusammen immer wieder auch bei uns selbst überprüfen, welches Gepäck der Vergangenheit wir nicht mehr brauchen. Der Moosachat ist an unserer Seite, wenn wir einen Neuanfang wagen, schenkt Inspiration und Zuversicht.

Es gibt so vieles in jedem Leben, das losgelassen werden darf. Jedes Mal, wenn wir an etwas festhalten, das nicht unserem höchsten Selbst dient, das uns nicht in Freude und Liebe sein lässt, das keinen Wert für uns und unser Leben hat, blockieren wir diesen Platz in uns. Ich denke dabei an das Bild eines Balles, den wir versuchen unter Wasser zu drücken, um ihn nicht anschauen zu müssen. Aber je mehr wir drücken, umso stärker wird dieser Ball wieder nach oben an die Oberfläche springen. Das heißt, so sehr wir auch versuchen, Dinge in unserem Leben zu verdrängen, sie werden uns wieder einholen und uns wieder in die Vergangenheit ziehen.

ROSENQUARZ – True Love

Liebe, Sensibilität, Aufgeschlossenheit, Harmonie

Der Rosenquarz ist der Stein für die Liebe und der Stein für unser wunderschönes Herz. Unser Herz ist eine strahlende Wunderkammer und kann mit seiner Wärme inneres Eis zum Schmelzen bringen. So unglaublich stark und kraftvoll es ist, so zart und empfindlich kann es manchmal sein. Vielleicht kennst du das auch – es passieren kleine und große Dinge in unserem Leben, die sich wie Messerstiche in unser Herz bohren und es verletzen, sodass es sich verschließt, um Schutz zu finden. Wir haben daher die Aufgabe, unser Herz immer wieder zu öffnen, neues Vertrauen schöpfen, um all die Wunder wahrzunehmen, die dieses Leben für uns bereithält. Denn nur so können wir tiefe Verbindung zu uns selbst und zu anderen Menschen erfahren.

Der Rosenquarz unterstützt uns dabei, auch in schmerzvollen Situationen Offenheit, Vertrauen und Liebe empfinden zu können, den Schmerz der Vergangenheit anzunehmen und hinter uns zu lassen. So kannst du in diese pure, wunderschöne Verbindung zu deinem eigenen Herzen zurückfinden. Häufig denken wir einige Zeit, nachdem unser Herz verletzt wurde, alles wäre wieder in Ordnung. Der Schmerz sei geheilt und wir wären wieder bereit, uns zu öffnen. Dann aber werden wir durch etwas oder jemanden getriggert und können uns den Schmerz nicht erklären.

Ich stelle mir immer vor, dass sich bei jeder Verletzung, die wir im Laufe unseres Lebens erleiden, ein Kaktusstachel in unser Herz bohrt. Manche sind klein und leicht zu entfernen, andere sind groß und sitzen tief. Jedes Mal, wenn dieser Stachel durch einen Trigger, also eine Situation, die uns an die verletzende Situation aus der Vergangenheit erinnert, berührt wird, dann schmerzt es. Wir werden daran erinnert, dass wir »schwach« und »verletzt« sind und unfähig, zu lieben und verschließen uns wieder.

Manche der Stacheln sind sichtbar, sodass wir daran arbeiten können, sie zu entfernen und zu heilen. Dann wiederum gibt es diese kleinen, gemeinen, unsichtbaren Verletzungen, von denen wir gar nicht wissen, dass sie da sind und die ebenso Schmerzen verursachen. So bilden wir eine immer dickere Hornhaut, eine Schutzmauer um unser Herz, oft ohne die Möglichkeit zu haben, hinzuschauen, die Stacheln zu entfernen, um wirklich heilen und wieder lieben zu können.

Der Rosenquarz begleitet mich auch heute oft dabei, mein Herz wieder vollständig werden zu lassen und zu heilen. Er war mein Begleiter, als ich den Liebeskummer meines Lebens hatte, als meine geliebte Großmutter starb, aber auch in Situationen, in denen ich mich mutig traue, mir den tiefsitzenden Schmerz der Vergangenheit anzuschauen, meinen Glaubenssätzen auf den Grund zu gehen, um all das loslassen zu können, was mir nicht mehr dient. Und das bedeutet, nicht nur mit dem Verstand loszulassen, sondern den Schmerz noch einmal anzuschauen, als ein Teil von dir anzunehmen, ihn zu fühlen und dann liebevoll gehen zu lassen.

Manche Situationen sind so schmerzvoll, dass wir denken, sie nicht aushalten zu können. Ich kenne diese Situationen so gut und immer, wenn mich dieses Ohnmachtsgefühl des Schmerzes überkommt, lege ich meinen Rosenquarz auf mein Herz und verbinde mich mit seiner umarmenden, liebenden Energie. Mit ihm an meiner Seite weiß ich, dass ich es schaffen kann, mein Herz zu öffnen und die Gefühle kommen zu lassen.

BERGKRISTALL – Das Licht in dir

Erkenntnis, Wandel, Entwicklung, Klarheit, Achtsamkeit

In der Antike dachte man, der Bergkristall sei versteinertes Eis. Die Römer glaubten, er sei der Sitz der Götter, und Buddhisten nutzten ihn, um sich höher verbinden zu können. Der Bergkristall ist ein Katalysator auf dem Weg zu dir selbst und verschafft Klarheit. Er verbindet dich mit deinem Höheren Selbst und sorgt dafür, dich zu spüren, den richtigen Zeitpunkt für eine Veränderung wahrzunehmen und dunkle Energien abzuwehren.

Der Bergkristall ist der Stein der Erkenntnis und des Wandels. Wenn du noch nicht weißt, was

dich blockiert und was du loslassen darfst, leuchtet er dir den Weg und zeigt dir, wie der Strahl einer Taschenlampe, auf was du deinen Fokus richten darfst. Er hilft dir, den Wandel und die Entwicklung in deinem Inneren anzustoßen und unterstützt dich, diesen Weg achtsam zu gehen.

CITRIN – Shine your Light

Lebensfreude, Offenheit, Entschlossenheit, Ausdruckskraft, Dankbarkeit

Gerade wenn wir so viel loslassen und uns mit den dunkelsten Kapiteln unseres Lebens beschäftigen, ist es wichtig, immer wieder bewusst ins Licht zu treten. Der wunderbar leuchtende Citrin schenkt dir genau dieses Licht und vertreibt den Kummer und Stress, der deine heilsame Reise in dir auslösen kann. Er lässt dich Dankbarkeit für deine heilende Transformation spüren und zeigt dir all die schillernden und leuchtenden Seiten des Lebens. Mit ihm kehrst du zurück auf die Sonnenseite und kannst wieder Lebensfreude spüren.

Für mich gehört zum Loslassen dazu, die Fülle im Leben zu erkennen. Unser Gehirn ist darauf spezialisiert, Fehleranalysen zu betreiben und ständig zu optimieren. Das ist der Grund dafür, warum wir so schnell auf das Negative in unserem Leben schauen und in den Mangel geraten. Mit dem Citrin dürfen wir die wunderbaren, leuchtenden Seiten des Lebens erkennen und sie in den Fokus zurückholen. Neben all deinen negativen, schmerzhaften Erfahrungen gibt es sicherlich auch viel Schönheit in deinem Leben. Der Citrin hilft dir, dich genau darauf zu fokussieren.

Mehr darüber, wie du Fülle in dein Leben einlädst, erfährst du im Kapitel »Ich erkenne die kleinen und großen Wunder in meinem Leben«.

Deine Edelsteinrituale zum Loslassen

Affirmationen

- Ich bin frei.
- Ich bin vollständig, auch wenn ich loslasse.
- Ich schaffe Raum für mich.
- Ich schließe Frieden mit der Vergangenheit.
- Ich bin in Frieden.
- Ich lebe in Leichtigkeit.
- Ich darf heilen.
- Ich wage einen Neuanfang.
- Ich darf vergeben.
- Ich lasse los.

Ich wünsche dir, dass du alles loslassen kannst, das dir nicht mehr dient und dich blockiert, um mit neuer Zuversicht und Inspiration für deine Träume und Wünsche loszugehen!

RITUAL
Hole Verdrängtes an die Oberfläche

Der Weg in unseren eigenen Keller kann sehr schmerzhaft sein, denn es liegt oft genau das dort unten verborgen, vor dem wir am meisten Angst haben. Nicht ohne Grund haben wir viel Material, Holz und Nägel verwendet, um unsere tiefsitzenden Traumata gut unter Verschluss zu halten. Mit diesem Ritual möchte ich dir eine Anleitung geben, wie du es mit zwei wundervollen Steinen an deiner Seite mutig wagen kannst, deine innere Kellertreppe Schritt für Schritt nach unten zu gehen und Licht in die Dunkelheit zu bringen.

Der **Schneeflockenobsidian** ist dein Begleiter, der dich an die Hand nimmt und dich ermutigt, loszugehen, um alles zu ergründen, was sich dir zeigen möchte. Der **Rosenquarz** ist liebevoll an deiner Seite und hält die Verbindung zu deinem Herzen aufrecht, wenn du drohst, es zu verschließen.

Das brauchst du

- Schneeflockenobsidian oder Schneeflockenobsidian-Mala
- Rosenquarz

Anleitung

1. Mache es dir an einem ruhigen und für dich geborgenen Ort bequem, lege dich auf den Rücken oder setze dich hin. Nimm den Rosenquarz in die linke und den Schneeflockenobsidian in deine rechte Hand. Schließe die Augen und atme tief ein und aus.
2. Spüre den Rosenquarz in deiner linken Hand, wie er warm wird und ein leuchtendes Energieband der Liebe zu deinem Herzen entstehen lässt. Es breitet sich über deinen ganzen Körper aus, fließt durch jede Zelle und gibt dir das Gefühl von Geborgenheit und Sicherheit.
3. Dann spüre in deinen Schneeflockenobsidian hinein. Ist er warm oder noch kühl? Spüre, wie von ihm eine Woge des Vertrauens und des Mutes ausgeht, dich auf den Weg zu machen.
4. Stelle dir nun vor dem inneren Auge Folgendes vor: Mit deinen beiden Begleitern an der Seite öffnest du die obere Kellertür und setzt einen ersten Schritt auf die Kellertreppe. Finde hier Halt und gehe mutig alle weiteren Stufen hinunter, hinein ins Dunkle und Unbekannte. Am Ende angekommen, erblickst du eine Tür vor dir. Sie ist mit vielen Brettern, Nägeln und Schrauben verschlossen. Du be-

ginnst die Barrikade zu lösen, Brett für Brett, Schraube für Schraube, dann drückst du die Türklinke herunter und öffnest die Tür.

5. Spüre nun noch einmal in deinen Rosenquarz hinein und nun schaue dich um.
   - Was sehe ich?
   - Was fühle ich?
   - Was höre ich?
6. Wenn es dich überwältigt, dann atme tief ein und aus und dann erlaube dir, noch einmal den Blick zu heben. Gehe mutig einen Schritt weiter, und schaue in alle Ecken und verborgenen Winkel.
7. Wenn du deinen »bösen« Wolf erkannt hast, dann bleibe hier, schaue ihn dir an und beobachte ihn. Atme die ganze Zeit ruhig und spüre deine liebevollen und unterstützenden Begleiter bei dir. Mit ihnen an deiner Seite kann dir nichts passieren. Alles ist gut.
8. Setze dich hin und spüre in dich hinein. Vielleicht überkommen dich große Emotionen von Wut, Trauer, Angst, Schmerz, Erleichterung. Lasse alles zu und weine, wie ein kleines Kind, das diese Erfahrung gemacht hat. Vielleicht weint dein Wolf mit dir, und ihr sitzt zusammen und fühlt alles, was gerade hochkommt. Lasse dir Zeit, sitze so lange da, wie es braucht.
9. Wenn du bereit bist, strecke deine Hand aus und lade den Wolf ein, dir zu folgen und mit nach oben zu kommen.
10. Gemeinsam geht ihr Schritt für Schritt die Kellertreppe hinauf.
11. Du bist den ersten und wichtigsten Schritt gegangen und hast deinem Wolf, deinen tiefsitzenden versteckten Gefühlen, vielleicht sogar Traumata ins Auge geschaut, sie eingeladen, ans Licht zu treten. Oben in deinem Bewusstsein angekommen, hast du die Möglichkeit, deine Schattenseite kennenzulernen und zu transformieren. In deinem Keller ist nun nichts mehr, vor dem du dich fürchten musst.
12. Immer, wenn du dich mit deinem Erlebten auseinandersetzen möchtest, nimm deine beiden Steine mit dazu und erlaube dir dadurch, mutig zu sein und in deinem Herzen zu bleiben. Denn das Wichtigste ist, dass du den Schmerz in deinem Herzen bearbeitest und nicht mit deinem Verstand. Nur so kannst du wirkliche Heilung erfahren.
13. Bedanke dich bei deinen beiden Begleitern und nimm dir so lange Zeit, wie du möchtest, bevor du deine Augen wieder öffnest.

RITUAL
Verbrennen – Kehre zu deinem Ursprung zurück

»Du wirst zu dem, was du bekämpfst.« Je mehr wir versuchen, etwas zu ignorieren, umso mehr Aufmerksamkeit schenken wir dieser Sache.

Als wir geboren wurden, waren wir frei. Frei von Ängsten, Sorgen und Blockaden. Unser Urzustand ist der Zustand der puren Liebe. In diesem Ritual kannst du dich bewusst damit beschäftigen, was dich blockiert, es annehmen und liebevoll alles loslassen, was dich davon abhält, zu deinem Ursprung zurückzukehren.

Das brauchst du

- Rosenquarz
- Moosachat
- Zettel und einen Stift
- Räucherwerk (Palo Santo oder Weißer Salbei)
- Ein Teelicht und eine feuerfeste Schale (z. B. aus Ton), evtl. eine Grillzange

Anleitung

- Mache es dir ganz gemütlich und räuchere deinen Raum, um dein Loslass-Ritual einzuläuten.
- Nimm dir deinen Rosenquarz und halte ihn zunächst in den Händen, um dich mit ihm zu verbinden. Schließe die Augen und lege den Rosenquarz auf dein Herz. Gehe in Verbindung mit dir und deinem Herzen und spüre einmal in deine Emotionen hinein. Was möchte dein

Herz dir sagen? Was blockiert dein Herz? Welche Ängste, Sorgen, Zweifel oder Verletzungen? Fühle einmal ganz bewusst den Schmerz und die Emotionen, die damit einhergehen. Was löst den Schmerz aus, warum ist dein Herz so schwer? Spüre da hinein und vielleicht visualisierst du sogar alles vor deinem inneren Auge. Nimm ganz bewusst an, was da ist. Verurteile dich nicht dafür, sondern akzeptiere alles so, wie es ist. Dein Rosenquarz wird dich dabei unterstützen, dein Herz offenzuhalten, auch wenn der Schmerz tief sitzt. Er wird dir dabei helfen, deinen Schmerz liebevoll zu umarmen und dir selbst Mitgefühl entgegenzubringen.

- Nun öffne deine Augen wieder, nimm dir den Stift und die kleinen Zettelchen und schreibe einzeln auf die Zettel auf, was dich blockiert und was du loslassen möchtest, um dich freier und leichter zu fühlen.
- Nimm nun den Moosachat in die Hand und schließe erneut die Augen. Verbinde dich mit ihm und bitte ihn, dich dabei zu unterstützen, die geistigen Ketten zu sprengen, die dich gefangen halten und dein Herz endlich von allen Blockaden zu befreien.
- Öffne deine Augen. Halte deine feuerfeste Schalte bereit und stelle dein Teelicht daneben. Nimm nacheinander, ggf. mit der Grillzange deine kleinen Zettelchen und zünde sie an (du kannst dafür auch gerne nach draußen gehen). Halte bei jedem Zettel, den du verbrennst, inne und sprich die Worte »Ich lasse los.«. Dann zünde ihn an und lege ihn in die feuerfeste Schale. Beobachte bei jedem Zettel, wie die Worte sich mit dem Papier in der Flamme auflösen. Beobachte den Rauch, der verfliegt. So wie der Rauch wegzieht, so kann auch dein Schmerz, deine Sorgen und Ängste gehen, und mit ihm alles, was du loslassen möchtest. Spüre, wie es von dir abfällt und sich im wahrsten Sinne in Rauch auflöst.
- Nimm nun deinen Moosachat in die eine und deinen Rosenquarz in die andere Hand und bitte ihn, dich zu unterstützen, dein Herz wieder für Neues zu öffnen und in deinen Urzustand der Liebe zurückzukehren. Verweile noch so lange mit deinem Moosachat und deinem Rosenquarz, wie du möchtest.
- Nach dem Ritual kannst du noch mal räuchern und danach durchlüften, sodass alles, was du loslassen möchtest und all die negativen Energien, die damit einhergingen, nach draußen ziehen können.

Hinweis: Bitte passe beim Anzünden gut auf! Gehe möglichst für dieses Ritual nach draußen. Schalte, wenn du deine Zettel in Innenräumen verbrennen möchtest, vorher deinen Rauchmelder aus und nach dem Ritual direkt wieder an! Greife deine Zettel am besten mit einer Grillzange oder einer großen Pinzette, damit du dir keine Verbrennungen zuziehst.

»ICH BIN EIN TEIL DIESER WELT. WENN ICH MICH ÄNDERE, ÄNDERT SICH DIE WELT«

DR. LEN

RITUAL Ho'oponopono-Vergebungsritual

Das brauchst du

- Bergkristall
- Moosachat
- Rosenquarz
- Citrin
- oder deine Ho'oponopono-Mala/-Armband
- Räucherwerk (Palo Santo oder Weißen Salbei)

Was ist Ho'oponopono?

Wenn wir wirklich etwas in unserem Leben loslassen wollen, sodass es uns nicht mehr daran hindert, leichten Fußes in unsere Zukunft zu gehen, dann bedeutet es meistens, dass wir auch etwas vergeben dürfen. Denn nur, indem wir in uns und in unserem Herzen wirklich vergeben und loslassen, können wir Frieden finden und Schöpfer:in unserer Zukunft werden.

Ein ganz besonderes Ritual ist für mich das hawaiianische Ho'oponopono, das ich kennenlernen durfte, als ich vor einigen Jahren für knapp ein Jahr auf der wunderschönen Insel Oahu gelebt habe. Das Ritual stammt von den alten Lehren der Kahunas, den hawaiianischen Schamanen, und es folgt dem Grundsatz, dass alle Menschen und Lebewesen in Liebe miteinander verbunden sind, und wir für die Taten anderer mitverantwortlich sind. Bei dem Ritual übernehmen wir Verantwortung für unser Leben und schaffen Mitgefühl für alles um uns herum.

Ho'oponopono bedeutet »Alles wieder richtig richtig machen«. Wir gehen also davon aus, dass es schon einmal richtig war, nämlich als wir kleine Babys waren und in unserer pursten, reinsten Lichtform auf diese Welt gekommen sind.

Bei Ho'oponopono geht es darum, zu erkennen, was in deinem Unterbewussten ist, es dir bewusst zu machen, um es aufzulösen, dich zu befreien, um in deine volle Schöpferkraft zu treten! Nur so kann jeder von uns Frieden, Liebe und Mitgefühl in diese Welt senden. Denn wenn wir der Sache unbewusst erlauben, uns zu regieren, verletzen wir aus diesem Mangel in uns beispielsweise wiederum andere Menschen. So entstehen auch Kriege und andere furchtbare Dinge in dieser Welt. »Hurt people hurt people« – verletzte Menschen verletzen Menschen.

Ich habe vier wundervolle Edelsteine ausgewählt, die uns in diesem heilenden Vergebungsritual unterstützen können und uns auch im Alltag immer wieder daran erinnern, wie wir fühlen und worauf wir unsere Aufmerksamkeit richten wollen: In unsere wunderschöne Zukunft, nicht in die Vergangenheit, die wir heute nicht mehr ändern können.

In dem Ritual durchlaufen wir vier Schritte, indem wir vier kraftvolle Mantren zu unserem höheren Selbst sprechen, zu unserem Urzustand, der rein und pur ist, an den wir uns erinnern und zu dem wir wieder zurückkehren wollen. Jeder Stein steht für eines dieser Mantren.

BERGKRISTALL – »Es tut mir leid«

Der Bergkristall schenkt uns Klarheit und lässt uns anerkennen, was ist. Das bedeutet, dass wir mit ihm hinschauen und das, was lange im Unterbewussten geschlummert hat, ans Licht kommen darf.

Der Bergkristall ist das Symbol für das Erkennen, das Klar-Sehen und -Fühlen. Ich akzeptiere alle negativen Emotionen, Gedanken und Taten. Es tut mir leid, dass ich mich und andere bewusst oder unbewusst verletzt habe. Es tut mir leid, dass ich mir und anderen bewusst oder unbewusst Schaden zugefügt habe. Ich entschuldige mich und erkenne meinen Anteil an.

MOOSACHAT – »Bitte verzeih mir«

Der Moosachat steht für das Loslassen und die Befreiung, sodass wir unseren Schmerz, unsere Sorgen, unsere Schatten nicht weiter als schweres Gepäck mit uns schleppen müssen. Es soll uns nicht länger daran hindern, unser Leben zu kreieren und selbstverantwortlich in die Zukunft zu gehen.

Ich verzeihe mir meine negativen Emotionen, Gedanken und Taten. Ich verzeihe mir die Vergangenheit. Ich verzeihe mir, dass ich Teil des Problems war. Ich verzeihe mir, weil ich mich schuldig fühle. Ich verzeihe dem anderen und lasse los.

ROSENQUARZ – »Ich liebe dich«

Der Rosenquarz steht im Ho'oponopono Ritual für die pure Liebe, den Urzustand deines Herzens und das Mitgefühl zu dir selbst, zu anderen Menschen, allen Tieren und unserer Mutter Erde. Der Rosenquarz unterstützt uns liebevoll dabei, unser Herz von allen Verletzungen der Vergangenheit zu heilen und wieder in den Urzustand der reinen, allumfassenden Liebe zu kommen.

Ich respektiere mich, und ich respektiere dich. Ich liebe mich mit allen »Schwächen« und nehme mich an. Ich liebe, was ist. Ich habe Vertrauen, dass diese Situation mich weiterbringt. Ich sehe und akzeptiere mich, wie ich bin. Ich sehe und akzeptiere dich, wie du bist. Ich sehe, dass wir verbunden sind. Ich liebe mich, und ich liebe dich.

CITRIN – »Danke«

Der Citrin, der Sonnen- oder Lebensstein, erinnert uns an die Dankbarkeit, die Fülle für all die Schönheit, die uns umgibt und für all die Erfahrungen, die wir hier als Menschen auf dieser Erde machen dürfen. Und wie wir an jeder Herausforderung wachsen dürfen, um immer mehr in unsere wahre Größe und in unser wahres Licht zu treten.

Der Citrin steht als Symbol dafür, aus dem Mangel zurück in die Fülle zu treten und dankbar für die Transformation zu sein. Ich danke für die Lehre, die sich in dieser Situation für mich offenbart. Ich danke für die Transformation, die sie ermöglicht. Ich danke für die Erfahrung, die ich machen durfte. Ich danke für die Lösung des Konflikts. Ich danke für mein Leben, meinen Körper. Ich erlaube die Heilung.

JEDER KANN ETWAS VERZEIHEN

Ho'oponopono ist so wichtig für mich geworden, ich praktiziere es, wenn möglich, jeden Tag. Entweder um einem bestimmten Ereignis des Tages oder des vergangenen Tages zu vergeben, einem Menschen, der mich verletzt hat (z. B. nach einem Streit mit meinem Mann, einer Auseinandersetzung mit meiner Mutter, einer unschönen Begegnung im Supermarkt) oder ich arbeite an Themen aus der Vergangenheit, die mich immer wieder lähmen, die mich immer wieder in den Mangel ziehen und mich aus diesem inneren Schmerz heraus, häufig falsch handeln lassen.

Wir können mit Ho'oponopono alles Mögliche vergeben und auflösen, was uns davon abhält, unser Leben und unsere Zukunft selbst in die Hand zu nehmen. Wir können bestimmen, wer wir und wie wir sein wollen, wenn wir uns nicht mehr von Selbstvorwürfen oder Vorwürfen gegenüber Situationen oder Menschen regieren lassen. All das hat nur Negatives zur Folge. Menschen beginnen zu hassen, voller Misstrauen zu sein, verschließen ihr Herz, handeln aus Gier. Und

all das nicht, weil sie wirklich tief in ihrem Inneren »böse« sind, sondern weil sie ihre eigenen Traumata nicht vergeben und aufgelöst haben.

WEM ODER WAS DU VERZEIHEN KANNST

Dir selbst. Vielleicht bist du jemand, der viel in der Vergangenheit lebt und sich selbst zermartert für Dinge, die du gesagt oder getan hat. Vielleicht hast du das Gefühl, du kannst deines Lebens nicht mehr froh werden und musst dafür leiden. Vielleicht warst du zu harsch mit deinen Kindern (das kenne ich auch), weil du gestresst warst. Vielleicht konntest du bei der Arbeit deinen eigenen Ansprüchen nicht genügen. Vielleicht denkst du, dass du nicht genug lieben kannst. Vielleicht verurteilst du dich dafür, dass du bestimmte Erfahrungen gemacht hast etc. Vergib dir heute für diese bestimmten Sachen und sprenge deine geistigen Ketten, die dich bisher eingesperrt haben.

Ich habe zum Beispiel zwei Freundinnen verloren, die mir sehr wichtig waren. Ich konnte in unserer Freundschaft nicht richtig kommunizieren, nicht genug Mitgefühl und Verständnis entwickeln und zeigen, ich war in meinem Ego gefangen. Das hat mich eine lange Zeit sehr beschäftigt, ich habe mir viele Selbstvorwürfe gemacht. Gibt es eine ähnliche Geschichte in deinem Leben?

Frage dich

- Wer könnte ich ohne diesen Vorwurf sein?
- Wie kann ich diese Erfahrung neu bewerten?
- Was kann ich aus dieser Situation für mich und die Zukunft mitnehmen?

Einem anderen Menschen. Oft tragen wir einen solchen Schmerz mit uns herum, wenn ein anderer Mensch uns in der Vergangenheit etwas »angetan« hat. Dieser Schmerz wandelt sich häufig in Wut, Groll, Ablehnung und führt dazu, dass sich unser Herz zusammenzieht und wir uns nicht mehr trauen, es zu öffnen. Vielleicht geht es um deine Eltern, deine:n Partner:in, Freund:innen, Vorgesetzte oder Mitarbeitende.

Natürlich kann es auch um fremde Menschen oder zufällige Begegnungen gehen. Meistens ist es so, dass die Person davon gar nichts weiß; nur du sitzt mit diesem Schmerz da, leidest und blockierst dich. Du hältst dein Herz verschlossen für all die Liebe, die da draußen noch auf dich wartet.

Mache dir bewusst, dass es in vielen Fällen gar nichts mit dir zu tun hatte, warum ein anderer Mensch sich so verhalten hat, sondern vor allem mit seinem eigenen Schmerz und seiner Verletztheit mit seinem eigenen Leben.

Wenn ich Ho'oponopono praktiziere und vergebe, muss der andere Mensch nicht anwesend

sein. Es geht auch nicht darum, andere von einer »Schuld« zu befreien. Indem ich vergebe, befreie ich mich von diesem Schmerz und dem Ort in mir, der blockiert von dem Vorwurf Richtung Vergangenheit ausgerichtet ist.

Bei Ho'oponopono verstehen wir, dass wir unsere Vergangenheit nicht mehr ändern können, aber sehr wohl Schöpfer und Schöpferin unserer wunderschönen Zukunft sind! Ich lasse den Schmerz los und akzeptiere den Menschen so, wie er ist, und auch meine (schmerzhafte) Vergangenheit mit ihm.

Frage dich

- Kann ich Anteile des anderen Menschen in mir erkennen?
- Kann ich dem anderen Menschen Mitgefühl schicken?
- Was hat mich diese Erfahrung vielleicht gelehrt?
- Bin ich aus meiner Erfahrung gewachsen?

Einer Situation. Wir können genauso einer Situation in unserem Leben vergeben. Sei es der gestrige Tag oder eine weiter zurückliegende Situation. Wenn wir daran festhalten und uns unser ganzes weiteres Leben darüber ärgern, geht unsere Aufmerksamkeit immer wieder zurück, anstatt in die Zukunft. Es sollte darum gehen, die Dinge ab jetzt anders zu machen. Manchmal müssen wir nämlich auch Erfahrungen machen, um danach zu wissen, wie wir es nicht für uns wollen.

Welcher Situation möchtest du heute vergeben und mit ihr Frieden schließen?

Frage dich

- Was hat mich die Situation gelehrt?
- Was hat sie vielleicht für eine Erkenntnis für mich bereitgehalten?

Dem Leben. Manchmal haben wir das Gefühl, unser ganzes Leben ist gegen uns. Dann fragen wir uns: Warum passiert all das genau mir? Warum muss ich all das erleben und tragen? Vielleicht ist es auch ein ganzer Zeitraum deines Lebens, dem du heute vergeben möchtest. Deiner Kindheit, Schulzeit etc.

Frage dich

- Was habe ich damit zu tun?
- Gibt es einen Grund, warum ich das erleben musste?
- Habe ich dennoch eine Erkenntnis daraus gewonnen?
- Was kann ich in Zukunft anders machen?

Einem Gefühl. Vielleicht kannst du es bisher nicht benennen, sondern spürst dieses Gefühl, das dich immer wieder einholt, dich zurückhält, dein Herz verengt.

Wie auch immer es sich für dich anfühlt, spüre hinein und versuche, dich wie an einem Faden an diesem Gefühl bis zur Ursprungsquelle entlang zu hangeln. Was siehst du da? Ist es eine Situation? Ist es ein Mensch? Ist es ein Schmerz in dir? Wo hat er seinen Ursprung?

Frage dich

- Was für Konflikte werden sich lösen? Wo kannst du mehr Freiheit und Ruhe schaffen, für das, was du wirklich vom Leben möchtest?
- Wenn du loslässt und vergibst, für welche Wunder in deinem Leben machst du endlich den Weg frei?
- Wie viel liebevoller kannst du mit deinen Mitmenschen umgehen, wenn du den Groll, den Schmerz endlich loslässt – und so den Schmerz, der dir zugefügt wurde, nicht unbewusst an andere Menschen oder Tiere weitergibst?
- Spüre dieses Gefühl in dir, dieses Gefühl der Fülle, anstatt des Mangels, die Leichtigkeit, mit der du in deine Zukunft gehen kannst, anstatt der Schwere, die dich immer wieder zurückzieht.
- Wie viel heller kann dein eigenes Licht in dieser Welt strahlen, wenn du es von all dem Schmutz befreist, den das Leben daran geworfen hat?
- Wo kannst du wirklich zu dir werden, ganz ohne diese geistigen Ketten, die dich bisher gefangen gehalten haben?

Du kannst alles verändern. Mache dir nun bewusst, was du alles verändern kannst, was es für einen wunderbaren und heilsamen Effekt auf dich und damit auf die gesamte Menschheit hat, wenn du heute vergibst. Stell dir vor, wie du als leuchtendes, heilsames Licht hinaus in die Welt gehst und durch deine Vergebung und das Loslassen so viele Menschen in dein liebevolles, wohlwollendes Licht eintauchen können. Du kannst so viel verändern!

Finde Frieden in dir.

Anleitung für dein Ho'oponopono-Ritual

Zu Beginn des Rituals, mache dir noch einmal bewusst, was du heute vergeben und damit auflösen möchtest.

Im Anschluss machen wir eine Meditation, um das mit dem Geist verstandene auch wirklich auf Gefühlsebene in uns zu verankern. Und indem du heute das Ritual mit deinen Steinen oder deiner Mala machst, gibst du auch so viel an wunderbarer Intention und Energie in deine Begleiter. So können sie dich im Alltag immer daran erinnern.

Eine genaue Anleitung für deine Mala-Meditation findest du in dem Kapitel »Wie du Edelsteine und Malas für deine spirituelle Entwicklung nutzt«.

- Mache es dir mit deinen Ho'oponopono-Steinen oder deiner Mala gemütlich. Schließe die Augen, atme tief ein und aus und komme an.
- Nimm deine Mala oder deine Steine in die Hand. Sie bilden ab jetzt deinen sicheren Ort, deinen Anker, deinen liebevollen Wegbegleiter, der dir Schutz und Geborgenheit bietet, der dich liebevoll auffängt, der dich ermutigt, alle Gefühle kommen und da sein zu lassen. Der dich niemals verurteilt, der immer an deiner Seite ist und dir Kraft und Mut spendet.
- Verbinde dich bewusst mit ihnen, spüre ihre Oberfläche. Sind sie kalt, warm? Rauh, glatt?
- Spüre, wie die Ruhe und Weisheit der darin gespeicherten Jahrtausende auf dich wirken und wie sich dieses Urvertrauen auf dich überträgt. Sie erinnern dich an den Urzustand, an dem alles in Ordnung war.
- Hier mit ihm bist du geborgen, hier bist du in Sicherheit. Immer.
- Gemeinsam mit deinem Begleiter gehst du nun in deinen eigenen Keller oder in den Raum, den du bisher vielleicht fest verschlossen gehalten hast. Du spürst deine Mala an deiner Seite, du bist mutig und voller Zuversicht.
- Nun meditiere für jede Ho'oponopono-Affirmation eine Perle und denke dabei an das, was du vergeben möchtest.

- Oder, wenn du das Ritual mit Steinen durchführst, nimm im Wechsel den jeweiligen Stein in deine Hand.
- Spüre hinein und lass es dein Herz fühlen, nicht nur deinen Verstand denken. Dann ist es so kraftvoll und kann so vieles verändern!
- Wiederhole die vier Vergebungsmantren: »Es tut mir leid. Ich vergebe dir. Ich liebe dich. Danke.«
- Nimm wahr, wo du vorher Last, Schwere oder Enge gespürt hast. Spüre, wie es leichter geworden ist, wie dein Herz sich voller Vertrauen füllen durfte. Vielleicht zum ersten Mal seit langer Zeit wieder.
- Speichere dieses Gefühl in deiner Mala, in deinem Wegbegleiter oder deinen Steinen und lasse dich von diesem Gefühl durch den Alltag begleiten. Und wann immer du etwas zu vergeben und loszulassen hast. Mache genau dieses Ritual.
- Bedanke dich bei deinen Begleitern, dass sie dir immer zur Seite stehen und deinen Kraftort, deinen Ort der Geborgenheit und Sicherheit für dich darstellen.
- Öffne deine Fenster, lüfte und lasse alles mit dem Rauch nach draußen ziehen.

Ich bin sicher – Wegbegleiter & Rituale für Schutz und inneren Frieden

Kennst du es auch, dass dich häufig die Energien anderer Menschen beeinflussen? Dass dich die schlechte Laune herunterziehen kann oder du dich für die Stimmung anderer verantwortlich fühlst? Dass du dich in der Stadt mit den vielen Menschen schnell ausgelaugt fühlst oder nach einer Verabredung mit einer großen Gruppe erst einmal deine Ruhe brauchst?

Ich kenne es zu gut: Ich war schon immer ein sehr feinfühliger Mensch und habe seit ich denken kann, die Fähigkeit, mich schnell und intensiv mit anderen Mitmenschen zu verbinden und mich in sie hineinzufühlen. Ich spüre schnell, wenn es jemandem nicht gut geht oder ihn etwas belastet, obwohl er sich äußerlich nichts anmerken lässt.

Dies ist vielleicht auch der Grund, warum Menschen sich mir gegenüber schnell geöffnet haben, weil sie spüren, dass ich sie nicht nur mit meinen Ohren höre, mit meinem Verstand verstehe, sondern, dass ich sie ebenso mit jeder

»LASSE DAS VERHALTEN ANDERER NICHT DEINEN INNEREN FRIEDEN STÖREN«

DALAI LAMA

Zelle meines Körpers fühlen kann. Das ist es, was wir Menschen uns so sehr wünschen: Verstanden und »gefühlt« zu werden – in unseren Sorgen, unserem Schmerz und unserer Freude.

Diese ausgeprägte Empathie ist eine wundervolle Gabe, denn sie ermöglicht es uns, intensive Verbindungen einzugehen, tiefe Gespräche zu führen und andere Menschen wirklich in ihren Bedürfnissen zu sehen und etwas in ihnen zu bewegen. Und es ermöglicht mir persönlich, meine intensiven und transformierenden Beratungen zu führen, in denen ich Menschen in allem sehe und fühle was sie bewegt. Doch diese Fähigkeit kann schnell als Belastung angesehen werden, nicht als Gabe. Ich habe oft nicht nur meine eigenen Sorgen, Schmerzen und Ängste gefühlt, sondern auch die Emotionen anderer Menschen.

DIE ENERGIERÄUBER UM DICH HERUM

Oft laugt uns der Kontakt mit bestimmten Menschen sehr schnell aus. Wir können förmlich spüren, wie der Akkustand sinkt und wir kraftlos und überfordert aus der Situation gehen. Dies nennt man auch »Energieraub«, denn dein Gegenüber hat von deiner positiven Energie gezehrt und dich dadurch ihrer beraubt. Das können deine Freunde sein, wenn sie in einer negativen Energie sind, dein:e Chef:in, deine Eltern oder auch Außenstehende wie ein:e Kassierer:in oder jemand Fremdes, mit dem du im Supermarkt in der Schlage stehst.

WAS DU DIR UNTER DER AURA VORSTELLEN KANNST

Stelle dir einmal deine Aura als ein elektromagnetisches Feld vor, das deinen Körper umgibt. Wenn etwas auf deine Aura einwirkt, Schallwellen vom Fernseher, elektromagnetische Strahlung vom PC oder eben auch Menschen, kann dich das aus dem Gleichgewicht bringen. Deine Aura ist wie ein großer, schützender Kokon. Wenn du fröhlich und glücklich bist, strahlt sie hell. Bist du erschöpft und ausgelaugt, wird sie matt.

Zwischen zwei Energiequellen, in diesem Fall zwei Menschen können energetische Verbindungen entstehen, die sich entweder positiv auswirken, wenn die Energie in beide Richtungen fließt, oder aber negativ, wenn ein Ungleichgewicht

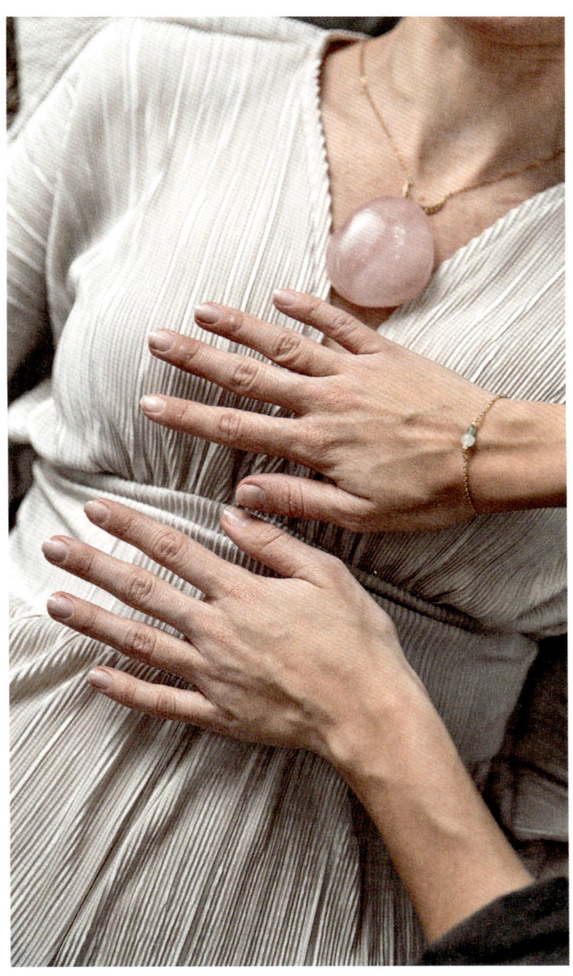

zwischen ihnen herrscht. Unsere Aura wird gestört und der schützende Kokon zerbricht. Wenn du dich also nach Begegnungen niedergeschlagen und überfordert fühlst, kann es daran liegen, dass sich eine Person unbewusst mit dir verbunden hat. Dazu müsst ihr euch noch nicht einmal im selben Raum befinden.

Bevor ich es gelernt habe, mich mit meinen Steinen und bestimmten Ritualen vorsorglich zu schützen und dafür zu sorgen, dass ich bei mir und in meiner Energie bleiben kann, habe ich oft nicht nur meine eigenen Sorgen und Ängste in mir getragen, sondern ebenso all die Last der Menschen, mit denen ich mich bewusst oder unbewusst verbunden habe. Ich wollte so gern helfen, und es für sie »gut« machen, sodass mich ihre Gefühle oft bis in die Nacht hinein beschäftigt haben.

WARUM WIR SO OFT IN UNSER SCHNECKENHAUS FLÜCHTEN WOLLEN

Viele Menschen haben das Gefühl, dass andere ihnen die Energie rauben. Das können Personen sein, die nicht sehr verbunden mit sich sind, nicht besonders authentisch handeln und sich ständig verstellen, um beispielsweise anderen zu gefallen oder sie mit ihrer eigenen Wahrheit nicht zu konfrontieren. Oder Menschen, die früher in ihrer Kindheit das Gefühl hatten, es ihren Eltern ständig recht machen zu müssen und für das Glück ihrer Eltern verantwortlich sind. Die das Gefühl haben, immer mehr leisten zu müssen, um von anderen geliebt, anerkannt und wertgeschätzt zu werden. Menschen, die alte Glaubenssätze in sich tragen, die noch heute wirken und ihr Erwachsenen-Ich blockieren. Es kann viele Gründe dafür geben, dass es uns zu viel wird, mit anderen

Menschen zusammenzukommen und wir uns in unser sicheres und gut behütetes Schneckenhaus zurückziehen möchten.

Auch du wirst Situationen kennen, in denen du dich schützen und deinen inneren Frieden bewahren oder herstellen möchtest. Doch nicht immer ist es möglich, dass wir fluchtartig die Situation verlassen. Meist wollen wir das auch nicht, um trotzdem Teil des Ganzen bleiben zu können.

WENN DU SELBST DEIN ENERGIERÄUBER BIST

Ganz oft passiert es auch, dass wir selbst unser eigener Energieräuber sind und in der Negativspirale feststecken. Manchmal sind es einfach unsere Hormone, Schlafmangel, zu wenig Licht und Bewegung oder schlechte Ernährung, die unsere schlechte Laune und negative Gefühle auslösen. Vielleicht kennst du diese Tage, an denen irgendwie alles blöd ist, an denen du in deiner schlechten Laune feststeckst und du von deinen eigenen Gedanken überschattet wirst. Und je negativer unsere Gedanken sind, desto negativer sind unsere Emotionen. Wir fangen an, uns selbst dafür zu verurteilen, dass wir so schlecht gelaunt sind und entdecken plötzlich alle Eigenschaften an uns, die wir nicht so sehr mögen. Und zack: Wir stecken in der Abwärtsspirale, die uns immer tiefer in die dunklen Gedanken hineinzieht.

Deshalb kann es manchmal ganz wichtig sein, sich vor sich selbst und seinen negativen Gedanken zu schützen.

FINDE HERAUS, WELCHE ENERGIEN DICH HERUNTERZIEHEN UND SCHÜTZE DICH

Kannst du dich in meinen Erfahrungen und Gefühlen wiederfinden, hast aber noch nie bewusst darüber nachgedacht, wie du damit umgehen kannst oder was das für dich bedeutet?

Wenn wir einmal erkannt haben, warum wir uns erschöpft fühlen, welche Situationen, welche Menschen oder welche Aktivitäten uns herunterziehen, uns die Energie rauben, können wir uns vorbreiten und einen Schutzkokon aufbauen.

Deine Edelsteine als Schutz für inneren Frieden

Ich freue mich sehr, dir auf den folgenden Seiten meine Rituale mit ganz besonderen Edelsteinen an die Hand zu gehen, die ich selbst für mich mache, um mich vorsorglich zu schützen oder energetisch zu reinigen.

Ich hoffe von Herzen, dass sie auch dir die Möglichkeiten geben, in deinem inneren Frieden und deiner Kraft zu bleiben. Denke immer daran: Unsere größten Schwächen sind oft gleichzeitig unsere größten Stärken!

Schwarzer Turmalin (Schörl) – Inner Peace Keeper
Schutz, Abgrenzung, Innerer Frieden, Gelassenheit
Rosenquarz – True Love
Liebe, Sensibilität, Aufgeschlossenheit, Harmonie
Achat – Dein Fels in der Brandung
Balance, Stabilität, Selbstbewusstsein, Vertrauen
Bergkristall – Das Licht in dir
Erkenntnis, Wandel, Entwicklung, Klarheit, Achtsamkeit
Amethyst – Ein Stein für die Seele
Geborgenheit, Ruhe, Intuition, Spiritualität, Meditation

SCHWARZER TURMALIN (Schörl) – Inner Peace Keeper

Schutz, Abgrenzung, Innerer Frieden, Gelassenheit

Der schwarze Turmalin, auch Schörl genannt, ist ein wundervoller Begleiter und Beschützer, wenn es um negative Energien von außen geht. Er ist der Helfer Nr. 1 im Grenzen setzen und um bei sich zu bleiben. Mit ihm gelingt es dir, eine neutrale und distanzierte Haltung einzunehmen (nicht zu verwechseln mit einer »Egal-Haltung«) und so auch klar und logisch denken zu können. Denn das passiert im Stress und in der Angst: klare, logische Gedanken zu fassen fällt unglaublich schwer.

Der schwarze Turmalin wirkt wie ein samtweicher Schutzumhang, den du dir umlegen kannst, um deinen inneren Frieden und deine Ruhe zu bewahren. Gleichzeitig schützt er dich ebenso vor den eigenen negativen Gedanken, die dir nicht

dienlich sind. Denn im Gefühl von Liebe und Vertrauen zu bleiben und sich nicht von der Angst überwältigen zu lassen, tut uns auf allen Ebenen gut. Wenn du dieses positive Gefühl in dir kultivierst, hat das nicht nur einen Effekt auf dein eigenes Wohlbefinden, du strahlst deinen inneren Frieden auch nach außen aus und kannst somit deine Mitmenschen unterstützen. Hinzu kommt, dass dich der schwarze Turmalin mit einer großen Portion Gelassenheit, Ruhe und Entspannung versorgt. So hilft er dir, dich mit einer Sanftheit vor dem Negativen im Außen zu beschützen und zeitgleich die starke Verbindung der Herzen aufrechtzuerhalten.

Der Turmalin kann dir als Wegbegleiter um deinen Hals oder an einem schönen Ort für in deinen vier Wänden wie ein Schutzschild für dich und für dein Zuhause wirken und dir helfen, deine Positivität und Gelassenheit zu bewahren. Ich trage ihn oft bei mir, entweder um meinen Hals oder in einem Beutel. Ich wähle ihn morgens aus, wenn ich weiß, dass ich an diesem Tag vielen negativen Energien im Außen ausgesetzt sein werde, die wie eine Welle über mir hereinbrechen können. Ich trage ihn sehr gerne in Beratungsgesprächen, bei Begegnungen mit bestimmten Menschen oder in Situationen, von denen ich weiß, dass sie mich energetisch sehr fordern werden. Egal ob privat oder beruflich. Ich habe den schwarzen Turmalin immer bei mir am Nachtisch, da er mich dabei unterstützt, negative Energien vom Tag von mir fernzuhalten. Er lässt mich meinen Schutzkokon spüren, sodass ich geborgen und geschützt schlafe.

ROSENQUARZ – True Love

Liebe, Sensibilität, Aufgeschlossenheit, Harmonie

Lauert die große Gefahr von Angst, hilft dir der Rosenquarz, sie loszulassen, zu vertrauen und dein Herz zu öffnen. Wenn wir im Mangel und in negativen Energien verhaftet sind, hilft uns der Rosenquarz zurück in den Zustand des Herzens, der Liebe zu finden. So können wir wieder Abstand von unseren Sorgen und Zweifeln nehmen.

Antworte mit Liebe anstatt mit Hass. Oftmals rauben uns Menschen unsere Energie, weil sie selbst so sehr im Mangel sind und keine Liebe spüren. Sie wollen ihren Mangel kompensieren, in dem sie andere schlecht machen, uns ihr Leid klagen und jammern und so ihre negativen Energien einfach bei uns abladen und gleichzeitig die

positiven Energien wie Vampire aus uns heraussaugen. Und meistens verhalten sie sich ganz unbewusst so, sie überschreiten unsere Grenzen und merken es selbst gar nicht.

Anstatt mit Ärger oder Wut darauf zu reagieren, unterstützt der Rosenquarz mich dabei, die niedrig schwingenden Energien eines »Energieräubers« nicht an mich heranzulassen, sondern ihm stattdessen Mitgefühl und Liebe zu schicken. So muss ich mich nicht abwenden, oder mich von ihm mit herunterziehen lassen, sondern kann ihm helfen, indem ich ihn mit in meine positiven Energien hülle. Der Rosenquarz hilft mir dabei, mein Herz offenzuhalten, anstatt es zu verschließen und Mauern zu bauen – und so selbst in das Gefühl der Liebe zu kommen.

ACHAT – Dein Fels in der Brandung

Balance, Stabilität, Selbstbewusstsein, Vertrauen

Ein stabiles Fundament, auf dem wir bauen können, auf das wir uns verlassen können und dem wir vertrauen können, ist extrem wichtig. Es ist die Basis, die uns durch unser Leben trägt.

In Situationen, in denen wir energetisch sehr herausgefordert sind, sorgt der Achat für Standfestigkeit, um mitten im Sturm vielleicht ein wenig hin und her zu schwanken, aber immer tief verwurzelt zu bleiben und verbunden mit Mutter Erde.

Der Achat ist dein Begleiter für eine riesige Portion Stabilität in deinem Leben. Mit ihm an deiner Seite, werden deine Wurzeln und dein Fundament gestärkt und in der Erde verankert. Gerät die Welt mal aus den Fugen, führt der Achat dich in deine Balance zurück. Er erinnert dich an den Fels in der Brandung, der du bist, an deine Stärke und dass du vertrauen darfst – in dich und in deine Wurzeln.

Mir tut es besonders gut, mich gleich morgens mit ihm zusammen zu erden und mich so auf den Tag vorzubereiten.

BERGKRISTALL – Das Licht in Dir

Erkenntnis, Wandel, Entwicklung, Klarheit, Achtsamkeit

Der Bergkristall verbindet dich mit deinem höheren Selbst. Wenn du in deinem Lower Self bist, wirst du von Emotionen wie Wut, Angst oder Scham geleitet. Verbunden mit deinem Higher Self handelst du aus Liebe, Mitgefühl und Freude. Der Bergkristall sorgt dafür, dich selbst zu spüren, den richtigen Zeitpunkt wahrzunehmen und dunkle Energien abzuwehren.

Der Bergkristall schwingt in sehr intensiver Resonanz mit dem Körper und unterstützt uns dabei, immer wieder Ruhe, Klarheit und Licht in uns und um uns herum (Aura) herzustellen. Ich trage ihn häufig bei mir im Alltag und habe ihn zu Hause in den unterschiedlichsten Formen und Größen. Anders als andere Steine steht er nicht nur für ein bestimmtes Thema und kann uns darin unterstützen, er ist ein wahrer Super Healer und wirkt in allen Bereichen als Verstärker. Beispielsweise wirkt er nicht nur auf das Kronenchakra, sondern ebenfalls auf alle unsere Chakren gleichermaßen. Er kann sie ausgleichen, harmonisieren und miteinander schwingen lassen.

Wenn wir ihn zusammen mit anderen Steinen anwenden und einsetzen, kann er die Energien vervielfachen. Sprich, er verstärkt die Wirkungsweise anderer Steine mit seiner Klarheit und macht ihren Auftrag ganz deutlich.

Immer, wenn ich mich mit ihm umgebe, kann ich diese lichtvolle Energie, mit der er mich versorgt, spüren und komme schnell in meine eigene Klarheit. Aus ihr heraus kann ich handeln, denken und fühlen (in den anderen Themenkapiteln ist er ebenfalls häufig ein wichtiger Stein, woran man seine Vielfältigkeit erkennen kann).

AMETHYST – Ein Stein für die Seele

Geborgenheit, Ruhe, Intuition, Spiritualität, Meditation

Der Amethyst ist der große Reiniger unter den Edelsteinen, der mit seinen feinen Schwingungen den Raum, Gegenstände und auch unseren Geist klärt. Wenn die Gedanken und Emotionen kreisen und nicht zur Ruhe finden, hilft der Amethyst uns, das Gedankenkarussell anzuhalten und das Gefühlschaos zu lichten. So wird der kleine Affe im Kopf besänftigt, sodass Ordnung und Balance

sich einstellen dürfen. Hier können wir zurückfinden zu unserem Fokus und einem ganz klaren und ruhigen Zustand des Friedens in uns. Es gibt so viele Situationen, in denen wir uns vor uns selbst schützen dürfen. Vielleicht kennst du es, dass deine Gedanken ständig um eine bestimmte Situation kreisen, dass du immer wieder daran denken musst, was du hättest anders machen können. Dass du beginnst dich zu verurteilen, dich schlecht machst. Der Amethyst unterstützt dich dabei, diese Gedanken zu bereinigen und Frieden und Ruhe zu finden. Er regt das seelische Verarbeiten der Tagesgeschehnisse an und fördert die Reinigungsprozesse, die im Schlaf stattfinden. Dadurch verstärkt er dein Traumleben. Wundere dich also nicht, wenn du erst einmal viel intensiver träumst! Nach zwei bis drei Wochen wird dein Schlaf viel friedlicher und ruhiger werden. Der Amethyst kann langfristig unseren Schlaf verbessern, da er alles Unverarbeitete in uns aufräumt. Er ist dein wunderbarer Begleiter und Unterstützerstein, um Ängste abzubauen, dein Gedankenkarussell zu beruhigen und das Nervensystem herunterzufahren, sodass Körper und Geist endlich Ruhe finden und entspannen können.

RITUAL
Dein leuchtender Schutzkokon

Ich arbeite tagtäglich mit vielen Menschen zusammen, führe Beratungsgespräche, spreche mit Händlern und Händlerinnen und meinen Mitarbeiterinnen und habe Begegnungen mit fremden Menschen im Supermarkt oder in der Bahn. Nicht immer schaffe ich es, mich ganz und gar zu schützen und bei mir zu bleiben. Deshalb ist es so wichtig für mich geworden, regelmäßig Rituale zu praktizieren, um mich von diesen unerwünschten Energien zu lösen. Nicht, um den anderen zu »entfernen«, sondern, um mich selbst und meinen inneren Frieden zu schützen.

Dieses Ritual kannst du im Akutfall durchführen, um dich energetisch zu reinigen, nachdem du beispielsweise einem »Energieräuber« begegnet bist. Du kannst es auch gerne vorsorglich jeden Morgen machen, bevor du das Haus verlässt, um deinen Schutzkokon für den Tag zu stärken.

Das brauchst du

- Achat
- Turmalin
- Bergkristall
- Räucherwerk (Palo Santo oder Weißer Salbei)

Anleitung:

1. Räuchere und reinige den Raum, deine Steine und dich selbst.
2. Setze dich auf den Boden oder auf ein Sitzkissen, nimm deinen Achat in deine Hände und erde dich über deine Sitzbeinhöcker und schließe deine Augen. Verbinde dich mit Mutter Erde. Spüre, wie der Boden dich berührt und wie du den Boden berührst.
3. Stelle dir vor, wie aus deinen Sitzbeinhöckern leuchtende Wurzeln des schönsten Baums ganz tief in die Erde wachsen. Sie wachsen durch alle Stein- und Erdschichten hindurch bis hin zum leuchtenden Erdkern, mit dem du dich nun verbindest. Spüre diese kraftvolle Energie, die von Mutter Erde ausgeht und über deine wunderschönen Wurzeln wieder in deinen Körper fließt. Spüre bewusst in deinen Achat hinein, wie er das tiefe Gefühl von Geborgenheit, Sicherheit und Vertrauen an dich sendet.
4. Sprich nun dreimal die Affirmation: »Ich bin gehalten und getragen«.
5. Dann lege deinen Achat vor dich und bedanke dich bei ihm für seine Unterstützung, und dass du dich mit seiner Hilfe geerdet hast.

6. Da Energiebänder oft zu den Chakren führen, ist es wichtig, alle Chakren einzeln zu reinigen. Nimm deinen Turmalin nun in beide Hände, verbinde dich mit seiner Energie und spüre in seine schützenden Energien hinein. Halte ihn in deiner gebenden, dominanten Hand, die andere Hand ruht auf deinem Oberschenkel. »Schneide« nun, wie mit einem Messer, von unten nach oben. Von deinem Wurzelchakra auf Höhe deines Steißbeines bis zu deinem Kronenchakra, über deinem Kopf, an der Mittelachse deines Körpers entlang, als ob du etwas von dir abschabst. Du berührst dabei deinen physischen Körper nicht! Stelle dir vor, wie du alle negativen Energien, die sich in deinen Chakren, in deinem Energiekörper, festgesetzt haben und dich blockieren abschneidest und dich damit energetisch von allem Unerwünschten reinigst. »Schneide« so lange, bis du das Gefühl hast, vollständig befreit zu sein.
7. Halte deinen Turmalin noch eine Minute in beiden Händen und spüre nach, was sich in dir verändert hat.
8. Nun bewegst du den Arm mit dem Turmalin in der Hand im Urzeigersinn zu deinen Füßen und wieder hoch über deinen Kopf. So als würdest du einen Kreis um dich ziehen. Stelle dir vor, wie du dir mit deinem Turmalin einen wunderschönen stabilen Schutzkokon kreierst, indem du vor allen negativen Energien und Einflüssen im Außen beschützt und in Sicherheit bist. Dies ist dein sicherer Ort, der ganz dir gehört und in den niemand ungefragt eindringen und dich aus deiner Energie bringen kann. Mache diese Bewegung mindestens eine Minute lang oder solange, bis du deinen Kokon um dich (wieder oder besser) spüren kannst.
9. Halte deinen Turmalin für einen Moment in beiden Händen und sprich dreimal die Affirmation: »Ich bin in Sicherheit«.
10. Dann lege den Turmalin neben den Achat vor dich, bedanke dich bei ihm für seinen Schutz und nimm nun deinen Bergkristall in beide Hände, verbinde dich mit seiner klaren, reinen Energie und atme dreimal tief ein und aus.

11. Stelle dir nun vor, wie von der Krone deines Kopfes ein wunderschönes, weißgoldenes Licht in deinen ganzen Körper, in dein Herz und in jede einzelne Zelle fließt und wie dieses Licht wie eine wunderschöne Lichtkugel aus reinster und höchster Energie deinen ganzen Schutzkokon ausfüllt. Stelle dir vor, wie immer mehr von diesem Licht von oben in dich und deinen Kokon hineinfließt, jeden Millimeter ausfüllt und dich komplett einhüllt.
12. Stelle dir vor, du siehst deine eigene Aura aus diesem weißgoldenen Licht und nun sage dir: »Diese Lichtkugel ist mein sicherer Ort, mein Ort der Geborgenheit. Durch sie wird ausschließlich Energie zu mir gelangen, die mir guttut, die mir hilft, die mich kräftigt, die mir selbst Energie gibt. Sie wird alle negativen Energien abwehren, die mich schwächen und mir nicht guttun. Danke. Danke. Danke.«
13. Spüre mit deinem Bergkristall in deinen Händen noch einmal dieses neue Energiefeld aus leuchtendem Licht, das deinen Schutzkokon ausfüllt.
14. Stelle dir im Alltag vor, wie diese weißgoldene Lichtkugel immer um dich herum ist, umrahmt von deinem schützenden Kokon. Nur du kannst sie sehen und spüren und sie beschützt dich vor allen negativen Energien im Außen. Durch diese klare Intention, dass du beschützt bist, und die Hilfe deiner kraftvollen Steine wird es so sein.

15. Bedanke dich bei deinem Bergkristall für die Unterstützung und stelle ihn vor dich hin.
16. Wiederhole diese Übung immer dann, wenn du dich von negativen Energien in dir befreien und deinen Schutzkokon noch einmal bewusst bilden möchtest.

Affirmationen für deinen inneren Frieden

- Ich achte und wahre meine Grenzen.
- Ich bin zu jeder Zeit beschützt.
- Ich gehe mit Sicherheit durch mein Leben.
- Mein Fokus liegt bei mir.
- Ich stehe zu mir und meinen Bedürfnissen.
- Ich darf »Stopp« sagen.
- Ich werde respektiert.
- Ich bin voller Ruhe und Gelassenheit.
- Ich bin stark mit mir selbst verbunden.
- Ich darf vertrauen.

ERFAHRUNGSBERICHT: AGNES JOVAISA

Ich bin eine große Freundin davon, jeden Tag unseres kostbaren Daseins zu zelebrieren und das Menschsein in all seinen Facetten zu umarmen. Und doch vergesse ich manchmal in meiner bewegten Welt, mit meinen vielen Aufgaben und langen To-Do-Listen, wie besonders es doch ist, dass wir hier und zu dieser Zeit auf diesem Planeten sind. Außerdem kann es passieren, dass meine eigene Kreativität und mein inneres Strahlen etwas untergehen, wenn ich mich sehr im Tun und Machen verfange. In solchen Situationen hilft ein extra Funken Magie im Alltag. Mein funkelnder Wegbegleiter durfte in einer Phase entstehen, welche sehr geprägt war von Kreativität und Wachstum. Meine Selbstständigkeit nahm Fahrt auf und da lag ein Zauber in der Luft, der mir zeigte, dass ich mich auf dem richtigen Weg befinde.

Ich war bereits stolze Besitzerin meines ersten Wegbegleiters aus Mondstein und rotem Aventurin und doch wusste ich, dass für diesen nächsten Abschnitt eine neue, spezielle Mala entstehen darf. Ich wählte nicht nur ganz besondere Steine aus, sondern auch einen ganz besonderen Tag für die Entstehung: den 21. Dezember, Wintersonnenwende, der Tag, an dem das Licht zurückkommt. Das Motiv des Lichts fasziniert mich, denn Licht lässt uns im Dunklen sehen, Licht breitet sich unendlich aus und wir alle tragen unser inneres Licht in uns, das hinausfließt in die Welt und uns an dieser teilhaben lässt. Für mein Kunstwerk dürfen Labradorit und Citrin ihre Stärken kombinieren und um die Wette strahlen. Den Abschluss bildet ein goldener Halbkreis, der mich an eine Wiege erinnert – die Wiege meiner Kreativität.

Der so facettenreich funkelnde Labradorit steht für Fantasie und Kreativität und erinnert mich immer wieder an meine eigene Schöpfungskraft. Er zeigt mir jeden Tag neu, dass meine eigene Vorstellungskraft unendlich und schillernd ist, so wie seine bunt vibrierenden Farben, fast wie ein Regenbogen in Steinform. Er unterstützt mich darin, neue Projekte in die Welt zu bringen. Dabei geht es nicht um eine lineare Durchsetzung und das Abarbeiten von To Dos, sondern um die ganz organische, verspielte Kreativität, die sich entfalten möchte.

Der Citrin steht für Fülle und die reine Lebensfreude, ein wahrer Lichtbringer, auch in dunklen Zeiten. Er repräsentiert Reichtum und Schönheit, und ich sehe ihn als Laterne, die ein helles Licht auf meine eigenen, inneren Reichtümer und Schätze wirft. Er steht außerdem für die leuchtende Schönheit des Lebens und stärkt mein inneres Feuer, wie die unglaublich kraftvolle Energie der Sonne.

Diesen Wegbegleiter trage ich am liebsten ganz nah bei mir um den Hals, wenn ich mir mehr Zauber und Kreativität wünsche, sodass die eigene Magie mehr und mehr sprudeln darf. Im Gegensatz dazu dient mir meine erste Mala mehr für die Meditation - ich finde es schön, wie jeder Wegbegleiter seine ganz eigene Intention erfüllen darf und für bestimmte Anlässe reserviert ist.

Agnes unterrichtet somatisches Yoga und Yin in ihrem Yogastudio BEING SPACE, ist Cacao Mama, Sound Healer, Breathwork Coach, Ecstatic Dance DJ und Apothekerin aus Hamburg. Auf der Yogamatte hat Agnes gelernt, dass sie jederzeit frei sein darf und dass alle Gefühle willkommen sind, und an diesen Ort möchte sie dich ebenfalls einladen: Du bist von Herzen willkommen, genauso, wie du bist.

RITUAL
Energieräubern liebevoll begegnen

METTA-MEDITATION FÜR LIEBEVOLLE GÜTE

Der Begriff Metta stammt aus der altindischen Pali-Sprache und bedeutet: »liebevolle Güte«, »Freundlichkeit« oder »Herzenswärme«.

Wie beschrieben, wissen wir alle, wie es ist, Menschen zu begegnen, die in ihrer eigenen Negativität gefangen sind und diese auch in großen Mengen an ihre Umgebung, auch an uns, weitergeben. Sie nehmen keine Rücksicht auf unsere Gefühlswelt, laden ihren Ballast bei uns ab in der Hoffnung, dass es ihnen dadurch besser geht.

Es gibt folgende Möglichkeiten

1. Wir nehmen diese negative Energie an und lassen uns von ihr beherrschen.
2. Wir flüchten und wenden uns direkt von dieser Person ab.

Beide Optionen helfen uns, wie du dir denken kannst, natürlich nicht längerfristig und stellen keine gute Lösung dar.

3. Wir bleiben bei uns und in unserer Kraft und gehen dennoch ins Mitgefühl für diese Person und die Umstände, die sie wohlmöglich an diesen Punkt gebracht haben.

Wenn mein energetischer Zustand es zulässt, dann würde ich immer die dritte Möglichkeit wählen. Denn in dem Moment, in dem wir mit negativer Energie konfrontiert sind und mit negativer Energie antworten, befinden wir uns im Abwärtsstrudel und unser Körper schüttet das Stresshormon Cortisol aus. Wenn wir aber mit Mitgefühl reagieren und in unserem Herzen kraftvoll bleiben, können wir der anderen Person eventuell sogar dabei helfen, ebenfalls wieder auf ein höheres Energieniveau und in die Positivität zu kommen. Gleichzeitig sorgen wir gut für uns selbst.

Wenn wir mit uns selbst liebevoll umgehen, produziert unser Körper das Bindungshormon Oxytocin, das für Gefühle wie Zufriedenheit und Verbundenheit sorgt.

Auch im Christentum heißt es: »Liebe deinen Nächsten wie dich selbst.« Und auch in der buddhistischen Tradition gibt es eine Übung, bei der wir uns selbst bedingungsloses Mitgefühl schenken und dieses nach und nach auf alle Lebewesen ausdehnen.

Während der Metta-Meditation sagst du innerlich vier kurze Sätze. Sie helfen deinem Geist, sich im Hier und Jetzt zu verankern und positive, liebevolle Gefühle in dir zu kultivieren. Jeder Satz ist wie ein Same, der irgendwann keimt und wächst und zu tiefer Verbundenheit führt.

Das brauchst du

- Rosenquarz
- Turmalin

Anleitung

1. Lege den Rosenquarz auf dein Herz oder halte ihn in deiner Hand (wenn du unterwegs oder mitten in der Situation bist), schließe deine Augen und atme tief ein und aus.
2. Denke an den Menschen, der dir deine Energie raubt und dann sage in Gedanken zu ihm: »Mögest du glücklich sein, mögest du dich immer sicher und geborgen fühlen, mögest du gesund sein, mögest du in Leichtigkeit und Liebe durch dein Leben gehen.«.
3. Schicke dem Menschen viel Licht mit diesen Worten, atme noch dreimal tief ein und aus.
4. Dann nimm deinen Turmalin in die andere Hand und spüre seine schützenden Energien. Spüre, wie vom Rosenquarz ganz viel Liebe hinausgesendet wird und du gleichzeitig mit deinem Turmalin einen sicheren Ort, deinen Schutzkokon, für dich kreierst, durch den dich wiederum keine negativen Energien von außen erreichen können.
5. Bedanke dich bei deinen Steinen. Atme noch einmal tief ein und aus, dann öffne deine Augen.
6. Trage diese beiden Steine im Alltag bei dir, um dich in bestimmten herausfordernden Situationen und bei Begegnungen immer wieder mit der liebevollen Güte zu verbinden und sie hinaussenden zu können.

RITUAL
Kläre deine Gedanken und schütze deinen Geist

So oft haben wir selbst negative Gedanken. Wir merken, dass wir schlechte Laune haben und uns im Abwärtsstrudel befinden, doch je mehr wir darüber nachdenken, desto schlechter und bedrückter wird unsere Stimmung. Dieses Ritual kann dir dabei helfen, deine Gedanken zu klären und durch positive Gedanken zu ersetzen.

Das brauchst du

- Amethyst
- Turmalin

Anleitung

1. Nimm deinen Amethyst und verbinde dich mit ihm, dann lege ihn auf deine Stirn oder halte ihn vor deinen Kopf, über den Punkt zwischen deinen Augenbrauen – dein drittes Auge.
2. Stelle dir nun bildlich vor, wie der Amethyst all die schlechten Gedanken aus deinem Kopf heraussaugt und sie nach und nach auflöst. Ein Gedanke nach dem anderen verschwindet nun aus deinem Kopf. Vielleicht möchtest du dir vorstellen, wie sie wie eine Seifenblase aus dem Kopf heraustreten und an deinen Amethyst stoßen und zerplatzen.

3. Nachdem du den Amethyst deine Gedanken hast aus dir raussaugen lassen, bedanke dich bei ihm dafür, dass er deine Gedanken gereinigt hat.
4. Nun nimm deinen Turmalin in die Hand und verbinde dich mit ihm. Halte ihn dann vor deinen Kopf und stelle dir vor, wie er eine Schutzbarriere in deinem Kopf aufbaut, durch die keine schlechten Gedanken mehr zu dir hervortreten können. Stelle es dir so lange vor, bis du eine starke, dicke Mauer spüren kannst.
5. Bedanke dich bei deinem Turmalin.
6. Denke an einen lieben Menschen in deinem Leben, an einen schönen Moment, den du erlebt hast oder an etwas, auf das du dich freust. Es sollte etwas sein, mit dem du wirklich etwas Schönes und Positives verbindest. Nun stell dir vor, wie die Gedanken in deinem Kopf immer heller, strahlender und präsenter werden. Verweile in dieser Helligkeit voller Dankbarkeit.

RITUAL
Hüter deiner Sorgen

So häufig nehmen wir all unsere Sorgen, Ängste, To-do-Listen und ungelösten Aufgaben des Tages mit in die Nacht. Ich erlebe immer wieder, dass genau diese Dinge, die eigentlich durchaus lösbare Themen darstellen, so groß werden, wie die bekannte harmlose Mücke zum wilden, angsteinflößenden Elefanten. Das passiert, wenn wie ihnen zum falschen Zeitpunkt Raum geben. Deshalb versuche ich immer, all das, was nicht in meine Nacht gehört, vorher gut zu verwahren. So kann ich die Dinge am kommenden Tag mit einem frischen und ausgeruhten Geist wieder angehen – und die Mücke bleibt eine Mücke.

Das brauchst du

- Turmalin/Bergkristall/Amethyst
- Ggf. Räucherwerk (Palo Santo oder Weißer Salbei)
- Dein Notizbuch/Journal
- Einen Stift

Anleitung

1. Bevor du schlafen gehst, wähle einen deiner Schlafsteine aus, dessen Qualitäten du heute Abend gut gebrauchen kannst: Turmalin, Amethyst oder Bergkristall.
2. Räuchere vorab dein Schlafzimmer, um es von allen negativen Energien zu befreien (wie in Kapitel »Pflege der Edelsteine« beschrieben).
3. Setze dich gemütlich mit deinem Journal und deinem Stein in dein Bett und lasse deinen Tag Revue passieren. Gehe in Gedanken noch einmal alles durch, was du erlebt hast, von dem Zeitpunkt an, als du aufgestanden bist, bis jetzt. Schreibe alles auf, was du loswerden möchtest: deine Gedanken, Erlebnisse und Gefühle des Tages.
4. Wenn du alles aufgeschrieben hast, lege dein Journal auf deinen Nachtisch und nimm deinen Stein in die Hände. Lege dich nun ganz gemütlich hin und schließe deine Augen. Atme dreimal tief ein und aus.
5. Spüre deinen Begleiter in deinen Händen und verbinde dich mit ihm. Spüre seine jahrtausendalte, weise Energie und die Ruhe, die er ausstrahlt. Spüre, wie seine Oberfläche durch eure Berührung immer wärmer wird und auf dich Ruhe und Vertrauen ausstrahlt.
6. Nun schicke alles in ihn hinein, was du nicht für diese Nacht und einen erholsamen Schlaf gebrauchen kannst. Alle Ereignisse des Tages, über die du dir eventuell Gedanken machen könntest. Das kann dir dabei helfen, diese Gedanken loszulassen und nicht mit in die Nacht zu nehmen, um sie dort zu versuchen zu lösen. Jetzt brauchst du Ruhe und die Möglichkeit, zu regenerieren, zu verarbeiten und Kraft zu tanken.

7. Speichere alles in deinen Stein. Er ist für heute der Hüter deiner Gedanken, sodass du sie vertrauensvoll loslassen kannst. Er wird sie für dich verwahren und dir das, was du morgen Früh brauchst, wiedergeben. Dann kannst du die Dinge mit einem frischen und klaren Geist angehen.
8. Lege deinen Stein nun auf den Nachttisch (oder vor die Zimmertür, wenn du deine Sorgen weiter weg von deinem Schlafplatz haben möchtest). Danke deinem Stein, dass er dich auf seine wundervolle Weise bei einem erholsamen Schlaf unterstützt.

Schutzsteine für deinen Alltag – So begleiten sie dich

DEIN WUNDERSCHÖNER SAMTWEICHER SCHUTZUMHANG

Mit Sicherheit hast du schon einmal von Harry Potter und seinen Superkräften gehört. Ich liebe die Geschichten um den Zauberlehrling. Besonders häufig denke ich an den Umhang, der ihn unsichtbar macht, wenn er unentdeckt bleiben möchte. Ebenso können wir unsere Edelsteinhelfer immer bei uns tragen und sie als Schutzschild vor negativen Energien im Außen einsetzen.

Tipp: Reinige deine Schmuckstücke oder Steine unbedingt am Abend, wenn du am Tage mit vielen negativen Einflüssen konfrontiert warst.

Häufig wissen wir genau, wo unsere Gefahrenquellen liegen. Dennoch können wir ihnen nicht immer ausweichen oder uns von ihnen fernhalten. Wir haben es aber in der Hand, vorzusorgen und unsere Helfer bewusst für uns einzusetzen, indem wir sie in der Hand halten, um den Hals tragen oder in Räumen aufstellen, an denen wir einen besonderen Schutz benötigen, z. B. am Arbeitsplatz, an dem anstrengende Kolleg:innen oder sehr fordernde Chef:innen auf dich warten, bei Familienfeiern oder anderen Situationen und Menschen, die uns unsere Energie rauben könnten.

Ich folge dem Ruf meines Herzens – Wegbegleiter & Rituale, die dich zu deiner Seelenaufgabe führen

»LEBEN, DAS IST DAS ALLERSELTENSTE IN DER WELT, DIE MEISTEN MENSCHEN EXISTIEREN NUR.«

Oscar Wilde

Dieses schöne Zitat von Oscar Wilde ist mir vor vielen, vielen Jahren begegnet, und es hat so viel in mir bewegt. Denn was es bedeutet, nur zu existieren, sich nicht erfüllt zu fühlen und im Dunkeln zu tappen, habe ich lange Zeit am eigenen Leib erfahren, bevor ich mein Herzensthema mit dem Studio und meiner Arbeit mit den Steinen gefunden und mich auf meinen Seelenweg begeben habe. Seither spüre ich mit jeder Faser meines Körpers, dass ich genau am richtigen Ort angekommen bin. Jeden Tag bin ich dankbar dafür, meiner Seelenaufgabe, meiner Berufung folgen zu dürfen.

Warum ist es so wichtig, die eigene Herzensaufgabe zu finden?

Bei mir hat es so viele schmerzhafte Jahre gedauert, um zu erkennen, dass ich mich auf dem Irrweg befinde und die Richtung wechseln darf. Meine Wegbegleiter haben mir in diesem Prozess zur Seite gestanden und mir so sehr geholfen, mich selbst zu finden, meine Seele zu erforschen und authentisch und aus dem Herzen heraus mein Leben zu gestalten. Ohne meine Edelsteine wäre ich ganz sicher nicht dort, wo ich heute bin.

Durch die vielen Beratungen für die persönlichen Malas, die ich in den letzten Jahren geführt habe, weiß ich, dass ich damit nicht alleine bin. So viele liebe Menschen haben mir in zahlreichen Gesprächen den Wunsch nach einem Wegbegleiter genannt, der sie dabei unterstützt, endlich ihre eigene Berufung – ihre Seelenaufgabe für ihr Leben – zu finden.

Wir alle sehnen uns nach Freude, Erfüllung und wünschen uns Sinnhaftigkeit, in dem, was wir tun. Letztlich wünschen wir uns die Verbindung zu unserem wahren Kern, unserem wunderschönen Wesen, das eine ganz bestimmte Aufgabe in diesem Leben hat: eine Mission.

Wie aber kann ich herausfinden, welche Aufgabe meine Berufung ist, was ich in diesem Leben erschaffen möchte und wie ich wirken kann? Genau dieser Prozess ist für so viele Menschen, mich eingeschlossen, eine der größten Herausforderungen.

In diesem Kapitel nehme ich dich mit auf meinen Weg und teile mit dir, welche Schritte ich gegangen bin, um meine Seelenaufgabe im Leben zu finden und welche wunderbaren Begleitersteine mich dabei unterstützt haben.

Was hält uns davon ab, unsere Seelenaufgabe zu finden?

Viele Menschen, die ihre Berufung noch nicht für sich gefunden haben, denken, dass eine Seelenaufgabe etwas gigantisch Großes sein muss. Sie denken, dass sie nicht wertvoll, wichtig oder gut genug sind, mutig ihre eigene Berufung zu erspüren, dass es sowieso nur für wenige besondere Menschen vorgesehen ist, ihrem Herzen folgen zu können. Sie sind überzeugt, dass sie nichts haben, was sie mit anderen Menschen und der Welt teilen könnten.

Wenn du deinen Seelenweg noch nicht erkannt hast, dann kann es zu einem großen Teil daran liegen, dass in dir Blockaden, Ängste und Muster alter Verletzungen festsitzen, die dich davon abhalten, für dich und dein Herz loszugehen und deine Berufung zu finden. Das führt dazu, dass wir mit all unseren Überzeugungen über uns und das Leben immer wieder an der gleichen Stelle suchen und uns wundern, dort nichts zu finden.

Denke immer daran, dass deine äußere Welt deine innere Welt widerspiegelt. Wenn du also selbst nicht an dich und deinen Wert glaubst, dann kannst du den wunderbaren Menschen, der du bist, mit all seinen einzigartigen Fähigkeiten, Möglichkeiten und Ideen nicht erkennen. Deine Berufung ist ein ganz kostbarer Schatz, der sich aus deinen vielen wunderbaren Talenten und deiner einzigartigen Persönlichkeit zusammensetzt.

Warum ich im Dunkeln getappt bin

Ich war viele Jahre vom Außen gesteuert, geprägt von Vorstellungen und Erwartungen meiner Eltern, von Ängsten, die sie selbst mit sich herumgetragen und an mich weitergegeben haben. All das hat mein Bild über mich und meine Möglichkeiten in diesem Leben geprägt. So habe ich versucht, diesen Erwartungen gerecht zu werden und dadurch Anerkennung zu bekommen. Ich arbeitete festangestellt in erfolgsversprechenden Jobs in großen Unternehmen – ich wählte den sicheren Weg.

Doch mir ging es nicht gut: Ich hatte stets das Gefühl, nicht hineinzupassen, nicht zu genügen, so sehr ich auch versuchte, wie die anderen zu

sein. Eine lange Zeit dachte ich, mich einfach nur noch mehr anstrengen zu müssen. Mein Glaubenssatz war: »Ich bin falsch.«

Obwohl ich mich so sehr anstrengte, noch mehr versuchte, um besser zu werden, in dem, was ich tat, fühlte ich mich leer und einfach nicht erfüllt. Jeden Sonntagabend graute es mir davor, am nächsten Tag wieder zur Arbeit gehen zu müssen. Ich schlief unruhig, fand keine Erholung, und jeden Morgen wachte ich auf und die lähmende Erinnerung daran, was nun wieder in den kommenden fünf Tagen auf mich wartete, schoss mir in Kopf und Körper. Während der Arbeit am Schreibtisch hatte ich sehr mit meinen unruhigen Beinen (Restless Leg Syndrom) zu kämpfen, ich konnte mich schlecht konzentrieren und hatte oft den großen Wunsch, einfach aufzustehen und davonzulaufen, den für mich unaushaltbaren Zustand zu verlassen. All dies war Ausdruck meines Seelenzustandes.

Wie ein blinder Maulwurf bin ich immer wieder verzweifelt gegen die gleiche Erdwand gelaufen und habe nicht erkannt, dass ich wohlmöglich einfach in der falschen Ecke des Gartens suchte. Das ich da, wo die »anderen« sind, gar nicht hingehörte und entsprechend auch nicht hineinpasste, so sehr ich mich auch anstrengte. Mir ging es schlechter und schlechter, ich fand so oft es ging Ausreden, warum es mir unmöglich war, zur Arbeit zu gehen. Sowohl meine Psyche als auch mein Körper gaben mir inzwischen deutliche Warnsignale, endlich die Reißleine zu ziehen. Ich war an einem Tiefpunkt meines Lebens angekommen, der mich dazu zwang, nach einer Lösung zu suchen und etwas an meinem Leben zu ändern. Als meine Not zu groß wurde, begann ich zu meditieren, Yoga zu machen und mich auf meine eigene innere Reise zu begeben.

Was ich bis dahin nicht erkannt hatte: Wenn wir zu sehr im Außen suchen, uns vergleichen und darauf hören, was andere meinen, was das Richtige für uns sei, leben wir ihre Berufung, und verpassen dabei wohlmöglich unsere eigene. Meine wichtigste Erkenntnis aus dieser Zeit ist: Gehe deinen eigenen Weg, nicht den der anderen.

Mein Wendepunkt: Die Reise zu mir und meinem höheren Selbst

Mein Gefühl sagte mir: Im Außen konnte ich die Antwort nach dem Sinn meines Lebens nicht finden, also musste sie in mir liegen. Ich begann, in mir zu suchen, wie in meinem eigenen Buch zu lesen und mich mit mir und meiner Geschichte zu verbinden. Ich bin meinem Herzen auf den

Grund gegangen, habe hingespürt, hingehört, um meiner Intuition wieder näherzukommen. Dieser einen Stimme, die unsere Wahrheit und Weisheit ist und uns als unser innerer Kompass immer den für uns richtigen und einzigartigen Weg zeigt.

Das war der größte und wichtigste Schritt zu meiner Berufung, denn in dieser Verbindung mit mir selbst und meiner inneren Weisheit habe ich so viel über mich gelernt und erfahren. Ich bin weit in die Vergangenheit gereist und konnte so viele Glaubenssätze und Blockaden aufdecken, die mich die ganzen Jahre überschattet und mich am Erkennen meines eigenen Weges gehindert haben. Dabei kamen viele Ängste zum Vorschein, denn in dem Moment, in dem wir Überzeugungen über uns und unser Leben aufbrechen und loslassen, müssen wir etwas Neues, Ungewohntes zulassen und das kann zuerst einmal unser ganzes Fundament ins Wanken bringen.

Mache dir immer bewusst, dass Angst auf der einen Seite eine Bremse, auf der anderen Seite auch unser größter Motor sein kann! Denn deine Berufung ist etwas, das dich im positiven Sinne immer herausfordern wird. Dadurch bekommst du die Möglichkeit, zu wachsen und Schritt für Schritt in deine wahre Größe und dein volles Potenzial zu treten. Es ist kein Wunder, dass wir unseren Seelenweg oft in den größten Krisen und den dunkelsten Momenten unseres Lebens erkennen.

Zurück zu meiner Vergangenheit und meinen Leidenschaften

In dieser tiefen Verbindung mit mir selbst bin ich nicht nur meinen Ängsten begegnet, sondern ebenfalls meiner wahrhaftigen Freude. Wie eine Zwiebel habe ich mich nach und nach aus all den Schichten gepellt, die nicht zu mir gehörten und bin meinem wahren Kern und Wesen Stück für Stück wieder nähergekommen. Weiter unten in diesem Kapitel teile ich mit dir, welche Rituale du tagtäglich machen kannst, um wieder in die Verbindung mit dir selbst und ins Spüren deiner Wünsche und Bedürfnisse zu kommen.

Ich erinnerte mich an die kostbaren Aquamarine meiner geliebten Großmutter und an die Wintermärkte in meiner Waldorfschule, bei denen wir Kinder im Edelsteinzimmer eigene Steine aussuchen und schleifen durften. Ich suchte damals eine winzig kleine Amethystdruse aus. Außen war sie rau und sah unbedeutend aus, als wir sie aber aufsägten, kam ihr wunderschöner, funkelnder Kern zum Vorschein. Ich weiß noch genau, wie sprachlos und überwältigt ich von diesem Wunder der Natur war! Heute erinnert mich dieser Moment immer daran, dass auch wir diesen funkelnden Kern in uns tragen und dass es unsere Aufgabe ist, ihn zu entdecken und ans Licht zu bringen.

Diese Leidenschaft war in mir wieder neu entfacht worden, ich forschte und arbeitete ununterbrochen, um die Heilkräfte der Steine kennenzulernen. Das, was mich damals als Kind intuitiv so angezogen hatte, wollte ich verstehen lernen. Meine Vision war klar. Ich wollte unbedingt mit diesen Schätzen arbeiten und mein Wissen und meine eigenen wunderbaren Erfahrungen, die ich mit ihnen machen durfte, an möglichst viele Menschen weitergeben.

Ich erinnerte mich daran, wie sehr es mich immer erfüllt hatte, etwas mit meinen Händen zu erschaffen und Menschen damit eine Freude zu machen. Also begann ich, mich auch hier mit meiner Kreativität zu verbinden und die ersten Schmuckstücke aus ausgewählten, besonderen Edelsteinen zu kreieren.

Plötzlich konnte ich stundenlang an meinem Arbeitstisch sitzen und Schmuckstücke erschaffen, meine Beine, die mir vorher so viele Probleme bereitet hatten, blieben dabei ganz ruhig. Mein Geist kam bei dieser meditativen Tätigkeit so sehr zur Ruhe, dass ich Raum und Zeit um mich herum vergaß. So sehr war ich bei mir und in meiner Schöpferkraft. Es fiel mir leicht, ich war richtig gut darin und es machte mir die größte Freude! Etwas, dass ich so noch nie erlebt hatte.

Ich machte meine Ausbildung zur Yogalehrerin. Meditation tat mir unglaublich gut und war zeitgleich eine Herausforderung für meinen unruhigen, ungeübten Geist. In dieser Zeit entdeckte ich Mala-Ketten für mich. Ich konnte mich mit ihnen verbinden und sie bildeten einen wunderbaren Anker in der Meditation. So schaffte ich es, Ruhe und Fokus in meiner Meditationspraxis zu finden.

Mit meinem inzwischen sehr großen Wissen und Erfahrungsschatz rund um die Edelsteine und ihre kraftvollen Wirkungsweisen kreierte ich mir meine eigene, erste Edelstein-Mala, meinen ganz persönlichen Wegbegleiter. Er tat mir unglaublich gut, ich meditierte viel damit. Die Mala begleitete mich im Alltag und erinnerte mich immer an all das, worauf ich meinen Fokus lenken, woran ich mich erinnern wollte. Sie war immer da, wie ein Freund, und gab mir Kraft.

Die Geburt meiner ersten Malas

Diese drei Bereiche, das Kreativsein, die Arbeit mit den Edelsteinen und die große Liebe zu Yoga und Meditation fügten sich zu einem wunderschönen, kraftvollen Bild in mir zusammen. Es fühlte sich

an wie Nachhausekommen. Das war es, wozu ich bestimmt war, denn all das entsprach mir. Es war ein tiefes Vertrauen in mich selbst gewachsen und ein wunderschönes Gefühl der Ruhe, des Ankommens und der Erkenntnis in mir.

Diese Edelsteine unterstützen dich dabei, deine Herzensaufgabe im Leben zu finden

Bergkristall – Das Licht in dir
Erkenntnis, Wandel, Entwicklung, Klarheit, Achtsamkeit
Moosachat – Free yourself
Befreiung, Loslassen, Zuversicht, Inspiration
Mondstein – Liebevolle Hingabe
Intuition, Yin-Energie, Natürlichkeit, Freude, Empathie

BERGKRISTALL – Das Licht in Dir

Erkenntnis, Wandel, Entwicklung, Klarheit, Achtsamkeit

Der Bergkristall ist der Stein für Klarheit und für eine ungetrübte Wahrnehmung. Er hilft dir, wenn sich dein Gedankenwirrwarr nicht legen möchte und schenkt dir einen ruhigen Geist. Der Bergkristall ist dein Begleiter, um deinen Geist in einen stillen See zu verwandeln. Eine glatte Oberfläche, der aufgewühlte Schlamm lichtet sich und du kannst bis auf den Grund schauen. Hier findest du deine Intuition, die du nun klar erspüren kannst.

Er ist der Stein, der uns mit unserer höchsten und weisesten Version unseres Selbst verbindet. Auf dieser Ebene suchen wir nicht, hier »wissen« wir. Mit ihm können wir auf ganz feinstofflicher, spiritueller Ebene Wandel, Weiterentwicklung und Erkenntnisse erfahren und Licht in unser Leben bringen.

Er ist mein »Wegweiser«, der mir den Weg zu meinem höheren Selbst ermöglicht hat, dem Ort, an dem alles bereits da ist und nur noch gesehen werden darf.

MOOSACHAT – Free Yourself

Befreiung, Loslassen, Zuversicht, Inspiration

Der Moosachat ist ein wunderbarer Unterstützer, um Altes und »Nicht mehr Dienliches« loszulassen. Er befreit uns von tiefen Ängsten, Druck und Belastungen und hilft uns, die uns einengenden, geistigen Ketten zu sprengen. Der Moosachat schenkt Inspiration und Zuversicht für unseren Neuanfang.

Für mich war der Moosachat einer der wichtigsten Unterstützer. Ich arbeitete mit ihm, um alte Glaubenssätze über mich, mein Leben und meine Möglichkeiten in diesem Leben aufzulösen, damit ich Raum für neue Erkenntnisse erlangen und ohne schweres, belastendes Gepäck der Vergangenheit in meine selbstbestimmte Zukunft schreiten kann.

MONDSTEIN – Liebevolle Hingabe

Intuition, Yin-Energie, Natürlichkeit, Freude, Empathie

Der wundervolle Mondstein nimmt dich liebevoll an die Hand und führt dich zu dir und deinem Innersten. Er erinnert dich daran, dass das Gefühl von »Zuhausesein« in dir selbst entstehen darf, dass du der Ort sein kannst, an dem du dich geborgen, geliebt, wertgeschätzt und gesehen fühlst.

So häufig suchen wir im Außen. Nach dem, was uns endlich glücklich macht, ganz macht, uns liebt. Getragen von der wunderschönen, weichen Yin-Energie des Mondsteins darfst du den Blick nach innen richten und erkennen, dass du selbst dein eigenes Zuhause bist. Erlaube dir, ganz bei dir selbst anzukommen.

Der Mondstein war mein wichtigster Wegbegleiter auf dem Weg zu mir selbst. Er hat mich dabei unterstützt, dieses tiefe Vertrauen in mir selbst zu spüren und mir in Freude und Neugierde zu begegnen. Wie einem Menschen, den wir neu kennen- und lieben lernen.

Edelsteinrituale, die dich dabei unterstützen, dein Herzensthema zu finden

Ich habe dir meine kraftvollsten Rituale mit meinen Begleitersteinen und Malas aufgeschrieben, die mich sehr dabei unterstützt haben, meine Berufung zu finden. Wichtig ist, dass du die folgenden Rituale nacheinander machst, da sie zum großen Teil aufeinander aufbauen und einen Prozess widerspiegeln.

RITUAL
Die Ruhe im Sturm

In der Meditation kannst du einen so wichtigen Teil von dir wiederfinden und liebevoll in deine Arme schließen.

Die Buddhisten nennen den natürlichen, chaotischen Zustand unseres Geistes »Monkey Mind«. Gemeint ist: Die Gedanken springen wie kleine Äffchen hin und her – und wir fühlen uns wie gefangen in unserem eigenen Gedankenkarussell. Mein Geist war schon immer sehr aktiv und meine Monkeys sehr lebendig. Jedes Mal, wenn ich mir bewusst Zeit für mich und die Erkundung meiner Innenwelt genommen habe, war es gar nicht leicht, meine vielen wirren Gedanken zur Ruhe zu bringen und ins Fühlen zu kommen. Deshalb habe ich mir bewusst ein Ritual mit einem Bergkristall als Begleiter gestaltet, um Klarheit und Ruhe in meinem Geist einkehren zu lassen.

Ich liebe das »Schmutzwasser-Experiment«, weil es uns so gut verdeutlicht, wie der Bergkristall auf uns wirkt.

Das brauchst du

- Bergkristall (Spitze, Stein, Mala, anderes Schmuckstück)
- Glas gefüllt mit klarem Wasser
- Löffel
- Erdklumpen aus der Natur oder Blumenerde

Anleitung

1. Reinige deinen Bergkristall (wie in Kapitel »Pflege und Reinigung deiner Edelstein-Begleiter« beschrieben).
2. Setze dich bequem an einen ruhigen Ort.
3. Betrachte nun die Klarheit des Wassers im Glas. Es ist ruhig, ungetrübt und ganz sauber.
4. Nun schütte den Erdklumpen in das Wasser und rühre mit einem Löffel etwas herum, bis die Erde in kleine Partikel zersetzt ist. Das Wasser ist nun ganz trüb und symbolisiert unsere Gedanken, die ständig in Bewegung kreisen und uns im Klardenken und Klarfühlen hindern. Fühle in dich und deinen Geist hinein: Kannst du dich gerade in diesem Chaos wiederfinden? Wie fühlt sich dein Geist momentan an?
5. Halte nun deinen Bergkristall in den Händen und betrachte weiterhin das Wasser. Nimm wahr, wie sich die Schmutzpartikel langsam absenken und am Boden des Glases still und ruhig liegen bleiben. Beobachte, wie das Wasser immer klarer wird und sich diese Klarheit nun auf dich und deinen Geist überträgt.
6. Spüre ganz bewusst den Bergkristall, deinen kraftvollen Heiler, in den Händen und fühle, wie er mit seiner beruhigenden, klärenden Energie auf dich wirkt.
7. Betrachte noch einmal das Wasser, wie es glasklar und still vor dir steht. Schließe nun die Augen, atme ganz ruhig und fließend ein und aus. Nimm wahr, wie sich dein Geist anfühlt. Visualisiere einen spiegelglatten See in dir, der Ruhe und Weisheit ausstrahlt. Wo vorher noch die Wellen den Boden aufgewühlt haben, kannst du nun bis tief auf den Grund schauen.
8. Bleibe hier noch für einige Atemzüge sitzen, atme ganz ruhig und tief in deinen Bauch hinein.
9. Öffne deine Augen, betrachte die Klarheit deines Bergkristalls. Er symbolisiert die Klarheit in dir und wird dich immer dabei unterstützen, den Nebel in dir zu lichten und immer mehr Raum und Klarheit für deine Vision, deinen Seelenweg schaffen zu können.
10. Trage deinen Bergkristall im Alltag immer bei dir, um dich von ihm an deinen klaren Geist erinnern zu lassen.

Im Anschluss an dieses Ritual kannst du wunderbar eine Mala-Meditation (Anleitung in Kapitel »Wie du Edelsteine und Malas für deine spirituelle Entwicklung nutzt«) mit einer positiven Affirmation für Klarheit in dir machen. Wenn du keine Mala hast, dann halte deinen Bergkristall in deinen Händen und wiederhole laut oder im Geiste die Affirmation, die dich ganz intuitiv anspricht.

Affirmationen

- Ich bin klar in meinen Worten und Taten.
- Ich bin klar und ruhig.
- Meine Klarheit im Inneren schafft Klarheit im Außen.

RITUAL
Verbinde dich mit deinem höheren Selbst

Dein höheres Selbst ist das, was du in Verbindung mit der göttlichen Schöpfung wahrhaftig bist.

Als ich ungefähr zwölf Jahre alt war, hatte ich ein unglaubliches Erlebnis. Ich steckte mitten in einem, für mich großen Drama: Ich wollte unbedingt ganz bestimmte Plateau-Schuhe anziehen, die damals wahnsinnig angesagt waren, doch meine Mutter wollte es mir nicht erlauben. Ich dachte damals, die Welt würde untergehen, ich war gefangen in mir und meiner kleinen Welt aus negativen Emotionen.

Plötzlich hatte ich eine Eingebung. Ich legte mich mit dem Rücken auf eine Wiese, schloss die Augen und beamte mich ins Universum. Von oben schaute ich auf mich herunter und sah mich da liegen, in all meiner Verzweiflung. In dem Moment spürte ich, wie ich mich, da oben im Universum, außerhalb meines physischen Körpers, mit einer ganz bestimmten Kraft verband. Da war etwas, das viel weiser war als das kleine Mädchen unten auf der Erde. Heute weiß ich, dass es mein höheres Selbst war, mit dem ich mich da verbunden habe. Diese Verbindung hat mir in dem Moment einen Weitblick gegeben, mir andere Wege aufgezeigt und mich in Verbindung mit dem großen Ganzen gebracht.

Bis heute nutze ich diese Übung, um mich mit meinem höheren und weiseren Selbst zu verbinden und Botschaften zu erhalten, die weit über meinen physischen Rahmen hinausgehen. Ich zapfe mich selbst an, um mich mit dem zu verbinden, was in mir liegt, ich bisher aber noch nicht sehen konnte.

Versuche es auch mal.

Das brauchst du

- Bergkristall/Bergkristall-Mala
- Dein Notizbuch/Journal
- Einen Stift
- Räucherwerk (Palo Santo oder Weißer Salbei)

Anleitung

1. Räuchere, um den Raum zu reinigen und die Verbindung zu deinem höheren Selbst zu ebnen und zu erleichtern.
2. Lege dich gemütlich auf den Rücken, auf dein Bett, dein Sofa oder in die Natur
3. Nimm deinen Bergkristall oder deine Bergkristall-Mala in deine Hände, schließe die Augen und atme ruhig und gleichmäßig ein und aus und verbinde dich mit den ganz feinen Energien deines Steines, die er an dich abgibt. Sprich laut oder in Gedanken: »Ich bitte darum, dass sich die höchsten und reinsten Schwingungen von Licht und Liebe mit meinem höchsten Selbst verbinden, damit alle negativen und unerwünschten Energien beseitigt werden. Ich speichere folgende Information in meinem Bergkristall: Licht, Erkenntnisse, Wachstum, Wandel. Danke, danke, danke.«
4. Mit der Energie, die nun von deinem Bergkristall über deine Finger in deinen Körper strömt, reist du entlang deiner Wirbelsäule über den Punkt zwischen deinen Augenbrauen, deinem dritten Auge, bis zur Krone deines Kopfes. Lege ihn nun ein paar Zentimeter über deinen Kopf (wenn du eine Bergkristallspitze hast mit der Spitze zu deinem Kopf zeigend).
5. Spüre dort, wie die Energie deines Bergkristalls sich zu einem wunderschönen Lichtstrahl formt, der von der Krone deines Kopfes nach oben ins Universum strömt.
6. Dies ist die Energiebahn, über die du dich mit deinem höheren Selbst verbinden kannst, deinem puren Bewusstsein, das so viel weiser ist, als du es gerade sein kannst – das nicht in dir und deiner Geschichte gefangen ist. Nimm wahr, welche Botschaften es für dich hat, welche Erkenntnisse es dir mitteilen möchte oder welche Fragen es dir mit auf deinen Weg geben möchte. Frage dich:
   - Was würde ich tun, wenn ich vollkommen frei wäre?
   - Was würde ich tun, wenn ich keine Angst hätte?
   - Was würde ich tun, wenn ich wüsste, dass ich unendlich lange leben könnte?
   - Was würde ich tun, wenn heute mein letzter Tag wäre?
   - Was würde ich tun, wenn kein Mensch Erwartungen an mich hätte?
   - Was würde ich tun, wenn Geld keine Rolle spielen würde?
   - Wie stelle ich mir die beste und schönste Version meines Lebens vor? (Träume so groß, wie du kannst.)

7. Nachdem du alle Fragen beantwortet hast, bleibe für einige Minuten ruhig liegen und lasse diese lichtvolle Energie der Erkenntnis und der Klarheit durch deinen Körper, dein Herz und deinen Geist fließen.
8. Finde nun deinen Weg über diesen kraftvollen Lichtstrahl wieder zurück über die Krone deines Kopfes, an der Wirbelsäule entlang zurück. Nimm deinen Bergkristall nun wieder in deine Hände und verbinde dich hier mit ihm.
9. Verankere all die wunderbaren Erkenntnisse, die du gewonnen hast und die Antworten, die dein weises höheres Selbst dir gegeben hat, in deinem Bergkristall.
10. Bedanke dich bei deinem Stein, dass er dich mit auf diese Reise genommen hat und dir immer wieder die Möglichkeit gibt, dich höher zu verbinden. Atme noch einmal tief ein und aus.
11. Öffne deine Augen und schreibe deine Erkenntnisse in dein Journal.

RITUAL
Folge deiner bedingungslosen Freude

Das Wichtigste und zugleich das Schmerzhafteste war für mich, zu erkennen, welche Glaubenssätze und Überzeugungen in mir vorherrschten, die mich daran hinderten, mein wahres Potenzial und meine Schätze sehen zu können. So haben viele Dinge, die eigentlich gar nicht zu mir gehörten, von außen mein inneres Licht verdunkelt. Ich durfte erfahren, was zu mir gehört und was nicht. In diesem Prozess war und ist bis heute der Moosachat ein sehr wichtiger Unterstützer für mich.

Er hat mir geholfen, die in meiner Kindheit und Jugend entstandenen negativen Glaubenssätze und Konditionierungen zu erforschen, sodass ich sie im nächsten Schritt auflösen und verabschieden konnte, um mein wahres Selbst zu erkennen. Auch wenn sich Loslassen schmerzvoll anfühlen kann, können wir während dieses Prozesses im Herzen behalten, dass sich gleichzeitig ein neuer Raum öffnet, der mit neuen Erkenntnissen und Wundern gefüllt werden darf.

Das brauchst du

- Moosachat/Moosachat-Mala
- Räucherwerk (Palo Santo oder Weißer Salbei)

Anleitung

1. Setze dich an einen ruhigen Ort, an dem du ungestört bist.
2. Räuchere zuerst den Raum, um dich auf dein Ritual einzustimmen und den Ort, deine Steine und dich selbst von allen unerwünschten Energien zu befreien.
3. Nimm deinen Moosachat oder deine Moosachat-Mala in beide Hände und schließe die Augen. Atme ein paar tiefe Atemzüge ein und aus.

4. Nimm Verbindung zu den feinen Energien deines Moosachats auf – er ist der Stein der Befreiung, des Loslassens. Spüre, wie er warm wird und wie seine Schwingungsfrequenz sich immer mehr erhöht und dich liebevoll einhüllt.
5. Mit deinem Begleiter in den Händen, stelle dir nun folgende Frage:
   - Welche Überzeugungen und Blockaden habe ich in mir, die mich denken lassen, dass ich meine Berufung nicht finden kann?
   - Welche negativen Glaubenssätze über mich und meine Fähigkeiten trage ich in mir?
   - Was mache ich, um den Erwartungen anderer gerecht zu werden? Welche Erwartungen habe ich an mich selbst?
   - Was mache ich, weil ich denke, dass ich nur dann etwas wert bin?
   - Was mache ich um Anerkennung und Liebe zu bekommen?
   - Hat irgendjemand einmal etwas Bestimmtes zu mir gesagt, was ich als Überzeugung/Glaubenssatz angenommen habe?
   - Welche Ängste habe ich von meinen Eltern übernommen?
   - Welche Vorstellungen von einem guten Leben habe ich von meinen Eltern übernommen?
6. Spüre deinen Moosachat in den Händen und wie er sich an dich schmiegt und dir ein kraftvoller und liebevoller Anker ist, wenn viele Emotionen, auch unangenehme, in dir hochkommen. Hole sie in dein Herz, erlaube dir, sie zu fühlen. Denn nur so können wir nicht nur mit dem Kopf und Verstand, sondern auch mit unserem Herzen loslassen.
7. Lasse nun alle negativen Überzeugungen über deine Wurzeln in Mutter Erde abfließen. Hier werden sie in neue, reine Energie umgewandelt und strömen über deine Wurzeln wieder zurück in deinen Körper und bis in jede einzelne Zelle. Stelle dir vor, wie du deine eigenen geistigen Ketten der letzten Jahre von dir abstreifst und dich befreist. Du verdrängst nicht mehr, du lässt los. Nur so kannst du dich wahrhaftig befreien und Platz für neue, wundervolle und positive Überzeugungen über dich und dein Leben schaffen.
8. Sprich laut oder in Gedanken: »Ich bitte darum, dass sich die höchsten und reinsten Schwingungen von Licht und Liebe mit meinem höchsten Selbst verbinden, damit alle negativen, unerwünschten Energien und Glaubenssätze über mich und mein Leben abfließen dürfen. Möge mein Moosachat folgende Intentionen speichern: Befreiung, Loslassen, Neuanfang, Mut. Danke, danke, danke.«
9. Atme noch einmal tief ein und aus und öffne die Augen.
10. Bedanke dich ganz zum Schluss bei deinem Moosachat, dass er dich durch dieses Ritual begleitet und dich unterstützt hat.
11. Öffne die Fenster und lasse mit dem Rauch alles nach draußen ziehen.

RITUAL
Verbinde dich mit dem leuchtenden Schatz in dir

Die Reise in dein Innerstes, zu deinem wunderschönen, leuchtenden Kern anzutreten, ist das kostbarste Geschenk, das du dir machen kannst.

In den ersten Ritualen hast du dich vorbereitet. Du hast Klarheit und Ruhe in dir geschaffen und erkannt, was du gehen lassen darfst, um Platz für Neues zu schaffen.

Dieses Ritual ist das Herzstück deines Weges, denn es nimmt dich mit zu deinem inneren Reichtum. In dieser Welt sind wir so sehr im Außen und leben entsprechend unsere Yang-Energie. Diese kraftvolle Energie ist wunderbar und ein großer Teil von uns, aber dabei vergessen wir häufig die andere Seite, die Yin-Energie unsere Innenwelt. Wie bereits beschrieben, tragen sowohl Frauen als auch Männer beide Welten in sich. Nur wenn wir mit uns verbunden sind, können uns mit all unseren Bedürfnissen, Wünschen und Sehnsüchten kennenlernen.

Für diese Reise nach innen nehme ich mir jeden Tag ganz bewusst Zeit, um so meinem Seelenweg näherzukommen. Der wunderschöne Mondstein war der wichtigste Begleiter in diesem Prozess, denn er lässt uns eintauchen in unsere Yin-Energie, die sich mit unserem Innersten, mit unserem wunderschönen Kern und Wesen verbindet. Mit ihm an unserer Seite dürfen alle Stimmen und Meinungen im Außen leiser werden, und wir können unserer eigenen inneren Weisheit lauschen. Der Mondstein nimmt uns an die Hand und führt uns wieder nach Hause.

Hier darfst du dich spüren und mit dir selbst und deinen Gefühlen ins Vertrauen gehen. Der Mondstein lässt uns wieder diese tiefe Freude in uns spüren und erinnert uns an all die einzigartigen Kostbarkeiten, die wir in uns tragen und daran, sie zu erkennen und wertzuschätzen. Ganz getragen von der wunderschönen, weichen Yin-Energie darfst du erkennen, dass du selbst dein eigenes Zuhause bist. Erlaube dir, ganz bei dir anzukommen.

Das brauchst du

- Mondstein/Mondstein-Mala
- Dein Notizbuch/Journal
- Einen Stift
- Räucherwerk (Palo Santo oder Weißer Salbei)

Gestalte dir jeden Tag ganz bewusst ein Date mit dir selbst und mache es dir richtig schön. Wie mit einem besonderen Menschen, den du unbedingt näher kennenlernen und erforschen möchtest, erforsche in diesem Ritual dich selbst mit all deinen inneren Schätzen.

Anleitung

1. Zünde dir Kerzen an, koche dir deinen Lieblingstee oder -kaffee und mache es dir gemütlich.
2. Räuchere, um dein Date einzuläuten und den Raum und deine Steine zu klären.
3. Nimm deinen Mondstein oder deine Mondstein-Mala in deine Hände und schließe die Augen, atme tief und ruhig ein und aus. Mache dir bewusst, dass du heute einem ganz besonderen Menschen begegnen und ihn wieder ein bisschen besser kennenlernen darfst.
4. Schenke dir selbst ein liebevolles Lächeln.
5. Nimm Verbindung zu deinem Mondstein auf, spüre ihn in deiner Hand, wie er sich an dich schmiegt und dich daran erinnert, dich zu öffnen, weich zu werden und zulassen zu dürfen.
6. Stelle dir nun vor, wie du deine Sinne nach innen einziehst. So wie eine Schnecke, die ihre Fühler in ihr Schneckenhaus holt und sich in ihrem wunderschönen Häuschen umschaut.
7. Nimm alles wahr, was da ist. Nimm alle Gefühle wahr, nimm wahr, was sich dir zeigt.
8. Stelle dir nun folgende Fragen:
   - Denke an Momente in deinem Leben, in denen du vollkommen glücklich warst. Was hast du gemacht? Mit wem warst du zusammen? Warum warst du so erfüllt? Was kannst du machen, um diese Freude noch mehr in dein Leben zu holen?
   - Mit welchen Themen beschäftigst du dich leidenschaftlich gern? Was könntest du stundenlang machen? Worüber redest du gern?
   - Was macht dir dabei besonders großen Spaß?
   - Was könntest du stundenlang tun und dabei alles um dich herum vergessen?
   - Was kannst du gut? Was fällt dir besonders leicht, was anderen Menschen vielleicht schwerfällt?
   - Was wolltest du schon immer mal machen?
   - Was bringt dir am meisten Erfüllung in deinem Leben?
   - Was sind deine Werte im Leben? Lebst du diese?
   - Welchen Mehrwert möchtest du in diese Welt bringen? Was können andere von dir lernen?

- Wofür möchtest du bekannt sein?
- Wer inspiriert dich und warum?
- Wer fasziniert dich?
- Mit wem möchtest du deine Zeit verbringen?
- Worin gehst du so richtig auf?
- Worin bist du so richtig gut?

Und jetzt gehe in deine Vergangenheit zurück:

- Was hast du früher als Kind am liebsten gemacht?
- Was hat dich früher fasziniert?
- Was wolltest du früher werden?

Das, was uns als Kind fasziniert hat, ist häufig auch das, was uns heute noch berührt. Daher kann es von großer Wichtigkeit und Bedeutung sein. Als Kind sind wir noch so sehr mit unserer puren und unbeeinflussten Essenz verbunden, dass es sich lohnt, einmal zurückzugehen und sich zu erinnern. Bei mir und vielen Menschen, die ich kenne, war es genauso.

9. Sei richtig freudig und neugierig auf dich selbst. Schicke all das, was sich dir an Erkenntnissen, Fähigkeiten, Leidenschaften und Freuden zeigt, in deinen Mondstein. Er ist der Hüter deiner Schätze, er wird dich immer daran erinnern, dir all deine Kostbarkeiten anzuschauen und sie Stück für Stück wie Puzzleteile zusammenzufügen.
10. Schenke dir selbst Bewunderung und Anerkennung für all das, was du heute über dich selbst und deine wundervollen Qualitäten herausgefunden hast.
11. Atme noch einmal lächelnd ein und aus. Bedanke dich bei deinem Mondstein für seine Unterstützung bei deiner Reise in dein Inneres.

Finde deinen Seelenweg und entfalte dein volles Potenzial

Ich bin der festen Überzeugung, dass wir alle mit einer wertvollen Schatzkiste an ganz besonderen, wunderbaren Fähigkeiten und Einzigartigkeiten auf diese Welt gekommen sind. Unsere Aufgabe ist es, den Schlüssel zu finden, um sie öffnen zu können und mit all unseren Schätzen in dieser Welt zu wirken, unseren wundervollen Beitrag zu leisten und gleichzeitig erfüllt und glücklich zu leben. Wenn wir das tun, was unserem authentischen Selbst entspricht, sind wir überrascht, was auf einmal alles möglich ist, was wir leisten können, wie erfolgreich wir sein können, wie leicht es uns fällt.

Ich wünsche mir für uns alle, dass jeder Mensch seinen Seelenweg findet, ganz gleich, wie er aussehen mag. Dass jeder Menschen ihn in Freude erschaffen und sein Potenzial voll und ganz entfalten darf.

Denn dieses Leben ist viel zu einzigartig und wunderschön, als dass wir uns mit etwas Halben zufriedengeben sollten und nach den Vorstellungen anderer Menschen und der Gesellschaft leben.

Du fragst dich, woran du erkennen wirst, dass du deine Seelenaufgabe gefunden hast?

Wenn du sie gefunden hast, dann stellst du diese Fragen nicht mehr. Dann weißt du es und du spürst, dass du genau dort bist, wo du hingehörst. Das, was du tust, fühlt sich dann genau richtig an, als ob das richtige Puzzleteil dazugelegt wurde. Es passt einfach. Du bist erfüllt und spürst, dass dieses Teil zu dir gehört, dich ausmacht und dass dir genau das gefehlt hat.

Affirmationen

- Ich folge dem Ruf meines Herzens.
- Meine Schöpferkraft ist grenzenlos.
- Arbeit darf leicht sein.
- Meine eigenen Bedürfnisse und Visionen sind wichtig.
- Ich lasse die Erwartungen anderer los.

Mutig gehe ich meinen Herzensweg – Wegbegleiter & Rituale für Mut, Optimismus, Energie, Willenskraft und Tatendrang

Es ist ein wunderbarer und wichtiger erster Schritt, wenn wir unseren Seelenweg erspürt haben und wissen, wofür unser Herz in diesem Leben schlägt. Doch auch wenn wir uns unserer Berufung, unseren Wünsche und Träumen bewusst sind, heißt es oft noch lange nicht, dass wir auch tatsächlich den Mut aufbringen, diese auch wahr werden zu lassen. So viele Menschen tragen ihre Wünsche ihr ganzes Leben in sich, aber sie verwirklichen sie bis an ihr Lebensende nicht.

Trägst auch du einen großen oder kleinen Traum in dir, von dem du dir so sehr wünschst, dass er eines Tages Wirklichkeit werden darf? Dass du es irgendwann schaffst, mutig genug zu sein, um dafür loszugehen?

Mit diesem Kapitel möchte ich dich ermutigen und dir Wege aufzeigen, wie du den Mut findest, für deine Wünsche und Träume loszugehen und wie du mit Ängsten und Hindernissen umgehen kannst, die auf dem Weg auftauchen können. Ich erzähle dir, welche Steine mich wunderbar und kraftvoll unterstützt haben, als ich für mein Herzensthema, für meine Vision, mit dem STUDIO NAIONA Menschen zu unterstützen und ihnen wunderbare Wegbegleiter an die Hand zu geben, losgegangen bin, und wie genau du die Edelsteine in bestimmten Situationen für dich nutzen kannst.

»MANCHMAL ZEIGT SICH DER WEG ERST, WENN MAN ANFÄNGT IHN ZU GEHEN.«

PAULO COELHO

Mein inneres Feuer

Ich war schon immer ein sehr mutiger Mensch und liebe es, Neues auszuprobieren: Wenn ich etwas entdeckt habe, was mich unglaublich fasziniert, wofür mein Herz schlägt, ist mein inneres Feuer für diesen Wunsch entfacht und ich spüre eine innere Kraft in mir, die mich dazu antreibt, für meine Träume loszugehen.

Das ist eine sehr große Stärke von mir geworden, die mich tagtäglich trägt. Aber ich weiß auch durch Freunde und Bekannte und durch viele Beratungsgespräche, die ich geführt habe, dass es für viele Menschen nicht leicht ist, den Mut zu finden, manchmal erst einmal ins kalte Wasser zu springen, um seine Träume zu verwirklichen. Vielleicht kennst du es, wenn du auf dem Sofa sitzt und dich einfach nicht losreißen kannst. Dass dir der erste Schritt in Richtung deines Traumes so schwerfällt. Prokrastination ist ein Thema, das sehr viele Menschen beschäftigt und davon abhält, loszulegen. Der Grund dafür ist oftmals die Angst, zu versagen. Die Zweifel, doch nicht gut genug zu sein, für das, was man sich vorgenommen hat. Denn in so vielen Menschen sind alte Glaubenssätze, Selbstzweifel und Ängste tief verankert, die es ihnen unmöglich machen, sich von der Stelle zu bewegen und den Mut zu finden, das zu tun, was ihr Herz sich so sehr wünscht. Aus der Komfortzone herauszutreten und das Leben zu erschaffen, das sie sich so sehr wünschen.

GRÜNDE, DIE UNS DAVON ABHALTEN, MUTIG FÜR UNSEREN TRAUM LOSZUGEHEN

Je größer der Wunsch ist, umso größer ist oft die Angst vor dem Scheitern. In jedem von uns leben zwei Wölfe. Der eine ist der Ängstliche, der in allem ein Risiko sieht, der andere, der Mutige, ist selbstbewusst und voller Vertrauen und Freude ins Leben.

Es liegt an uns, welchem Wolf wir mehr Aufmerksamkeit schenken, welchen wir mehr füttern. Wenn wir sehr ängstlich sind, dann haben wir vermutlich diesem ersten Wolf viel und lange zugehört und ihm all unsere Aufmerksamkeit geschenkt, sodass sich Glaubenssätze in uns

verankert haben wie »Das schaffst du eh nicht.« »Die Vergangenheit hat das gezeigt.«, »Warum sollte es klappen?«, »Dafür bin ich zu alt.«, »Dafür bin ich zu unqualifiziert.«, »Bin ich überhaupt gut genug?«, »Machen das nicht schon so viele andere?« ... Wenn du losgehen möchtest, um deine Wünsche zu realisieren, dann darfst du diese Begründungen, die du dir zurechtgelegt hast, enttarnen und auflösen.

Diese Begründungen werden sonst immer eine gute Ausrede liefern und dafür sorgen, dass du es nicht wagen wirst, mutig loszugehen. Häufig sind sie sehr gut und machen aufgrund deiner Erfahrungen, die du vielleicht in der Vergangenheit gemacht hast, absolut Sinn. Sie sind dafür da, um uns zu schützen und uns in unserer sicheren Komfortzone zu halten.

Doch dort findet kein Wachstum statt, dort kannst du keine neuen Erfahrungen sammeln, von dort aus wirst du nichts Neues in die Welt bringen, denn dort wird es bleiben, wie es ist. Das bedeutet Sicherheit. Viele Menschen wählen lieber den unglücklichen, unerfüllten Weg der Sicherheit, statt endlich ihrem Herzen zu folgen, den Job zu kündigen, um den Traumjob zu wählen, sich zu trennen, um sich für den Seelenpartner zu öffnen, sich selbstständig zu machen. So individuell wir Menschen sind, so einzigartig sind unsere Träume. Doch auch wenn die Begründungen früher Sinn gemacht haben, deinem früherem Ich ein guter Berater waren und es geschützt haben, halten sie dein heutiges Ich davon ab, mutig zu sein.

WELCHEN WOLF MÖCHTEST DU FÜTTERN?

Du darfst dir also die Frage stellen: Welchem Wolf schenkst du deine Aufmerksamkeit? Dem unsicheren, selbstmitleidigen, egoistischen? Oder dem, der voller Neugierde, Tatendrang, Ideen, Kraft und Lebensfreude ist und der ganz genau weiß, dass da draußen ein wunderschönes Leben auf dich wartet, das voll und ganz ausgekostet werden möchte, das in vollen Zügen gelebt und erfahren werden möchte, indem du noch so viel mehr an Erfüllung und Freude erfahren kannst?

Du musst nicht da bleiben, wo du bist, in deiner sicheren Komfortzone. In deinem Urzustand bist du ein unglaublich mutiges, kreatives, selbstsicheres Wesen, das sich ausprobieren und sich entfalten möchte. Erinnere dich immer daran, dass du mit jeder einzelnen Handlung, mit jedem Gedanken, den du über dich, deine Möglichkeiten und deine Fähigkeiten denkst, dein Leben gestaltest. Du bist nicht Opfer der Umstände, du bist Schöpfer:in. Du allein trägst die Verantwortung für dein Leben. Es ist dir geschenkt worden und du allein darfst entscheiden, wie es aussehen soll.

Dieses Leben ist so ein Geschenk, und du hast so viel Wundervolles zu geben und zu leben. Nimm dich und dein Leben ernst und koste es aus. Gehe los, sei mutig und lebe vollkommen und »to the fullest«, in aller Fülle.

Es ist DEIN wunderschönes Leben!

Warum ein starker Wille wichtiger ist als ein guter Businessplan

Die häufigsten Ursachen, warum Menschen nicht für ihre Träume und Wünsche losgehen, sind Angst oder Bequemlichkeit. Angst vor allem davor, was passieren und schiefgehen könnte und Bequemlichkeit, die uns in unseren alten, gemütlichen Mustern hält, die wir kennen und in denen wir uns nicht allzu sehr anstrengen müssen.

Oft beschäftigen wir uns auch mit allen Problemen der Zukunft, anstatt einfach anzufangen und Schritt für Schritt zu gehen.

Ich bin der festen Überzeugung und habe es am eigenen Leib erfahren, dass, wenn wir etwas aus tiefsten Herzen wollen und mit jeder Pore unseres Körpers überzeugt sind davon, es auch klappen wird. Dann wird es gut werden, dann werden wir Mut und Kraft aus uns selbst heraus aufbringen, die wir vorher niemals für möglich gehalten hätten. Es passiert immer etwas im Universum, das dich unterstützt, deinen Weg zu gehen.

MIT WILLENSKRAFT UND EINER STARKEN VISION ZUR ERFÜLLUNG

Ich hatte keinen Business Plan, keinen Finanzplan, doch ich hatte ganz schlicht und einfach meine Überzeugung. Es war meine große Vision, dass ich der Menschheit die Kraft der Edelsteine näherbringen möchte und ihr zeigen möchte, wie kraftvoll diese Schätze sind und wie sehr sie uns unterstützen können. Und ich hatte und habe

immer noch den großen Wunsch, Menschen zu unterstützen und ihnen Tools an die Hand zu geben, sie an meinen wundervollen Erfahrungen teilhaben lassen. Ich möchte Menschen mit den Steinen erinnern, wieder in ihre Kraft zu kommen, zu heilen, Erfüllung zu finden, ihr volles Potenzial zu entfalten und all die Wunder zu entdecken, die dieses wunderbare Leben für jeden von uns bereithält.

Als ich diesen Entschluss gefasst hatte, ist Schritt für Schritt so Großartiges entstanden. Das, was mit meiner Arbeit und dem STUDIO NAIONA entstanden ist, ist nicht gekommen, weil ich erst sehen musste, was ich erschaffen kann, sondern weil ich erst daran geglaubt habe – und zwar bedingungslos, weil ich den ersten Schritt gemacht habe, trotz aller Hindernisse, trotz aller Herausforderungen und Anstrengungen. Ich habe und glaube immer noch so fest an das, was ich tue, an den Mehrwert, den ich schaffen kann, und an die Veränderung, die ich in jedem und jeder von euch mit den Wegbegleitern bewirken kann.

Je stärker deine Vision ist, umso mehr Türen werden sich öffnen ... Mach den ersten Schritt, finde keine Ausreden mehr. Du musst am Anfang nicht wissen, wie alles geht und wie es in zehn Jahren sein wird. Vertraue darauf, dass du deinen Weg finden und dein Ziel erreichen wirst!

Deine Edelsteine für mehr Mut, Optimismus, Entschlossenheit und Willenskraft

Aventurin – Just do it
Mut, Optimismus, Lebenseinstellung, Persönlichkeit

Amazonit – Pure Lebensfreude
Toleranz, Geduld, Leichtigkeit, Ausgeglichenheit, Lebensfreude

Mondstein – Liebevolle Hingabe
Intuition, Yin-Energie, Natürlichkeit, Freude, Empathie

Tigerauge – Strong Decision
Fokus, Entschlossenheit, Mut, Entscheidungsfreude

Roter Jaspis – Super Power
Energie, Mut, Willenskraft, Harmonie, Zufriedenheit

Rosenquarz – True Love
Liebe, Sensibilität, Aufgeschlossenheit, Harmonie

Achat – Dein Fels in der Brandung
Balance, Stabilität, Selbstbewusstsein, Vertrauen

AVENTURIN – Just do it

Mut, Optimismus, Lebenseinstellung, Persönlichkeit

Ein Leben steckt voller Sehnsüchte, Träume und Wünsche. Doch manchmal fehlt dir dafür der Mut. Der Aventurin schenkt dir Mut und Selbstvertrauen, um dich mit voller Kraft voraus in Richtung deiner Ziele zu bewegen. Mit ihm an deiner Seite fokussierst du dich mehr auf deine individuelle Persönlichkeit, die es schafft, mit ihren Stärken die Dinge anzupacken und in die Tat umzusetzen.

AMAZONIT – Pure Lebensfreude

Toleranz, Geduld, Leichtigkeit, Ausgeglichenheit, Lebensfreude

Der Amazonit unterstützt dich dabei, dich ausgeglichen zu fühlen und beschert dir Geduld und Toleranz dir selbst und anderen gegenüber. Klopft der Perfektionist oder der innere Kritiker an, hüllt er dich in das wunderbare Gefühl der Leichtigkeit. Er verbessert das Zusammenspiel deines Verstands und deiner Intuition und schenkt dir pure Lebensfreude. Sag »Ja« zu einem leichten, beschwingten Leben!

MEINE ERSTE MALA-KREATION FÜR UMSETZUNG UND LEICHTIGKEIT

Als ich meinen Herzenswunsch in mir gefunden hatte und wusste, dass ich mit meinen beiden Händen erschaffen, kreativ sein und mich mit den Steinen umgeben möchte, die mich schon als Kind so sehr faszinierten, habe ich mir einen ganz besonderen Wegbegleiter erschaffen – die Just-do-it-Mala, meine Mala für Mut. Denn auch, wenn ich voller Tatendrang war, die ersten Schritte zu gehen, wusste ich doch, dass es mit großer Sicherheit Momente auf meinem Weg geben würde, die mich herausfordern, die all meinen Mut erfordern und in denen ich voller Optimismus sein darf. Die Mala ist aus 100 Aventurinperlen und 8 Amazonitperlen geknüpft und traditionell mit einer Quaste versehen.

Der grüne Aventurin ist ein wunderbarer Mut-Stein und einer meiner wichtigsten Begleiter auf meinem Weg geworden. Sein Name leitet sich aus dem italienischen »a ventura« ab und bedeutet »auf gut Glück«, denn er verleiht Mut und Optimismus und erinnert mich immer an meine einzigartige Persönlichkeit, mit der ich Dinge erschaffen kann. Und daran, dass ich meinem Wunsch nur näherkommen kann, wenn ich es wage und mutig springe. In Situationen des Zweifelns und Zögerns habe ich meine Mal genommen und gefragt: »Was kann denn wirklich passieren, wenn ich es wage?« Und jedes Mal hat sie mir zugeflüstert: »Just do it! Sei mutig! Du kannst es nur herausfinden, wenn du es ausprobierst. Du hast nichts zu verlieren. Also los jetzt!«

SEI MUTIG UND BESIEGE DEINEN INNEREN KRITIKER

Und auch heute mache ich das noch, wenn meine innere Kritikerin sich meldet, alles zerdenken möchte und mein Geist so laut wird, dass er mich von meinen Vorhaben ablenkt. In diesen Momenten der innigen Verbindung mit meiner Just-do-it-Mala und dem Aventurin kann ich meine Vision wieder ganz klar in mir spüren und mein inneres Feuer entfachen, das weitaus stärker ist als alle Zweifel, die in mir aufkommen. Dann wird meine Vision wieder klar, mein inneres Warum in mir beantwortet, sodass ich mutig weitergehe.

Ich bezeichne diese Mala liebevoll als meinen Helfer, der mir den letzten Tritt in den Hintern gibt, den es manchmal braucht, um die ersten Schritte zu gehen, aber auch um mitten auf dem Weg weiterzulaufen.

FINDE LEICHTIGKEIT UND FREUDE, BEI DEM, WAS DU TUST

Der Amazonit im Halsbereich der Mala ist für mich persönlich ebenfalls sehr wichtig, denn er wirkt auf

mein oft sehr ungeduldiges Temperament beruhigend, wenn ich einmal voller Tatendrang mit dem Kopf durch die Wand will und es mir schwerfällt, dem Tempo des Universums zu vertrauen. Im Zeichen der Jungfrau geboren, wurde mir die Perfektionistin in die Wiege gelegt. Ich verstricke mich gerne in Details, analysiere und prüfe, was das Zeug hält. Das klingt erst einmal nach einer positiven Eigenschaft, doch sie sorgt auch häufig dafür, dass ich vor lauter Perfektionismus alles kontrollieren möchte. Der Amazonit erinnert mich an die Geduld und Toleranz mir selbst und den Prozessen gegenüber und an die Leichtigkeit und Freude, mit der ich meine Träume umsetzen möchte.

Diese Kombination aus purer »Macher-Energie« durch den Aventurin und die ausgleichende Energie des Amazonits, die wieder Freude und Leichtigkeit in mein Tun bringt, sind so kraftvoll und unterstützen mich sehr auf einem gesunden Weg des Wachstums für mein Herzensprojekt.

ROSENQUARZ – True Love

Liebe, Sensibilität, Aufgeschlossenheit, Harmonie

Der Rosenquarz unterstützt uns dabei, unser Herz offenzuhalten, wenn uns auf unserem manchmal steinigen Weg die Angst überkommt. Mit ihm umarmst du dieses Gefühl liebevoll, schaust sie dir an und kannst sie wieder gehen lassen. Erlaube deinem Herzen, dich voller Vertrauen mutig und frei zu fühlen. Mit deinem offenen Herzen darfst du zurück und in deinen natürlichen Zustand der Liebe eintauchen, anstatt dich von der Angst einnehmen zu lassen. Mit dem Rosenquarz bleibst du – allen Ängsten zum Trotz – deinem Herzensweg gegenüber aufgeschlossen.

LERNE DEINE ÄNGSTE KENNEN UND STELLE DICH IHNEN

Der Rosenquarz hat mir sehr dabei geholfen, meine Ängste zu fühlen, sie kennenzulernen und aufzulösen, um mich für all die Wunder auf meinem eigenen Weg öffnen zu können. Wann immer mich die Angst überkam, legte ich meinen Rosenquarz (den ich bis heute fast immer bei mir habe) auf mein Herz oder auf genau die Stellen, wo sich die Angst in meinem Körper bemerkbar machte. Aus meiner großen Liebe für diesen Stein habe ich die True-Love-Mala kreiert, ein Wegbegleiter, der pur und kraftvoll aus 108 Rosenquarzperlen gearbeitet ist.

MONDSTEIN – Liebevolle Hingabe

Intuition, Yin-Energie, Natürlichkeit, Freude, Empathie

Wenn wir unseren Weg gehen, dürfen wir so viele Entscheidungen treffen und suchen häufig nach der richtigen Antwort.

BLEIBE IN VERBINDUNG MIT DIR UND DEINEM HERZENSWUNSCH

Der Mondstein ist ein weiterer Stein, der für mich lebenswichtig geworden ist. Denn besonders, wenn wir unseren Herzensweg beschreiten, sollten wir in enger Verbindung mit uns und unserer Intuition bleiben. Wenn ich vor Fragen und Entscheidungen stehe, verbinde ich mich mit meinen Mondsteinen und gehe in die Innenschau. Denn wenn wir uns für unseren eigenen, individuellen Weg entschieden haben, dann können wir auch nur dort die für uns richtigen Antworten und Wegweiser finden. Der Mondstein ist der Stein für die Yin-Energie, die uns tief in uns eintauchen lässt, uns mit unserer Weisheit verbindet und alle Stimmen im Außen leiser werden lässt. Hier entsteht tiefes Vertrauen in uns selbst und unseren einzigartigen Kostbarkeiten.

Es liegt alles in dir. Der Mondstein führt dich zurück zu dir und verbindet dich mit deiner Innenwelt. Er erinnert dich daran, dass du die Antworten für deinen Herzensweg niemals im Außen finden kannst. So oft vergleichen wir uns mit dem, was andere Menschen sind oder was sie tun, was sie für richtig oder falsch empfinden. Aber all das im Außen hat nichts mit dir und deinem Herzensweg zu tun. Deshalb ist es so wichtig, dass du dich mit deinem Mondstein daran erinnerst, in dein Inneres einzutauchen.

Mit deinem Mondstein darfst du immer überprüfen und erspüren, ob du auf dem für dich richtigen Weg befindest, ob das, was du im Außen lebst authentisch du selbst bist oder ob du vielleicht noch einmal feinjustieren darfst. Für mich ist die Coming-home-Mala aus roséfarbenem Mondstein einer dieser besondere Anker, der mich immer wieder liebevoll zu mir selbst führt.

FOKUSSIERE DICH AUF DAS, WAS WIRKLICH WICHTIG IST

Ein wundervoller »Anschlussstein« nach der Arbeit mit dem Mondstein ist das Tigerauge. Er ist dein Unterstützer, wenn es darum geht, nach der Innenschau mit dem Mondstein, Konsequenzen zu ziehen und einen Masterplan für dein Vorhaben zu gestalten. Das Tigerauge ist der Stein für starke Entscheidungen, Fokus und Willenskraft und hat mich unzählige Male dabei unterstützt, klare, authentische Entscheidungen zu fällen, um dann in die Tat schreiten zu können. Es gab und gibt unzählige Situationen, in denen ich mir mein Tigerauge zu Hilfe genommen habe, um mich zu fokussieren und zu entscheiden – etwas, das mir bei all den vielen Ideen, die in meinem kreativen Kopf herumschwirren, sehr schwerfällt.

TIGERAUGE – Strong Decision

Fokus, Entschlossenheit, Mut, Entscheidungsfreude

Planen, Organisieren und genaues Arbeiten sind mit dem Tigerauge ein Leichtes. Außerdem ist er der Entscheidungsstein. Mit ihm fällt es dir leicht, klare Entscheidungen zu treffen. Und solltest du einmal unsicher sein, unterstützt er dich darin, den Durchblick zu behalten. Du kannst einen Schritt zurücktreten, dein Thema mit Distanz und aus verschiedenen Perspektiven betrachten, sodass du am Ende deinen eigenen, richtigen Weg findest.

ROTER JASPIS – Super Power

Energie, Mut, Willenskraft, Harmonie, Zufriedenheit

Der Rote Jaspis beschert innere Harmonie, Zufriedenheit und Verständnis. Er verleiht Mut und Willenskraft in Konfliktsituationen und schenkt uns eine geballte Ladung Super Power, um mit Tatkraft und frischer Energie an der Umsetzung der eigenen Ziele und Ideen zu arbeiten. Er entfacht die Leidenschaft für unsere Herzensthemen, wenn die innere Flamme einmal droht, auszugehen. Die Leidenschaft, die uns

antreibt, weiterzugehen und trotz aller Hindernisse unseren Herzensweg zu beschreiten.

AKTIVIERE DEINE SUPER POWER

Der Rote Jaspis ist ein richtiges Energiebündel und unterstützt uns dabei, auch in unsere Energie zu kommen, wenn wir uns kraftlos und erschöpft fühlen. Sein wunderschönes, strahlendes Rot wirkt auf ganz subtiler Ebene auf unseren Geist und unser Gemüt und aktiviert unsere Lebensenergie, sodass wir sie wieder in uns spüren und nutzen können. Ihn habe ich immer in erreichbarer Nähe, besonders in Zeiten, in denen meine volle Energie für anstehende Aufgaben und Projekte sehr gefordert ist oder ich, wie beispielsweise in den dunklen Wintermonaten häufig ein Energietief habe. Er ist der »Aktivierungsstein« meiner Super Power!

ACHAT – Dein Fels in der Brandung

Balance, Stabilität, Selbstbewusstsein, Vertrauen

Besonders wenn wir Dinge erschaffen und unseren Weg gehen wollen, ist es so wichtig, dass wir uns auf ein starkes Fundament besinnen können und fest verwurzelt am Boden sind. Diese starken Wurzeln geben uns Sicherheit und Stabilität, aus der heraus wir etwas in der Welt erschaffen können.

Gerade wenn wir Neues kreieren, begegnen uns viele Herausforderungen, die uns zweifeln lassen können. In Zeiten, in denen wir mit Herausforderungen konfrontiert werden, sorgt der Achat für genug Urvertrauen, auf das wir uns immer wieder besinnen können. Er erinnert dich an deine Stärken und gibt dir das Selbstbewusstsein, um deinen Weg weiterzugehen.

SEI BEI JEDEM STURM DEIN FELS IN DER BRANDUNG

In den vergangenen Jahren habe ich jeden Tag voller Leidenschaft und Hingabe in meinem Unternehmen gewirkt und es wachsen und gedeihen lassen.

Aber es gab auch immer wieder große Herausforderungen und Hindernisse, mit denen ich konfrontiert war werde. Zu Beginn haben sie mir jedes Mal den Boden unter den Füßen weggerissen. Kleine Steinchen im Alltagsgeschehen, aber auch riesengroße Felsbrocken, die mein Urvertrauen sehr erschütterten. Mit der Zeit lernte ich, dass diese Herausforderungen niemals ausbleiben werden, dass es einzig und allein darauf ankommt, wie wir ihr begegnen und mit ihnen umgehen.

Sie sind da, damit wir an ihnen wachsen können, dazulernen und unser ganzes Potenzial entdecken. Sie sind da, weil wir sie bewältigen können, nicht, weil wir an ihnen scheitern sollen. So funktioniert das Universum nicht. Auch wenn wir es häufig mitten im Sturm stehend nicht sehen können, wofür unsere kleine oder große Krise gut ist, lässt es sich doch rückblickend häufig erkennen, welches Wachstum darin verborgen lag.

RITUAL
Kreiere deine wunderschöne Vision

Deine Vision ist das wunderschönste Bild von deinem Leben. Schaue es dir immer wieder vor deinem inneren Auge an, und es wird dich auf deinem Weg tragen.

Wenn du endlich für deinen Wunsch losgehen möchtest, ist es das Wichtigste, dir zuallererst ein kraftvolles, inneres Bild von deiner Vision zu erschaffen. Ein Bild, das dir immer wieder bewusst macht, warum du deine Vision verwirklichen möchtest, was du dadurch erreichen und wie du dich fühlen willst. Denn mit diesem starken Bild unserer Vision vor Augen können wir Hindernisse überwinden, wieder Mut schöpfen und voller Tatendrang weitergehen.

Das brauchst du

- Deinen Begleiterstein/Deine Mala (wähle intuitiv einen Stein dafür aus, es muss kein bestimmter sein)
- Dein Notizbuch/Journal, Zettel
- Einen Stift
- Etwas zum Basteln für ein Vision Board, das können Zeitschriften, Zeitungen, Dinge aus der Natur sein etc.
- Räucherwerk (Palo Santo oder Weißer Salbei)

Anleitung

1. Reinige deinen Begleiter und deinen Raum (wie in Kapitel »Pflege und Reinigung deiner Wegbegleiter« beschrieben).
2. Lege dein Journal und einen Stift bereit und halte zuerst deinen Begleiter in den Händen und verbinde dich mit seinen wundervollen Energien. Mit geschlossenen Augen gehst du für jede Frage in dich und findest deine kraftvolle Antwort. Dann öffnest du die Augen und schreibst die Antworten in dein Heft oder Journal. Formuliere deine Sätze kurz und kraftvoll und in der Gegenwart. So, als wärst du bereits mutig losgegangen ...
   - Wie sieht meine Vision ganz konkret aus? Beschreibe deine Vision ganz genau.
   - Warum möchte ich diesen Traum verwirklichen? Was ist mein starkes Warum?
   - Wie fühle ich mich, wenn ich mutig losgehe?
   - Was wird sich in meinem Leben alles zum Positiven verändern?
   - Was werde ich dadurch erreichen und bewirken?
3. Wenn du deine Antworten aufgeschrieben hast und deine Vision so zu einem kraftvollen Bild geformt hast, nimm deinen Begleiter in beide Hände und schließe die Augen.
4. Spüre mit jeder Faser deines Körpers deine Vision und wie es sich anfühlt, wenn du dich auf den Weg gemacht hast, wenn du mutig deinem Herzen folgst.
5. Speichere dein wunderschönes Bild in deinem Begleiterstein, indem du es dir vorstellst und ihn in der Hand hältst. Speichere jedes Gefühl, dass mit deiner Vision in Verbindung steht und jedes visuelle Bild, das du vor deinem inneren Auge siehst und bringe es in Verbindung mit dem Stein. So kannst du es in Zukunft zu jedem Zeitpunkt abrufen und dich an deine Vision erinnern.

6. Danke Mutter Erde, dass sie dir diesen kostbaren Schatz zur Verfügung stellt und du ihn für dich nutzen darfst.
7. Verbinde dich mit deinem Herzen, spüre deine Vision auch hier, deinen Wunsch, den du heute wie einen Samen in deinen Begleiter gepflanzt hast. Jedes Mal, wenn du mit ihm meditierst, kannst du ihn wie eine Pflanze wässern, sodass dein Samenkorn sich immer mehr entfalten darf.
8. Wenn du diesen einen Wunsch ganz stark in deinem Herzen spürst, atme tief ein und atme allen Zweifel aus durch den Mund (der dich davon abhält, dass dieser Wunsch Wirklichkeit werden kann.)
9. Bedanke dich bei deinem Begleiter, dass er der Hüter deiner Vision ist, dass er immer und unerschütterlich für dich da ist, deine starke Schulter, die dich stärkt, unterstützt. Und besonders dafür, dass er dich immer an deine Vision erinnert und daran, mutig für dich und dein Wunschleben loszugehen.
10. Atme ein und alles aus, komme wieder an im Hier und Jetzt. Du spürst dieses Vertrauen in dir drin, diese Freude, auf alles was kommen mag, auf dein großartiges Leben. Der Same ist gesät, von nun an darfst du ihn in jeder Meditation/in jedem Ritual wässern und wachsen lassen.

RITUAL
Just do it – Gehe mutig los!

Kennst du es, dass du mit deinem Wunsch im Herzen wie auf einem Sprungbrett stehst, du siehst das wunderschöne, erfrischende Wasser unter dir schimmern, aber du traust dich einfach nicht, den einen Schritt zu machen und zu springen? Oder du befindest dich mitten auf deinem Weg und dich hat der Mut verlassen, ihn Schritt für Schritt weiterzugehen?

Ich mache dieses wunderschöne, kraftvolle Ritual mit meinem Aventurin, wenn ich mich entmutigt fühle oder wenn ich vor einer großen Entscheidung stehe (und da gibt es so viele zu treffen auf dem eigenen Herzensweg).

Das brauchst du

- Aventurin
- Dein Notizbuch/Journal
- Einen Stift
- Räucherwerk (Palo Santo oder Weißer Salbei)

Anleitung

1. Räuchere, um dein Ritual einzuleiten.
2. Nimm den Aventurin in die Hand und verbinde dich mit ihm.
3. Schicke dich gedanklich viele Jahre in die Zukunft an dein Sterbebett und blicke zurück

auf dein Leben. Was möchtest du über dein Leben sagen? Dass du dich von deinem Mut und deiner Lebenslust hast leiten lassen? Oder möchtest du traurig sehen, dass dich die Angst abgehalten hat, dein Leben zu leben und deine Träume in die Realität zu verwandeln?

4. Überlege dir: Was würde dein 80-jähriges Ich dir raten, wenn du es fragst, was du tun sollst. Würde es dir sagen: »Lass es lieber sein« oder: »Gehe los und realisiere deinen Traum«. Wachse über dich hinaus, lerne, erfahre. Du hast nichts zu verlieren, manche Dinge klappen, manche nicht?
5. Gehe einmal in dich hinein: Schreibe dir auf, was du am allermeisten bereuen würdest, wenn du morgen sterben würdest?
6. Bedanke dich bei deinem Aventurin, dass er diese Reise mit dir gemacht hat. Speichere all das, was du über dich gelernt hast in ihm ab und lasse dich im Alltag von ihm daran erinnern, was du bereuen würdest, wenn du es nicht tun würdest. Wenn du einmal wieder zweifelst, erinnere dich genau daran!

Dieses Ritual kannst du wiederholen, um grundsätzlich herauszufinden, ob du gerade mutig deinen Weg gehst oder vielleicht doch Dinge aus Angst oder Unsicherheit heraus tust oder entscheidest.

Auch für akute Situationen ist es hilfreich. Wenn du beispielsweise vor einer Entscheidung stehst und nicht weißt, ob du dich traust, den für dich richtigen, aber vielleicht auch unsichereren Weg zu wählen, dann mache dieses Ritual. Ich bin mir sicher, dir wird die Entscheidung dann viel leichter fallen und du wirst deinen mutigen und richtigen Weg klar sehen können.

RITUAL
Arbeite mit deiner Angst und lerne sie kennen

Umarme die Angst, wenn sie dir auf deinem Herzensweg begegnet, denn sie zeigt dir all die Bereiche, in denen du noch wachsen kannst.

Auch, wenn wir den mutigen ersten Schritt gewagt haben, können uns immer mal wieder unsere Ängste einholen – das ist ganz normal und auch gut so. Angst ist eines der ältesten und wichtigsten Gefühle, sie möchte uns schützen, sie ist unsere Freundin.

Wenn wir uns mit ihr hinsetzen, sie kennenlernen und uns liebevoll anschauen, was sie zu sagen hat, dann können wir sie auflösen und gehen lassen.

Das brauchst du

- Rosenquarz/Rosenquarz-Mala
- Dein Notizbuch/Journal
- Einen Stift
- Räucherwerk (Palo Santo oder Weißer Salbei)

Anleitung

1. Reinige deinen Rosenquarz (wie in Kapitel »Pflege und Reinigung deiner Wegbegleiter« beschrieben).
2. Lege dich bequem an einen ruhigen Ort, schalte alle Geräte aus, die dich bei diesem Ritual stören könnten.
3. Platziere deinen Rosenquarz auf deinem Herzen und lege beide Hände darüber.
4. Verbinde dich mit deinem Stein. Spüre, wie sich dein Herz mit einem rosafarbenen, warmen Licht füllt, wie dein Herz sich voller Vertrauen öffnet. Bleibe für einen Moment so sitzen und spüre, wie sich diese warme umarmende Energie in deinem Körper ausdehnt und bis in jede Zelle strömt.
5. Sprich laut oder in Gedanken: »Ich bitte darum, dass sich die höchsten Schwingungen von Licht und Liebe mit meinem höchsten Selbst verbinden, damit die reinste Form der Liebe durch mich fließen kann und meine Ängste und Wunden heilt. Möge mein Rosen quarz folgende Intentionen speichern und mich immer daran erinnern: Liebe, Harmonie, Mitgefühl und Vertrauen. Danke, danke danke.«
6. Nun lade deine Angst ein, sich dir zu zeigen.
7. Frage sie: Wovor möchtest du mich schützen?
8. Setze dich ganz bewusst mit ihr auseinander und fühle, wo in deinem Körper du sie am häufigsten oder am stärksten spürst: Brust, Hals, Kopf, Bauch etc.
9. Lege deinen Rosenquarz genau auf diese Stelle und spüre dort hinein. Sei für mindestens eine Minute bei deiner Angst. Angst ist eigentlich deine Freundin und möchte dich schützen. Wovor möchte sie dich schützen? Vor den schmerzhaften Erfahrungen, die du gemacht hast, weshalb dein Herz sich verschlossen hat. Wo bemerkst du vielleicht gerade Schmerzen und woher kommen diese? Gehe in den Schmerz hinein und schau ihn liebevoll an. Wenn dich die Angst überkommt, bevor du deinen Weg gehen kannst, dann ist es, weil sie dich in der Zukunft vor Dingen beschützen möchte, die eventuell, aus ihrer Sicht und Erfahrung, passieren könnten.
10. Also sage deiner Angst, dass du sie nicht mehr brauchst und sie dich freigeben kann.
11. Erlaube dir, dein Herz wieder zu öffnen, für dich selbst, für dein Leben, für die Liebe und die wundervollen Dinge, die du noch erfahren darfst in diesem Leben.
12. Speichere dieses Gefühl der Liebe in deinem Rosenquarz.
13. Bedanke dich bei ihm und trage ihn immer bei dir, um dich daran zu erinnern, deine Ängste nicht wegzudrücken, sondern sie kennenzulernen und so verabschieden zu können.
14. Schreib gern in dein Heft/Journal, welchen Ängsten du begegnet bist und was du ihnen geantwortet hast. Halte dabei deinen Rosenquarz in deiner Hand.

RITUAL
Aktiviere deine Super Power

Wenn dein größtes Hindernis die Bequemlichkeit ist, dann kannst du mit dem wunderbaren Roten Jaspis, dem Stein für Willenskraft, Energie und Tatendrang, deine innere Super Power aktivieren, stärken und sie dir bewusst machen.

Das brauchst du

- Deinen Roter Jaspis
- Räucherwerk (Palo Santo oder Weißer Salbei)

Anleitung

1. Setze dich bequem an einen ruhigen Ort, schalte alle Geräte aus, die dich bei diesem Ritual stören könnten.
2. Reinige deinen Roten Jaspis (wie in Kapitel »Reinige und Pflege deiner Wegbegleiter« beschrieben) und räuchere ihn und deinen Raum.
3. Nimm deinen roten Jaspis in deine Hände und verbinde dich mit ihm. Nimm wahr, wie er warm wird.
4. Visualisiere einen roten Feuerball, deine eigene Energie. Der Rote Jaspis bündelt alle Energien und macht sie wie ein strotzender Energieball für dich spürbar. Nimm sie wahr, sei dich ihrer bewusst. Deine feurige Energie wohnt in dir, ist nur manchmal nicht spürbar für dich.
5. Nun visualisiere, wie dein Jaspis all deine Energie in deinen Körper schickt, in jede Zelle deines Körpers. Du bist erfüllt und spürst deine, in dir wohnende Kraft, sie ist wieder da und bereit, dich auf deinem mutigen Weg zu unterstützen.
6. Nimm den Roten Jaspis immer mit, trage ihn in Form einer Mala oder eines Steins bei dir und wenn du dich kraftlos fühlst, nimm ihn in die Hände und verbinde dich mit seiner unendlichen Power, mit deiner Power in dir.

Nach dem Ritual kannst du wunderbar eine Mala-Meditation machen oder deinen Roten Jaspis während deiner Meditation in der Hand halten. Rezitiere eines dieser kraftvollen Affirmationen laut oder im Geiste:

Affirmationen

- Ich bin kraftvoll.
- Meine Kraft ist grenzenlos.
- Ich bin die Schöpferin meines Lebens.
- Ich bin voller Tatendrang.
- Ich sprühe vor Energie.

RITUAL
Hindernisse bewältigen

Hindernisse sind liebevolle Herausforderungen des Lebens, die dir die Möglichkeit geben zu lernen, zu wachsen und immer mehr in deine ganze Kraft zu finden.

Auch wenn wir den wichtigsten ersten Schritt gemacht haben und mutig für unseren Herzensweg losgegangen sind, werden uns immer wieder Herausforderungen und Hindernisse in den Weg stellen. Diese sind nicht dafür da, uns zu hindern, weiterzugehen, sondern im Gegenteil: Sie stellen uns vor unsere größten Lernaufgaben, an denen wir wachsen dürfen. Um diese Hindernisse zu bewältigen und sie für uns zu nutzen, ist es wichtig, ihnen mit einem stabilen Fundament und starken Wurzeln zu begegnen. Denn wenn wir im Urvertrauen sind, wissen wir, dass wir jedes Hindernis, sei es noch so groß, bewältigen können. Für Rituale zum Urvertrauen und zur Stabilität schaue gerne im Kapitel »Ich bin mein Fels in der Brandung.«

ERFAHRUNGSBERICHT: WANDA BADWAL

Meine Beziehung zu Edelsteinen hat schon früh begonnen. Als Baby bin ich durch den esoterischen Buchladen meiner Mama gekrabbelt, in dem sie auch viele Edelsteine und Kristalle verkaufte, deren Farben und Reflektionen mich schon als Kind sehr fasziniert haben. Ich bin mir sicher, dass ich auch ihre Kräfte deutlich wahrnehmen konnte. Als ich mit Anfang 20 begonnen habe Yoga zu praktizieren und häufig Kristalle im Yogaraum zu finden waren, habe ich das erste Mal bewusst eine energetische Beziehung zu ihnen wahrgenommen. Auf Bali hat sich die Beziehung zu den Edelsteinen dann vertieft und ich habe immer deutlicher gespürt, dass mich je nach Tagesform unterschiedliche Steine mit ihren Kräften angezogen haben. Mittlerweile ist es für mich ganz normaler Alltag Malas als Schmuckstücke zu tragen, als heiliges Objekt für die Meditation zu nutzen oder mich mit Edelsteinen als Anker und Kraftspender zu umgeben.

Edelsteine sind für mich wie ein Freund und Unterstützer im Leben. Ich finde es besonders schön, dass ich sie wie einen physischen Anker in der Hand halten kann. Auch in schwierigen Momenten kann eine Mala oder ein Edelstein ein ganz toller Beschützer und Talisman sein.

Ich nutze die Edelsteine mittlerweile auf unterschiedliche Weise. Ich habe z.B. eine Hakenleiste, auf der ich alle meine Malas entsprechend der sieben Chakren sortiert aufgehängt habe. Morgens stelle ich mich öfters davor, frage mich, was heute ansteht und spüre in mich hinein, was ich heute genau brauche. Besonders schön finde ich, dass so die Malas in ihrer ganzen Schönheit sichtbar sind, denn es wäre doch viel zu schade diese wunderbaren Schätze in einer Kiste zu verstecken. Außerdem stehen immer drei Edelsteine neben meiner Yogamatte, damit sie mich während der Yogapraxis begleiten. Das ist zum einen der Bergkristall für Klarheit, außerdem ein Amethyst für Vision und die Verbindung zur höheren Weisheit sowie ein Rosenquarz für das Herz. Für meine Meditation nutze ich eine ganz besondere Mala. Ich nutze sie als Anker, um meinen Geist auszurichten und zu fokussieren. Ich arbeite vor allem mit einer Mantra-Meditation und habe über die Jahre bereits eine sehr tiefe Beziehung zu meiner Mala aufgebaut.

Ein Teil meiner Berufung ist für mich das Sprechen, daher habe ich ein geschärftes Bewusstsein für Sprache und auch einen hohen Anspruch an mich selbst. Vor allem wenn ich Solo-Folgen für meinen Podcast aufnehme, wird immer mal wieder mein innerer Kritiker laut. Einerseits bin ich dankbar für ihn, denn er treibt mich an eine gute Leistung zu bringen und die besprochenen Themen gut zu recherchieren. Andererseits ist er auch manchmal sehr streng und das nimmt mir dann die Freude und Leichtigkeit oder führt dazu, dass ich einen Podcast manchmal drei Mal aufnehme bis ich ihn veröffentliche, was sehr viel Zeit kostet. Dieser verflixte innere Kritiker ist manchmal echt anstrengend.

Als Helfer für dieses Thema nutze ich einen meiner absoluten Lieblingssteine, den Chalcedon, der auch der Sprecherstein genannt wird. Er steht für das Kehl-Chakra, unser Energiezentrum für den persönlichen Ausdruck. Ich trage diesen Stein sehr gerne beim Sprechen – entweder als Mala, als Kette oder ich halte den Chalcedon beim Sprechen in meiner Hand. Ich mag die folgenden Fragen zur Unterstützung: Was würde dein Herz sagen, wenn es sprechen könnte? Was würde deine Seele sagen, wenn sie sprechen könnte?

Ich denke, genau darum geht es, die Wahrheit des Herzens und der Seele zu finden, um in den vollen persönlichen Ausdruck zu kommen. Der Chalcedon hilft mir den authentischen Ausdruck meiner Seele zu unterstützen. Folgendes hat er mich gelehrt: wenn wir unsere Wahrheit sprechen, darf es zart sein. Wenn wir von unserem Herzen sprechen, zeigen wir uns verletzlich, was eine unglaubliche Kraft in sich hat. Wenn ich ganz bei mir bin, darf ich ganz ruhig und klar meine Wahrheit sprechen.

Wanda Badwal ist Yoga- und Meditationslehrerin, Speakerin und Autorin. Darüber hinaus inspiriert sie die Menschen mit ihrem Podcast »Yoga beyond the Asana« rund um die Themen Yoga, Spiritualität und persönliche Weiterentwicklung.

Ich verbinde mich mit meinem höheren Selbst – Wegbegleiter & Rituale für Spiritualität und geistige Verbindung

»UNSER KÖRPER IST DIE HARFE UNSERER SEELE.« KHALIL GIBRAN

Früher habe ich mich immer gefragt, was Spiritualität eigentlich bedeutet oder was einen Menschen ausmacht, der sich als spirituell bezeichnet. Ich glaube, eine eindeutige Definition von Spiritualität gibt es gar nicht. So individuell wir Menschen sind, so unterschiedlich kann sich Spiritualität für uns ausdrücken, anfühlen und so unterschiedlich können wir sie leben und im Alltag praktizieren. Es ist ein Erwachen, ein Erkennen, ein Weg in unsere innere Welt, ein Zurückkehren zu unserem Ursprung, der in Liebe und purem Bewusstsein ist und diesen Weg können wir auf viele verschiedene Weisen beschreiten. Das Entdecken meiner eigenen Spiritualität war für mich ein langer Prozess und auch heute erkenne ich immer wieder neue Aspekte von Spiritualität.

Spiritualität kommt aus dem Lateinischen »spiritus« und bedeutet »Geist« bzw. »geistige Ebene«. Jeder Mensch hat einen Geist, einen Spirit, und eine geistige Ebene, die es uns überhaupt ermöglicht, Erfahrungen zu machen und wahrnehmen zu können. Denn wir sind eine Seele, die in einem physischen Körper hier auf der Erde ist und Erfahrungen macht.

Wenn wir noch nicht mit unserer spirituellen Ebene in Verbindung gekommen sind, definieren wir Menschen uns so häufig ausschließlich mit unserer äußeren Welt und der materiellen Ebene. Wir definieren uns, unseren Reichtum, unser Glück, unser Wohlbefinden nach Gegenständen und Geld. Wir orientieren uns daran, was wir haben, an äußeren Umständen. All das sind aber lediglich Dinge im Außen, die uns kurzfristig glücklich machen, die uns »scheinbar« Sicherheit geben, die wir denken zu brauchen, um erfüllt zu sein.

Wie uns die dunklen Zeiten ins Licht führen

Spiritualität oder Glaube sind Werte, die in unserer Gesellschaft verlorengegangen sind. In unserer leistungsorientierten westlichen Welt bleibt uns kaum ein Moment, um einmal innezuhalten und die Verbindung zu uns selbst oder etwas »Höherem« herzustellen.

Uns wird von klein auf suggeriert, dass wir unseren Wert darüber definieren, was wir leisten und haben. Schneller, besser, weiter! Diese Mentalität wird uns schon im Kindergarten und in der Schule beigebracht, es geht nicht darum, wer wir sind, sondern welche Noten wir nach Hause bringen, in welchen Fächern wir gut sind. In der Arbeitswelt geht es genau so weiter. Wir werden über unsere Leistung, unser Gehalt und unseren Erfolg definiert und definieren uns selbst darüber. Es ist kein Wunder, dass Depressionen, Burn-out oder andere psychische Krankheiten wie beispielsweise Alkoholsucht in unserer Gesellschaft inzwischen zu den Volkskrankheiten gehören. Oftmals müssen wir erst tief fallen, um zu bemerken, dass uns etwas fehlt, dass wir etwas ändern müssen, dass wir so, wie wir bisher gelebt haben, nicht weiterleben können.

Besonders in Krisenzeiten unseres Lebens, wie beispielsweise in der Pandemie, wenn alles, was uns im Außen Sicherheit gegeben hat, zusammenbricht, spüren wir, dass wir etwas anderes brauchen, um uns orientieren zu können. Etwas, an das wir glauben können und das uns Sicherheit und Geborgenheit gibt. Es gibt immer wieder Zeiten, in denen wir merken, dass unsere äußere

Welt sich verändert. Materielle Dinge kommen und gehen. Das, was uns vielleicht vor einigen Jahren oder vielleicht sogar Monaten so wichtig erschien, ist heute für uns vielleicht bedeutungslos geworden. Die superschicken Schuhe, die wir unbedingt haben wollen, sind nach ein paar Jahren »out«, das teure Auto, für das wir von unseren Kollegen bewundert wurden, geht kaputt ... Und sogar einige Beziehungen, die wir im Außen führen, sind nicht von Dauer. Vielleicht hattest du als Kind oder Teenie auch eine:n beste:n Freund:in, zu der oder zu dem der Kontakt mittlerweile abgebrochen ist, obwohl du dachtest, eure Freundschaft würde bis in die Ewigkeit halten.

Doch wenn es nicht das Materielle oder die Beziehungen im Außen sind, was ist es dann, das uns glücklich macht und bleibt? Das, was immer bleibt, bist du! Du bleibst, mit deinem Herzen, deiner inneren Welt, deinen Gedanken, deiner Weisheit, deinem Glauben. Deshalb sind es häufig die dunkelsten Zeiten in unserem Leben, die uns erkennen lassen, dass wir aus einem ganz anderen Ort schöpfen dürfen als dem Außen. Etwas, wozu wir immer einen Zugang haben und das immer für uns bereitsteht.

Was ist der Sinn des Lebens?

Wir beginnen, uns Fragen zu stellen, um dem Sinn unserer Existenz und diesem Leben auf den Grund zu gehen, zu verstehen, was unsere Aufgabe hier ist, um zu verstehen, warum wir oft so leiden. In der Spiritualität geht es für mich vor allem darum, zu erkennen, dass wir all das, was sich im Laufe unseres Lebens wie eine Mauer um unser Herz gelegt hat, Stück für Stück abklopfen können, damit unser leuchtender und kostbarer Kern wieder zum Vorschein kommen darf. Wie bei den Edelsteinen. Wir machen so viele negative Erfahrungen in unserem Leben die uns prägen, verletzen, kleinhalten und dafür sorgen, dass wir bestimmte Dinge über uns und unser Leben glauben und ein bestimmtes Bild von uns formen. Ein Bild, das uns limitiert und uns in unserem Leid verharren lässt.

In der Spiritualität geht es darum, dass wir uns mit unserer inneren Welt verbinden, die hinter der materiellen Welt liegt und uns dafür öffnen und erkennen, dass wir mehr sind als das, was wir bisher über uns geglaubt haben. Denn Leben beginnt zuerst in der geistigen Ebene und tritt dann in materieller Form in Erscheinung. Es ist die geistige Ebene, die die materielle Ebene formt, und nicht andersherum. Das bedeutet, dass es viel wichtiger und auch kraftvoller ist, erst die geistige Ebene zu stärken, deine Spiritualität, bevor du etwas im Außen erschaffst.

Hast du dir schon einmal diese Fragen gestellt?

- Woran glaube ich tief in meinem Herzen?
- Was finde ich in mir?
- Was ist meine innere Welt?
- Wer ist dieses Ich, das mich wahrnimmt?
- Wer bin ich wirklich, wenn ich tief in mich hineinspüre?
- Was habe ich bisher über mich geglaubt?
- Wer will ich sein?
- Wofür bin ich hier?

Die Verantwortung für das eigene Leben übernehmen

Wenn wir uns auf unsere spirituelle Reise begeben, kommen wir wieder voll und ganz in unsere Selbstverantwortung und nehmen wahr, dass alles, was in unserem Leben ist, auch etwas mit uns zu tun hat.

Alle Probleme, die wir haben, alle Herausforderungen, mit denen wir konfrontiert sind, liegen in

unserer Verantwortung. Wenn wir diese Verantwortung für uns und unser Leben annehmen, gehen wir wieder ganz in unsere Schöpferkraft und können beginnen, etwas zu verändern.

Das ist der Beginn unserer spirituellen Reise!

Wie Yoga mich zu meinem höheren Selbst brachte

Einige Freunde haben mich belächelt und auch meine Familie, die nichts mit Spiritualität zu tun hatte, empfand meinen Weg zunächst als befremdlich. Aber sie merkten schnell, wie viel mehr ich in mir ruhte, wie viel mehr ich strahlte, wie viel mehr Mitgefühl und Geduld ich aufbringen konnte, für mich und alle um mich herum. Denn ich konnte die Einheit (Yoga = bedeutet anjochen, verbinden) nicht nur mit mir, sondern mit allem um mich herum spüren. Ich war auf einmal nicht mehr getrennt von der Welt, ich musste nicht mehr gegen das Außen kämpfen, wir durften miteinander sein.

Ich beschäftigte mich mit der jahrtausendalten Yogaphilosophie, die mich faszinierte und war auf meinem spirituellen Weg angekommen. Jeden

Tag entdeckte ich mehr über mich, meine Mechanismen, meine Glaubenssätze, meine Überzeugungen und das, was darunter leuchtete. Durch verschiedenste Achtsamkeits- und Atemübungen sowie Meditationsmethoden lernte ich, mich bewusst zu verbinden und immer mehr Licht in all die dunklen Flecken meines Lebens zu bringen. Ich fand in dieser Zeit auch wieder zu den Edelsteinen und entdeckte, dass sie mir dabei halfen, eine wahrhaftige Verbindung zu mir selbst aufzunehmen und all die Wunder in mir zu entdecken und hervorzuholen, die unter der Oberfläche schlummerten.

Ich war glücklich, als ich merkte, dass ich nicht Gefangene in meinem physischen Körper und Opfer der Umstände meines Lebens bin, sondern das ich selbst wähle, wie und wer ich sein möchte. Ich entdeckte mein volles Potenzial, meine Schöpferinnenkraft, mein höheres Selbst.

Es ist die Trennung von unserer Spiritualität, der Verbindung zu unserem Innenleben, die uns depressiv macht oder uns das Gefühl gibt, verloren zu sein. Wenn wir unsere geistige Ebene integrieren und als einen ebenso wichtigen Teil wie die materielle Ebene anerkennen, dann kommen wir in Einklang mit uns, der Natur um uns herum, mit unseren Mitmenschen — mit dem großen Ganzen. Ich lebe meine Spiritualität auf unterschiedlichen Wegen und nutzte zahleiche Tools für mich:

- Mala-Meditation
- Pranayama (Atemübungen)
- Asanas
- Rituale, z. B. an Voll- und Neumond, am Morgen und Abend)

Schon die alten Yogis vor Tausenden von Jahren praktizierten bestimmte Rituale, um sich mit ihrer Innenwelt und ihrem höheren Selbst zu verbinden, um Einheit zu spüren und zur Erleuchtung zu kommen. Es gibt so viele verschiedene Wege, Yoga zu praktizieren.

Wähle deinen eigenen Weg und deine Art des Yogas, die du gerade für dich brauchst. Denn darin liegen all die Antworten, die Liebe, das Mitgefühl und dein innerer Frieden.

Spiritualität in den unterschiedlichsten Ausprägungen

Es gibt einige Menschen, die bereits ohne spirituelle Praktiken sehr mit sich verbunden sind, in sich ruhen und erfüllt sind. Manche Menschen haben bestimmte Hobbies, bilden sich fort, gehen in der Kunst auf, musizieren, zeichnen,

Verbindung mit sich selbst und dem Moment. Ich merke das auch beim Mala-Knüpfen immer wieder, dass es mir so viel Freude bereitet, meinen Geist ruhigstellt und mich mit meiner Innenwelt verbindet. Und es gibt Menschen, die ihre Verbindung zum großen Ganzen, zum Universum, herstellen, in dem sie anderen Menschen helfen, selbstlos handeln und anderen mit Liebe und Fürsorge begegnen. In der Yogaphilosophie nennt man das Karma-Yoga, das Yoga des Handelns.

Mein Mann ist auch so ein tolles Beispiel und einer der spirituellsten und in sich ruhenden Menschen, die ich kenne. Obwohl er keine Mala trägt, keine Edelsteine braucht und kein Yoga praktiziert. Was ich dir damit sagen möchte: Du darfst deine Spiritualität so leben und erleben, wie du es möchtest und brauchst. Es gibt so viele unterschiedliche Wege und kein Richtig oder Falsch!

Welche Rolle die Edelsteine bei meiner Spiritualität spielen

Ich merke, wie sich meine Spiritualität immer weiter auf alle Bereiche meines Lebens ausbreitet, je mehr ich mit mir selbst verbunden bin. Dass ich mir und anderen Menschen achtsamer begegne, dass ich mehr im Moment bin, anstatt mit all den Zweifeln, Ängsten oder Sorgen in der Vergangenheit oder Zukunft zu verharren und dass ich insgesamt viel ruhiger und gelassener geworden bin. Meine Edelsteine spielen beim Ausleben meiner Spiritualität eine sehr große Rolle: Sie erinnern mich an die Verbindung mit mir selbst und der Welt, an meine Schöpferinnenkraft und an die Qualitäten, die ich in mein Leben einladen möchte.

Bei all meinen Ritualen und Praktiken integriere ich meine Steinfreunde, die kostbaren Schätze der Natur, arbeite mit ihren Energien und lasse sie für mich wirken. Denn sie sind der reine Ausdruck der Schöpfung, des Lebens. Sie sind viele Jahrtausende alt und tragen so viel Weisheit und Wunder in sich. Die Edelsteine erinnern uns daran, wieder zu uns und unserem wunder schönen Ursprung, unserem strahlenden Kern zurückzufinden. Ebenso, wie beispielsweise eine Amethystdruse von außen rau und unscheinbar wirkt, ist im Inneren ein leuchtender Kern, der nur darauf wartet, für uns funkeln zu dürfen.

Genau das ist es, was mich an Edelsteinen so begeistert, warum ich so fasziniert von ihnen bin und sie so gerne für mich und mein spirituelles Sein nutze. Und das möchte ich dir mit diesem Buch mitgeben. Ich arbeite mit Edelsteinen, um mit ihrer Hilfe möglichst viele Menschen dabei zu unterstützen, ihre Verbindung zu ihrem Inneren und ihrem höheren Selbst wieder – oder neu – zu entdecken, damit sie in das Gefühl von Liebe und Fülle kommen und den Sinn in allem finden.

Ich nehme die Edelsteine auch immer mit in meine Yogapraxis und meditiere zu Beginn mit ihnen. So richte ich mich aus, verbinde mich nach oben mit Vater Himmel und nach unten mit Mutter Erde. Häufig wähle ich ganz spezielle Edelsteine aus, die mich besonders in meiner spirituellen Arbeit unterstützen können und mir dabei helfen, den Zugang zu meiner geistigen Welt zu finden und da in Verbindung zu gehen.

Deine Edelsteine für deine Verbindung zu deinem höheren Selbst

Bergkristall – Das Licht in dir
Erkenntnis, Wandel, Entwicklung, Klarheit, Achtsamkeit
Amethyst – Ein Stein für die Seele
Geborgenheit, Ruhe, Intuition, Spiritualität, Meditation
Süßwasserperle – Spiritual Growth
Geistiges Wachstum, Lebenserfahrung, Zufriedenheit, Intuition
Mondstein – Liebevolle Hingabe
Intuition, Yin-Energie, Natürlichkeit, Freude, Empathie

BERGKRISTALL – Das Licht in dir

Erkenntnis, Wandel, Entwicklung, Klarheit, Achtsamkeit

Der Bergkristall ist der Superhealer unter den Steinen. Der klare, funkelnde Kristall unterstützt dich dabei, einen Zugang zu deiner ganz eigenen Spiritualität zu finden, indem er dein Kronenchakra sanft ausgleicht. Mit ihm verbindest du dich mit dem großen Ganzen, dem Universum, mit dem, woran du persönlich glaubst.

Seit jeher wird er von Menschen auf der ganzen Welt in spirituellen Ritualen und schamanischen Zeremonien eingesetzt, um sich mit dem Höheren verbinden zu können. Auch die Kugeln von Hellseherinnen werden bis heute aus dem wunderschönen klaren Kristall gearbeitet. Er ist der Stein der Bewusstseinserweiterung, der uns dabei unterstützt, uns mit höheren Energien und dem gesamten Universum zu verbinden. Er ist dazu in der Lage, Lebewesen und Gegenstände von negativen Energien zu befreien, das Energiesystem zu beruhigen, damit Ordnung in uns entstehen kann und wir uns neu ausrichten und fokussieren können.

Auf unserem persönlichen spirituellen Weg ist der Bergkristall also ein so wichtiger Begleiter, denn sein Informationsspeicher ist enorm, und so kann er dich und dein Energiefeld und deine Aura reinigen. Zeitgleich kannst du selbst ihn mit den Schwingungen und Intentionen aufladen, die du gerade besonders benötigst. In der Meditation unterstützt er uns dabei, unseren oft sehr unruhigen Geist zu beruhigen und uns tiefer in einen anderen Geisteszustand eintauchen zu lassen.

Er sorgt für Klarheit in dir, stärkt deine Intuition und deine Wahrnehmung. Der Bergkristall hilft dir, zu erkennen und dein wahres Wesen zu sehen und dich verbunden zu fühlen mit allem, was dich umgibt. Der Bergkristall hilft dir, dich von allen irdischen Anhaftungen zu lösen und verbindet dich mit dem Universum und lässt dich die Einheit mit dem großen Ganzen spüren.

Der Bergkristall ist einer der machtvollsten Edelsteine. Und da deine Arbeit mit ihm sehr intensiv sein wird, solltest du ihn alle zwei Wochen, gern auch nach jedem Ritual oder Meditation reinigen. So hat er anschließend wieder freie Kapazitäten für seine Heilfunktionen und kann dich auf deinem spirituellen Weg unterstützen.

AMETHYST – Ein Stein für die Seele

Geborgenheit, Ruhe, Intuition, Spiritualität, Meditation

Der violette Amethyst steht für inneren Frieden, Geborgenheit, für die Reinigung von Körper, Geist und Seele und ist einer der wichtigsten Begleitersteine für unsere Meditationspraxis.

Der Amethyst ermöglicht es uns, den Schleier zwischen der materiellen und der spirituellen Welt zu lüften, indem er unsere Emotionen kanalisiert und sie so zu einer Brücke in die geistige Welt werden lässt. Hier eröffnet sich uns der Raum für höhere spirituelle Erfahrungen. Immer dann, wenn wir vor schwierigen Entscheidungen stehen und nicht wissen, wie wir mit ihnen umgehen sollen, ist der Amethyst ein wertvoller Unterstützer. Er begleitet uns sanft in die Meditation und hilft uns dabei, hier Ruhe, Geborgenheit und Anbindung zu finden, um von unserem höheren Selbst die weisesten Antworten zu empfangen. Er aktiviert unser Drittes Auge, unser Stirnchakra und hilft uns, uns in der Meditation aus unser Inneres zu fokussieren und unser Tor zu neuem Bewusstsein zu öffnen.

SÜSSWASSERPERLE – Spiritual Growth

Geistiges Wachstum, Lebenserfahrung, Zufriedenheit, Intuition

Perlen tragen zur Lebenserfahrung bei. Sie zeigen dir den Weg, mit Problemen umzugehen und dich mit ihnen zu konfrontieren.

Sie decken auf diese Weise Blockaden oder Traumata in dir auf und helfen dir bei der Bewältigung von inneren Konflikten, Schmerzen,

Enttäuschungen und Trauer. Perlen stärken dein geistiges und spirituelles Wachstum und bescheren dir mehr Zufriedenheit.

Es ist so wichtig, dass wir uns in jeglichen Phasen des Lebens auf das Gute fokussieren und unsere Potenziale erkennen und leben. Die zarte, wunderschöne und doch so kraftvolle Süßwasserperle erinnert dich an deine eigene Weisheit, um in Fülle und Bewusstsein für deinen inneren Reichtum deinen Weg zu gehen. Sie unterstützt dich auf deinem spirituellen Weg und weist dir die Richtung, um innerlich zu wachsen. Sie hilft dir, aus deinen Erfahrungen, wertvolle Weisheiten wachsen zu lassen.

Früher habe ich die Perle immer als spießig und etwas »für alte Menschen« angesehen. Heute haben sich mein Gefühl und meine Liebe für diese Schönheiten der Natur geändert. Ich spüre sehr, dass es damit zu tun hat, dass ich mich an einem Punkt in meinem Leben für meinen spirituellen Weg geöffnet habe. Tag für Tag strebe ich danach, Bewusstsein zu schaffen und mich meiner eigenen Weisheit zu öffnen. Auch meine Großmutter hat kostbare Perlen getragen und für mich war sie einer der weisesten, friedlichsten und innerlich reichten Menschen auf dieser Welt. Die Perle ist Symbol und purer Ausdruck unserer spirituellen Weisheit, die in jedem von uns wohnt. Als Schmuckstück oder Mala trage ich sie gerne im Alltag, denn sie erinnert mich immer wieder daran, mich für meine Weisheit und mein unendliches Bewusstsein zu entscheiden.

MONDSTEIN – Liebevolle Hingabe

Intuition, Weiblichkeit, Freude, Empathie, Yin-Energie

Der Mondstein ist der wunderbare Begleiter in deine Seelenwelt und in die Yin-Energie. Er weist dir den Weg zu deinem Inneren und schenkt dir Vertrauen in dich und deine innere Stimme. Er hilft dir, dich mit deiner Intuition zu verbinden und deutlich wahrzunehmen, was sie dir mitteilen möchte. Sie zeigt dir, welchen Weg du gehen sollst. Der Mondstein nimmt uns liebevoll an die Hand bei unserer Entdeckungsreise ins Innere und hilft uns dabei, all die Facetten, die im Inneren verborgen liegen, zu umarmen und wertzuschätzen.

Meine Spiritualität jeden Tag bewusst zu leben, bedeutet für mich auch, mich immer wieder mit mir und meiner inneren Stimme zu verbinden

und meiner Weisheit und Wahrheit zuzuhören. Wir sind heutzutage so sehr vom schnelllebigen und hektischen Außen getrieben und beeinflusst und dadurch auch oft in uns verunsichert. All die vielen Nachrichten, mit denen uns die Medien rund um die Uhr überschütten, die Meinungen der Gesellschaft wie wir zu sein, fühlen, denken, leben haben, welche Entscheidungen wir treffen sollen. Und dann sind da noch die Stimmen und Meinungen der Eltern, der Freunde und der Familie, die entweder laut im Außen oder in unserem Inneren auf uns einreden. Dazwischen fällt es uns oft schwer, unsere eigene Stimme wahrzunehmen.

Mein höchstes Ziel ist es, in meinem Privatleben und ebenso in meinem Unternehmen, alle Entscheidungen aus meinem Herzen heraus und in Verbindung mit der höchsten Version meines Selbst zu treffen. Immer dann, wenn ich vor einer Entscheidung stehe und merke, dass ich die Antwort im Außen, bei Freuden oder der Familie suche, gehe ich bewusst in mich und verbinde mich mit mir. Denn durch diese innere Stimme, die in jedem von uns wohnt, spricht unser unendlich weises Bewusstsein, unser höheres Selbst.

In dieser Verbindung bekomme ich Antworten auf all meine Fragen, die ich habe und kann

meine eigenen Entscheidungen treffen. Aus der Fülle, der Liebe und dem Licht heraus, und nicht aus dem Ego, aus der Angst oder dem Mangel. Niemand im Außen kann dir die Antworten geben, das kannst nur du selbst.

Um mit deinen Antworten in Kontakt zu kommen, ist es wichtig, in einen tiefen Zustand der Entspannung zu kommen, in deine Yin-Energie, das ist deine passive Energie. Denn je entspannter du bist, desto weniger Filter verschleiern deine klare Intuition, du kommst von einem Zustand der Anspannung, des Überlebens, in einen Zustand der Zuversicht und des Vertrauens. In einen Zustand des Empfangens. Nur so können deine weiten, unbegrenzten Antworten fließen und in dein Bewusstsein gelangen. Hier findest du deine Intuition, die du nun klar erspüren kannst.

Deine Edelsteinrituale für deine Spiritualität, deine Verbindung zum großen Ganzen, deinem höheren Selbst und die Magie in deinem Leben

RITUAL
Verbinde dich mit deiner inneren Weisheit

»Folge deiner inneren Stimme, sie weist dir immer den Weg.« Wenn wir vor einer Entscheidung stehen, ist häufig unser erster Schritt ins Außen zu gehen, in der Hoffnung, hier die richtigen Antworten zu finden. Wir fragen die besten Freunde, unsere Familie oder die Arbeitskollegen und wünschen uns, Sicherheit vom Außen zu bekommen. Aber in Wahrheit kann dir keiner im Außen die für dich richtige Antwort geben. All die gut gemeinten Antworten und Ratschläge, die du dort bekommen wirst, sind für die jeweilige Person bestimmt richtig, aber sie haben nichts mit dir zu tun.

Denn jeder Mensch hat seine eigene Wahrheit, die auf den eigenen Erfahrungen, den eigenen Wünschen, den eigenen Glaubenssätzen basiert.

Wir dürfen uns immer daran erinnern, dass unsere ganze Weisheit und unser Wissen in uns selbst liegen und dass wir uns zu jedem Zeitpunkt und für alle Fragen in unserem Leben an uns selbst wenden dürfen, um die beste und höchste Antwort für uns und unser Leben zu erhalten.

Und auf diese Antwort, die aus deinem Innersten kommt, darfst du vertrauen, denn es ist deine ganze Wahrheit und in den meisten Fällen spüren wir es auch ganz stark, aber wir haben den Zugang und das Vertrauen in uns verloren.

In diesem Ritual gebe ich dir eine Anleitung, wie du mit dir und deiner inneren Weisheit in Kontakt treten kannst und Stück für Stück wieder erlernst, ihr wieder zu vertrauen und zu folgen.

Ich mache dieses Ritual oft mehrmals täglich, wenn ich beispielsweise in meinem Unternehmen oder auch Zuhause bei meiner Familie Entscheidungen treffen muss.

Du kannst dir sehr gern viel Zeit nehmen und das Ritual ganz in Ruhe zu Hause machen, aber auch zwischendurch, wenn du eine »kleinere« Entscheidung treffen musst. Ich lege mich beispielsweise oft auf meinen Teppich im Studio und mache dieses Ritual, oder ich suche mir einen Ort draußen in der Natur, um in Verbindung mit mir zu treten.

Das brauchst du

- Mondstein/Mondstein-Mala
- Bergkristall

Anleitung

1. Nimm deinen Mondstein in die eine und deinen Bergkristall in die andere Hand. Schließe die Augen und atme dreimal tief ein und aus. Lasse alles los und tauche ein in deine innere Welt.
2. Spüre deinen Bergkristall in der Hand und verbinde dich mit seiner Klarheit und seiner Ruhe. Er unterstützt dich jetzt dabei, mit diesen Qualitäten deine wunderschöne Innenwelt zu erforschen und deine innere Stimme, deine Intuition, deine Wahrheit und Weisheit zu ergründen. So kannst du gleich die Antwort deines höchsten Selbst empfangen.
3. Wenn du die Ruhe und Klarheit in dir fühlst, dann spüre deinen Mondstein in deiner anderen Hand und lasse dich von ihm in deine wunderschöne innere Welt geleiten.
4. Stelle nun deine Frage, die du hast, und lausche in dich hinein. Kannst du deine Intuition wahrnehmen, zu der du ein ganz klares und bejahendes Gefühl hast? Bei der du ganz genau spürst, dass sie aus deinem Innersten kommt, aus dem Bereich deines Selbst, der nicht überschattet ist von Angst? Spürst du die Antwort, die aus Freude und Fülle, zum besten und höchsten Wohle für dich und alle

Lebewesen um dich herum kommen darf? Wenn ja, wunderbar! Dies ist deine Intuition und du darfst ihr voll und ganz vertrauen.

5. Wenn du nun verschiedene Antworten hörst, die dich verunsichern, dann arbeite dich nach dem Ausschlussverfahren vor. Nimm jede Stimme liebevoll in den Arm und frage sie, woher sie kommt und zu wem sie gehört. Stelle dir vor, dass du dich wie an einem Faden entlang bis zum Ursprung hangelst, um festzustellen zu wem sie gehört. Vielleicht sitzt hier deine Mutter, deine beste Freundin oder die Gesellschaft mit ihrer Meinung am anderen Ende. Verabschiede sie nun und sage ihr, dass du den Ratschlag jetzt nicht benötigst. Mache dies so mit allen Stimmen, die du nun noch vernimmst. Irgendwann wird eine Stimme übrig bleiben. DEINE Stimme. Deine wunderschöne und pure Intuition und Weisheit. Sie ist die Gesandte deines höheren Selbst, du darfst ihr vertrauen und ihr folgen. Dies ist deine Wahrheit. Mit dieser Erkenntnis und dem tiefen Wissen, fälle nun deine Entscheidungen und gehe deinen Weg.
6. Bleibe für einen Moment sitzen, spüre in deine beiden Steine hinein und genieße dieses Gefühl des tiefen Vertrauens in dich selbst und deine wunderschöne innere Stimme.
7. Bedanke dich bei deinen Begleitern, atme noch einmal tief ein und aus. Dann öffne die Augen.

RITUAL
Du bist ein Teil des Universums und das Universum ist ein Teil von dir

So häufig haben wir im Alltag das Gefühl, begrenzt und in unserem physischen Körper gefangen zu sein. Dann passiert es schnell, dass wir uns in Dramen verstricken, nicht mehr klar denken und fühlen können und den Kontakt zu unserem wunderschönen, puren Bewusstsein, zu unserem höheren Selbst verlieren. Ich mache diese Meditation immer dann, wenn ich mich daran zurückerinnern möchte, dass ich in meinem Urzustand Liebe und Licht bin und unbegrenzte Möglichkeiten habe, in diesem Leben in Fülle zu leben.

Das brauchst du

- Bergkristall/Bergkristall-Mala

Anleitung

1. Finde einen aufrechten und bequemen Sitz an einem Ort, an dem du ungestört und ganz für dich bist. Nimm deinen Bergkristallbegleiter in deine beiden Hände und umschließe ihn mit deinen Fingern. Schließe nun die Augen, rolle noch einmal deine Schultern hoch und wieder nach hinten und unten. Atme tief durch die Nase ein, halte einen Moment inne und atme durch den Mund gleichmäßig wieder aus. Wiederhole dies dreimal.
2. Spüre den Bergkristall in den Händen, wie er sich mit seinen hochschwingenden Energien der Klarheit und Reinheit mit dir verbindet und eine wunderschöne Ruhe in dir herstellt.
3. Tauche nun ein in deine innere wunderschöne Welt und begrüße hier deine unendliche, weise Seele. Begrüße in dir das gesamte Universum und verbinde dich hier ganz bewusst mit deiner eigenen spirituellen Quelle. Spüre, wie du verbunden bist, mit dir selbst und mit dem gesamten Kosmos. Mit der Erde, dem Wasser, der Luft, mit allen Elementen, den Sternen, mit allem, was ist. Du bist ein Teil dieses Universums und das Universum ist ein Teil von dir.
4. Stelle dir vor, wie dein Bewusstsein sich ausweitet und über dich und deinen inneren Raum hinausgeht. Es weitet sich in dem Raum aus, in dem du bist, in dem ganzen Haus und weiter, in der gesamten Stadt, in der du lebst, in dem gesamten Land und der gesamten Erde.
5. Stelle dir nun vor, wie dein unendliches Bewusstsein die gesamte Erdatmosphäre einnimmt, wie du die Erdkugel sehen kannst, von außen. Sie ist ganz klein ist, und du füllst die gesamte Erdatmosphäre mit deinem Bewusstsein. Du bist die Erde, du bist der Himmel, du bist alles.
6. Lasse dein wunderschönes Bewusstsein noch weiter wandern und sich ausbreiten, bis du spüren kannst, wie du zu einem Teil des gesamten Universums wirst, ein Teil des gesamten Sonnensystems. Du und dein Bewusstsein wachsen noch weiter und du stellst dir jetzt vor, dass es noch andere Universen gibt mit eigenen Sonnensystemen und wie du plötzlich eins wirst – mit allem, was ist. Eins mit der Unendlichkeit des Alls. Du verlierst jedes Gefühl für begrenzten Raum oder Zeit und spürst, dass du unendliche Weite, unendliche Liebe, unendliches Bewusstsein bist.
7. Hier und jetzt bist du in Verbindung mit allem, was ist.
8. Erinnere dich immer daran, wie kraftvoll, wie schöpferisch und wunderschön du bist. Du bist reines, schöpferisches Bewusstsein. Alles liegt in dir und das gesamte Universum ist in dir zu Hause.

9. Stelle dir vor, wie das Universum durch dich hindurch wirkt und wie du zu einem Kanal der Fülle des Universums wirst.
10. Stelle dir vor, wie der Bergkristall in deinen Händen einen Lichtkanal zu deinem puren Bewusstsein und zu der Verbindung mit dem Universum für dich herstellt. Du kannst den Stein immer dann einsetzen, wenn du dich mit deinem höheren, grenzenlosen Selbst verbinden möchtest.
11. Bringe deine Aufmerksamkeit nun wieder zurück in deinen Körper. Stelle dir vor, wie du aus all diesen Universen wieder zurückkommst in das Sonnensystem, in die irdische Atmosphäre, zurück auf die Erde, in das Land und in die Stadt, in der du lebst, in das Haus, in deine Wohnung, in den Raum, in deinen Körper, in dein liebendes Herz.
12. Behalte dabei die Weite in dir, die du gerade gewonnen hast und integriere dieses Wissen in dir darüber, wer du bist und über diese unendlich Fülle in dir. Du hast alles in dir. Du bist verbunden mit einer unendlichen Weisheit. Das gesamte Universum wirkt durch dich. Bringe deine eigene Spiritualität, deine eigene wunderschöne Seele zum Ausdruck, erfahre dich und fühle dich sicher und geborgen.
13. Atme noch einmal tief ein und aus. Nimm dir noch einen Moment der Dankbarkeit für deinen Spirit, deine Seele, für die Erinnerung daran, dass du ein unendliches spirituelles Wesen bist, das hier in diesem Körper in Erscheinung tritt. Dankbar dafür, dass diese menschliche Erfahrung und dieses Leben, das du leben darfst, ein Geschenk für dich ist. Atme diese Dankbarkeit ein und aus.
14. Danke deinem Bergkristall, dass er dich mit auf diese Reise genommen hat und dir den Weg zu deinem unendlichen Universum gezeigt hat. Speichere diese wunderschöne Erfahrung in ihm und lasse dich von ihm begleiten. Wann immer du dich höher verbinden möchtest, wiederhole dieses Ritual.

Affirmationen

- Ich lebe meine Spiritualität.
- Mein Bewusstsein ist grenzenlos.
- Ich wachse über mich selbst hinaus.
- Das Wesen meines Geistes ist Licht und Frieden.
- Meine Natur ist Teil der Schöpfung.
- Ich bin Teil der Unendlichkeit.
- Ich bin vollkommen bewusst.
- Ich öffne mich für das Potenzial des Universums.
- Ich öffne mich für die Kraft der Stille.
- Ich reise zur Quelle des reinen Bewusstseins.

Danksagung

Von ganzem Herzen möchte ich meiner wundervollen Mitarbeiterin und »zweiten Hälfte«, Tabea Schäfer, danken, die mich auf dieser spannenden Reise des Buchschreibens so toll begleitet und unterstützt hat. Unermüdlich hat sie für eine klare Struktur in meinen oft wilden, kreativen Gedanken gesorgt und mich so sehr beim Schreiben all der wundervollen Rituale und Anleitungen unterstützt. Danke für dein wundervolles, strahlendes und liebevolles Sein und deine unbezahlbare Mitarbeit an diesem Wegbegleiter-Buch. Von Herzen: Danke!

Auch möchte ich Kristina von Herzen danken, die ebenfalls einen wundervollen Beitrag zu meinem Buch geleistet und mich beim Schreiben unterstützt hat.

Danken möchte ich auch all den großartigen Menschen, die ihre Geschichten in diesem Buch mit euch teilen und so offen und berührend ihre Erfahrungen erzählen, die sie mit ihren Wegbegleitern gemacht haben: Sinah Diepold, Daniela Bock, Lars Wendt, Agnes Jovaisa, Wanda Badwal. Danke, dass ihr ein Teil meines Buches seid, das bedeutet mir sehr viel.

Ein riesengroßes Danke geht an mein wundervolles TEAM NAIONA, das mir in den ganzen Monaten den Rücken freigehalten hat, in denen ich vertieft und meist nicht ansprechbar mit meinen Steinen hinter meinem Laptop verschwunden bin. Ohne euren großartigen Einsatz wäre all das nicht möglich gewesen. Tausend Dank!

Natürlich möchte ich auch all den Menschen danken, die bereits einen oder sogar mehrere Wegbegleiter von mir an ihrer Seite haben und mir ihr Vertrauen entgegengebracht haben. Ohne die Unterstützung meiner wundervollen und wertschätzenden Community wäre das STUDIO NAIONA nicht der Ort, der es heute ist. Ich bin unglaublich froh, dass so viele Menschen hinter mir stehen und mich und meine Arbeit unterstützen. In den Beratungsgesprächen und auch in den persönlichen Mails und Nachrichten auf Social Media vertrauen mir so viele Menschen ihre persönlichen, oftmals sehr bewegenden und emotionalen Geschichten und Lebensthemen an. Sie sind wie ein Spiegel unserer Welt, der mir immer zeigt, was die Menschen gerade beschäftigt und wofür sie sich einen Wegbegleiter wünschen. All diese Geschichten und Erfahrungen, die ich in den Gesprächen mit ihnen machen durfte, sind in dieses Buch eingeflossen.

Ich danke der wundervollen Amelie Lammers, meiner Projektleiterin im Kamphausen Verlag, dafür, dass sie im Jahr 2021 auf mich zukam und mich fragte, ob ich mir vorstellen kann, mein Wissen und meine Erfahrungen in einem Buch zu verfassen. Danke von Herzen, dass du so sehr an mich glaubst, für dein großes Vertrauen in mich und meine Arbeit und die tolle Begleitung und Unterstützung während des Schreibens. Danke an den Kamphausen Verlag für diese wunderbare Möglichkeit, meine Vision und meine Erfahrungen durch dieses Buch mit der Welt zu teilen.

Zu guter Letzt möchte ich all den großartigen Menschen danken, die schon vor mir ihre großartigen, inspirierenden und bahnbrechenden Erfahrungen und Erkenntnisse über die Welt der Edelsteine weitergegeben haben. Und natürlich flossen auch Erkenntnisse anderer wundervoller Menschen in mein Buch ein, die sich mit den Themen Spiritualität und persönliche Weiterentwicklung beschäftigen.

EINATMEN

AUSATMEN

DURCHATMEN

Durch den Atem sind wir mit unserem Inneren verbunden und auch mit unserem Umfeld. Mit diesem praktischen Leitfaden für bewussteres Atmen bietet die Yoga-Lehrerin Annika Isterling ein klares Übungsprogramm, mit dem wir unsere Abwehrkräfte stärken, zu mehr geistiger Klarheit finden und mit uns selbst wieder besser in Verbindung kommen. So hilft dieses Atemprogramm auch dabei, uns von belastenden Emotionen und Stress zu lösen.

Annika Isterling · **Atem ist Verbindung** · Das 21-Tage-Programm für starke Abwehrkräfte und geistige Klarheit

THESEUS ISBN 978-3-95883-509-2